名师工程
创新数学教学系列

新课程·新理念·新教学
丛书编委会主任：马立　宋乃庆

小学数学

名师同课异教

TONGKEYIJIAO

林高明　陈燕香◎主　编
邓园生　辜国胜◎副主编

西南师范大学出版社

图书在版编目（CIP）数据

小学数学：名师同课异教/林高明　陈燕香主编. —重庆：西南师范大学出版社，2010.3
（名师工程系列丛书）
ISBN 978-7-5621-4867-8

Ⅰ. 小…　Ⅱ. ①林…②陈…　Ⅲ. 数学课－课堂教学－教学研究－小学　Ⅳ. G623.502

中国版本图书馆 CIP 数据核字（2010）第 034686 号

名师工程系列丛书
编委会主任：马　立　宋乃庆
总策划：周安平
策　划：李远毅　卢　旭　郑持军　郭德军

小学数学：名师同课异教
主编　林高明　陈燕香

责任编辑：杨光明　曹　攀
封面设计：吕　龙
出版发行：西南师范大学出版社
　　　　　　地址：重庆市北碚区天生路 1 号
　　　　　　邮编：400715　市场营销部电话：023-68868624
　　　　　　http://www.xscbs.com
经　　销：新华书店
印　　刷：九洲财鑫印刷有限公司
开　　本：787mm×1092mm　1/16
印　　张：20.25
字　　数：374 千字
版　　次：2010 年 3 月　第 1 版
印　　次：2010 年 3 月　第 1 次印刷
书　　号：ISBN 978-7-5621-4867-8

定　　价：30.00 元

《名师工程》
系列丛书

编者的话

当前，以人为本的教育理念正在逐步深化，素质教育以及基础教育课程改革不断推进。在这场深刻又艰苦的教育改革中，涌现了无数甘为人梯、乐于奉献的优秀教师。他们积极探索、更新观念、敢于创新、善于改革，在实践中创造性地发展、总结了很多先进的教育思想、教育理念；创造性地开发了很多新的教学模式、教学内容和教学方法。这些新思想、新模式、新方法在实践中极大地提高了教学质量，是教育改革实践中的新内涵和宝贵财富。这些优秀教师就是我们的名师，这些新内涵就是名师的核心教育力。整理、总结、发展、推广这些教育新内涵，是深化教育改革、完善教育体制、提高教育质量、提升教师水平的一件大事。

教育，是民族振兴的基石；教师，是教育发展的根基。

胡锦涛总书记在全国优秀教师代表座谈会上指出："教师是人类文明的传承者。推动教育事业又好又快发展，培养高素质人才，教师是关键。没有高水平的教师队伍，就没有高质量的教育。"十七大报告又进一步强调了必须加强教师队伍建设，不断提高教师的素质。当今世界，社会进步一日千里，科技发展日新月异，知识更新的周期越来越短。教师作为"文明的传承者"更要与时俱进，刻苦钻研、奋发进取，尽快提升自身素质和能力，为推动教育事业的健康发展贡献自己的力量。

基于以上，西南师范大学出版社策划、组织出版了大型系列教育丛书——《名师工程》。希望通过总结名师的创新经验、先进理念，宣传名师的核心教育力，为广大教师职业生涯提供精神源泉和实践动力，在教育实践层面切实推动从教者职业素养的提升。通过《名师工程》实现"打造名师的工程"。

丛书在策划、创作过程中力求实现以下特色：

一、理念创新，体现教育的人本精神

教师角色在以人为本的教育理念下发生了重大的变化，教师的素质和能力也面临更高的要求。如何弘扬、培植学生的主体性、增强学生的主体意识、发展学生的主体能力、塑造学生的主体人格等问题成为教师在目前教育中亟待解决的难题。丛书以教育管理者和教师为主要读者对象，通过教师综合素质的提高而将人本教育的思想落实到教育实践中，真正实现教育培养人、塑造人、发展人的本质要求。

二、全面构建，系统提升教师的教育能力

丛书选题的最大特点就是系统、全面地针对教师教育能力的提升而展开。施教者的能力决定教育的效果，教育改革的落实、教育效果的提高无不体现在教师身上。丛书针对不同教育能力、不同教学要求、不同教育对象，有针对性地设置选题。棘手学生、课堂切入、引导艺术、班主任的教导力、互动艺术、课堂效率、心灵教育等等，这些鲜明的主题从教育的细节出发，从教育实际情况出发，有针对性地解决问题，让教师在阅读中学有所指、读有所获。

三、科学权威，体现教育的时代前沿性

丛书邀请全国各地著名的教育工作者执笔，汇集在教育改革与实践中涌现的先进理念、成果和方法，经过专家认真遴选、评点总结而成，代表了目前教育实践中先进的教育生产力，具有时代前沿性，是广大一线教师学习、借鉴的好素材。

四、注重实践，突出施教的实用价值

丛书采用了通俗的创作方法，把死板的道理鲜活化，把教条的写法改变为以案例为主，分析、评点为辅，把最先进的教育理念和方法融入有趣的情境中。经典的案例，情境式的叙述，流畅的语言，充满感情的评述，发人深省的剖析，娓娓道来、深入浅出，让教师更充分地领会先进、有效的教育方法。

在诸多教育、出版界同仁的支持与努力下，《名师工程》陆续推出了《名师讲述系列》《教学提升系列》《教学新突破系列》《高中新课程系列》《教师成长系列》《大师讲坛系列》《教育细节系列》《创新语文教学系列》《教育管理力系列》《教师修炼系列》《创新数学教学系列》等系列，共 70 余个品种，后续图书也将陆续出版。

丛书在出版创作过程中得到各地、各级教育部门与教育工作者的大力支持与帮助，在此一并表示感谢！

教育事业是全社会共同的事业，本丛书的出版一方面希望能对广大教育工作者有所帮助，共飨先进成果；另一方面也是抛砖引玉，希望更多的教育工作者参与到出版创作中来，百家争鸣、百花齐放，为促进教育事业的发展共同努力！

目 录

CONTENTS

课题一: **认识整万数** ·· (1)

执教：一、王 凌 二、张齐华

教育家第斯多惠认为："一个坏的教师是奉送真理，一个好的教师是教人发现真理。"教师在课堂教学过程中，适当地让学生参与知识的发现与探索过程，了解数学知识的产生的由来，既有利于学生掌握和理解知识，更有利于激发学生学习的主动性和创造性。

课题二: **圆的认识** ·· (17)

执教：一、华应龙 二、贲友林 三、张齐华

现代教学论认为，让小学生参与数学操作活动是提高数学学习的有效策略之一。小学生参与数学操作活动，可以吸引他们的注意力集中到教学过程中来，又能使他们在大量的感性材料的基础上，对材料进行分析、加工与整理，从中发现数学所特有的规律，逐步抽象、概括，获得数学概念与知识，使抽象问题具体化。

课题三: **百分数的意义** ·· (55)

执教：一、钱守旺 二、黄爱华

钱守旺老师在《新课程背景下一节好课的五个特点》一文中提到，教学目标的落实，教师可以从以下几个方面进行评定：学生主动参与学习；师生、生生之间保持有效的互动；学习材料、时间和

1

空间得到充分保障；学生形成对知识真正的理解；学生的自我监控和反思能力得到培养；学生获得积极的情感体验。

课题四："年、月、日"的基础知识 ………………… (79)

执教：一、邱学华　二、钱守旺　三、许卫兵

邱老师的"猜谜"游戏导入，钱老师的"神舟六号"情境创设，许老师的"百年大庆"铺垫氛围，无不是紧紧围绕本节课的教学目标而创设的：结合熟悉的事物和生活经验，认识时间单位年、月、日，经历认识年、月、日的过程，了解它们之间的关系，了解平年、闰年的来历，能初步判断某一年是平年还是闰年。

课题五：确定位置 ………………………………………… (97)

执教：一、徐　斌　二、许卫兵

叶澜在《"新基础教育"论》中提出："把课堂还给学生，让课堂充满生命活力；把班级还给学生，让班级充满成长气息；把创造还给教师，让教育充满智慧挑战；把精神发展主动权还给学生，让学生充满勃勃生机。"重温叶老这句关于基础教育改革的经典名言，让我们回过头来，认真回味两位大师精彩的同课异教课堂，体验他们是运用怎样的手段来实现课堂教学目标的。

课题六：三角形内角和 ………………………………… (113)

执教：一、朱德江　二、陈庆宪

两位名师在充分解读教材的基础上，放手让学生自主实验探究，概念的形成没有直接给出结论，而是通过量、算、拼等活动，让学生探索、实验、发现、讨论交流，推理归纳出三角形的内角和是180°，正如新课标所提出的"数学活动必须建立在学生的认知发展水平和已有的知识经验基础之上"。

课题七：分数的认识 ··· (125)

执教：一、吴正宪　二、朱乐平

数学教学以生活为出发点，让数学贴近学生生活，让学生发现数学就在身边，让学生在学习中体会数学与生活的联系，让学生懂得生活中充满了数学。两节课都从学生熟悉的生活情境出发，充分体现了由整数过渡到分数的认知过程，教师的巧妙设计使学生感受到数学就在我们身边，体现了"数学来源于生活，生活离不开数学"。

课题八：用字母表示数 ··· (139)

执教：一、牛献礼　二、林良富

纵观两位名师的课堂，我们可以发现：牛献礼老师的教学较倾向于数学自身的内在知识结构与层次，重视数学思想方法的渗透，其教学明线、暗线相互交织，渗透了由加减到乘、从简单到复杂的设计；林老师的教学较倾向于情境的创设，选材更贴近学生，趣味性也更浓些，借助生动、丰富的情境，体会用字母表示数的必要性、意义及作用。

课题九：角的度量 ··· (153)

执教：一、潘小明　二、华应龙　三、强震球

三位名师的课都在"量角器"这一工具上做足了文章，从而使数学学习不仅是让学生掌握知识技能，更重要的是掌握数学思想方法，更何况这种思想方法又直接影响着量角技能的掌握，使技能教学真正焕发出生命的活力和生长的力量。

课题十：24 小时计时法 ···（185）

执教：一、黄爱华 二、孟晓庆 三、蔡圣宏

关于 24 时计时法，学生已有哪些生活经验和知识储备？如何有效利用已有生活经验又解构重组这些生活经验，进而促进学生对时间本质的理解？为实现此目标，该设计哪些有教育价值的数学活动？设计有价值的数学活动需要教师对时间的本性做怎样的追问与深思？在仔细品味三位名师执教的"24 时计时法"一课后，这些问号都将得到诠释与破解。

课题十一：找规律 ···（209）

执教：一、黄爱华 二、贲友林

本节课中的教学内容是探索两种物体间隔排列中的简单规律，并进行简单应用。黄老师用先进独特的教学理念，行云流水的教学结构，随机应变的教学机智，让课堂处处闪烁着智慧的光芒；而贲老师的巧妙设计，解读教材的独特，解读学生的到位，让课堂充满生命的活力。

课题十二：平移与旋转 ···（225）

执教：一、吴正宪 二、吴金根

吴正宪老师机智地捕捉了一个学生回座位的动作作为交流素材：往前走是平移，转身是旋转；吴金根老师让学生列举生活中常见的门窗的打开和关闭有的是平移，有的是旋转，算珠的上下拨动是平移，汽车方向盘的运动是旋转，国旗的上升和下降都是平移，水龙头的开关都是旋转等。如此现实、形象的"数学原型"就发生在学生的身边，学生交流起来自然亲切可感、兴味盎然。

课题十三：统计的初步知识——求平均数 ·····················（243）

执教：一、钱守旺　二、张齐华

按照新课标，平均数不再归入应用题的范畴，而被列为统计知识的内容，这告诉我们一个信息：应该从统计的角度教学平均数。两位名师的教学分别从平均数的统计意义入手，找到了创新平均数教学的突破口。

课题十四：长方形的周长与面积 ·······························（275）

执教：一、潘小明　二、钱希有

周长和面积的计算从属于"空间与图形"这一领域的内容。与数与代数、统计与概率等课程内容相比，这一部分的内容更富有直观性、活动性和探索性。因此，改变传统的教学方式，注重学生的自主探索和动手实践，是小学空间与图形的基本教学策略。两位名师的课堂把这部分内容的教学演绎得灵动而富有浓浓的数学味。

课题十五：认识小数 ···（289）

执教：一、贾友林　二、徐　斌　三、陈惠芳

《认识小数》是一节概念课，在三位老师的精心演绎下，课堂上丝毫没有此种课型的枯燥单调之感，而是彰显着简单与灵动，充满着快乐与智慧。纵观三节课，无不闪耀着新课程理念的光芒。

课 题 一 ：

认识整万数

教学案例一

执教：王　凌

课堂实录

一、了解计数单位和数位

（由时间单位和面积单位的选择引入，说明人们在测量和计算时，需要根据具体情况选择合适的计量单位）

师：计数时要用到计数单位。你们知道什么是计数吗？（生答"不知道"）

师：简单地说，计数就是数数。（出示用石子计数的图片）人类祖先曾经用石子计数，例如抓到 1 只羊，用 1 个小石子表示。（出示很多石子）这位祖先抓到的羊很多（学生笑），怎么办呢？（出示大石子）

师：猜一猜，这个大石子表示什么？（1 个十）像个、十就是计数单位。如果十不够怎么办？（用百表示）百不够呢？（用千）

师：个、十、百、千是我们已经学过的计数单位。（板书：个、十、百、千）

（出示 4 个小石子和 2 个大石子，小石子在前，大石子在后）

师：这些石子表示的数是多少？（24）为什么不是 42 呢，4 个小石子在 2 个大石子前面啊？

生：1 个大石子表示 1 个十，2 个就是 2 个十，4 个小石子就是 4 个一，合起来就是 24。

师：对！计数时，计数单位的位置是有规定的，十的位置必须在个的前面。计数单位所在的位置叫做数位，一所在的数位就是个位，十所在的数位呢？百、千呢？（板书数位：个位、十位、百位、千位）

二、认识万级的计数单位

师：我们知道个、十、百、千都是计数单位，它们所在的数位分别是个位、十位、百位、千位。

（出示句子：2003 年，我国甘蔗产量是 90240000 吨；2003 年，我国油菜子产量是 11420000 吨。谁能把这两句话读一读?)

（举手的同学很少，第一个学生读不出，第二个学生准确读出，第三个学生大声地准确读出）

师：你们想知道怎么读这些大数吗？想和这两个同学读得一样好吗？（学生频频点头）今天我们就来一起认数。（揭示课题：认数）

师：比千大的计数单位是什么?（万）几个千是一万?（十个千是一万）

师：感觉一万大不大?（很大）比万大的计数单位是什么?（十万）

（出示：100000 个小正方体排成的 100×10×100 的长方体）

（学生不由得发出惊叹声）

师：比十万大的是什么?（百万）比百万大的呢?（千万）咱们这个屏幕已经放不下了，你能想象一下吗?（学生不由自主地闭上眼睛想象，并不断发出惊叹声）

师：比千大的计数单位有万、十万、百万、千万，它们所在的数位是什么?

生：万位、十万位、百万位、千万位。（板书）

师：还有更大的计数单位吗?（有。个别学生说出了"亿"）是的，还有很多。

三、整万数的写法

1. 了解计数器上的数位

师：刚才我们用小正方体表示计数单位，太麻烦了，好在我们有计数器。（出示一个四位的计数器）一个计数器够吗?（不够）那我们可以用两个（将两个计数器合并成一个计数器）。

师：千位左边是什么?（学生逐一读出万位、十万位、百万位、千万位）

2. 写五位的整万数

师：（在计数器的万位上拨 1 颗珠）这表示多少?（一万）继续在计数器的万位上依次拨出 2 颗、3 颗、4 颗珠，学生依次读出两万、三万、四万。

师：会写吗?把四万这个数写出来。

师：你是怎么写的?

生：先写一个 4，再写四个 0。（板书：40000）

（教师分别在万位接着拨出 5 颗、6 颗、7 颗、8 颗、9 颗珠，学生依次读数，并写出五万、六万、七万、八万、九万，交流写法）

3. 初步感受万级数的意义

师：我们在写四万时，先写 4，再写四个 0。(指 40000 中的"4")"4"表示什么？(4 个一万)

师：(指 70000 中的"7"、90000 中的"9")"7"表示什么？"9"又表示什么呢？(7 个一万、9 个一万)

师：这几个数有什么相同的地方？(末尾四位都是 0) 为什么？

生：都是在万位上拨珠，千位、百位、十位、个位上没有珠，所以用 0 表示。

师：是呀，当某个数位上 1 颗珠也没有时，就写 0 占位！写几万的时候，先写什么？

生：写几万就先写那个几。

师：哦，几万就先写几。再写——（四个 0）

4. 写六位的整万数

师：(在 9 万上再拨 1 颗珠) 再拨 1 颗珠是——

生：满十进一，10 个一万是十万。

(教师将万位上的 10 颗珠退去，在十万位上拨 1 颗珠，再在万位上拨 1 颗珠。学生答"十一万")

师：会写这个数吗？(学生写数) 怎么写？

生：先写 11，再写四个 0。(板书：110000)

(教师帮助写错的学生找出错误原因，并校正。在万位上继续拨珠，学生依次读出十二万、十三万、十四万、十五万，写出十五万)

师：(边说边拨珠) 在万位上拨 9 颗珠，十万位上拨 9 颗珠，会写吗？

生：先写 99，再写四个 0。

师：这些数中的"11""15""99"表示什么？(11 个一万，15 个一万，99 个一万) 怎样写出这些数？

生：是多少万就先写多少，再写四个 0。

师：这些数都表示多少万，这样的数都是整万数。整万数都有什么特点？

生：末尾都有四个 0。

5. 写七、八位的整万数

师：在 99 万的基础上再拨一颗珠，是多少万？(一百万)

(师生合作拨出一百万、一百零一万，并写数)

师：看来，要想既对又快地写出整万数，还要有一个检查的方法，怎么检查？

生：末尾都是四个 0。

师：我们可以把这四个 0 和前面的数分开，（在 1010000 上画分级线）可以用这样的方法，检查是不是把数写对了。

（教师先在计数器上拨出 199 万，学生读数、写数，接着从一百九十六万拨到一百九十九万，要求学生读数）

师：现在计数器上是 199 万，再拨一个珠是多少？（二百万）对，满十进一。

（教师继续在计数器上拨珠，学生依次读出二百零一万……二百零六万，并写出二百零六万，指导学生用画线的方法检查）

（出示练句：十万十万地数，从九百六十万数到一千零二十万。师生共同拨珠、读数、写数、检查）

四、介绍数级

师：刚才我们把这些整万数分成了两个部分，后面是四个 0，前面这些数表示什么？

生：多少个万。

师：这些数（指万级上的数）都表示多少个万。按照中国的计数习惯，从右边起，每四个数位是一级。个位、十位、百位、千位是个级，万位、十万位、百万位、千万位，是万级。刚才将个级数与万级数分开实际上就是将整万数分级，所画的虚线叫做分级线。

师：万级的数都表示——（多少个万）1010000 中的"101"表示——（101 个一万）

五、整万数的读法

师：大数容易读错，用分级的方法把万级和个级分开，就不容易读错了。

（教师让学生完成"想想做做"第 3 题，要求把整万数先分级，再读一读、比一比。学生正确读数）

师：既然让我们读一读，比一比，你在读的过程中要比什么？

生：先读万级的数，要在后面加上一个"万"。

师：（指 85 万）读万级中的数和我们以前读数的方法有什么联系？（一样）为什么还要加上"万"？

生：不加上"万"就变成 85 了。

师：对，那就变成哪一级的数了？（个级）万级的数都表示多少个万，所以读的时候要加上一个"万"字。

六、感受整万数的大小

师：生活中的大数有很多。（出示图片：南京奥体中心体育馆有座位60000个）

（学生读数）

师：60000有多大呢？我们一个班有多少人？（46人）就算50人吧，你知道要多少个这样的班级才能坐满体育馆？（学生算出结果，都很惊讶）

（出示：100000张纸摞在一起有多高？）

（学生发表不同的意见，教师引导学生通过计算得出结果）

（出示：（1）天安门广场是世界上最大的城市广场，面积有400000平方米。（2）北京著名的园林——颐和园面积约是2900000平方米。）

（学生读数，并通过交流，感受数的实际大小）

师：（出示上课开始的两个数据）现在你会读了吗？（让开始不会读的学生读数）

七、综合练习

（教师说要求，指名按要求拨珠，其他同学写数）

师：学习整万数可以帮助我们了解更多的知识。

（出示：（1）大约在6500万年前，恐龙就灭绝了，原因到现在还是个谜。（2）全世界可确认的昆虫大约有70万种。（3）根据联合国教科文组织统计，每年约有60000个物种灭绝。（4）大气污染导致每年约有300000～700000人因烟尘污染而提前死亡，25000000儿童患上慢性咽炎。）

（学生读数、写数，教师适时对学生进行环保意识的教育）

八、全课小结

师：今天我们学习了什么内容？（认识整万数）还有什么问题？（没有）老师这里有两个问题，有兴趣的同学可以回去了解一下。

（出示问题：1. 我国的计数习惯要分级计数，西方国家是按什么习惯计数的呢？请课后通过走访或查阅资料了解这方面的知识，并和同学交流。2. 如果数目很大，计数单位不够了，怎么办？）

教学反思与评析

对四年级的学生而言，要理解计数单位与数位两个概念是不大容易的。计数就是"数数"，学生并不清楚。而要理解计数单位，就必须从计数谈起。要理解数位，计数单位又是基础。曾看过这样一则报道：考古人员在挖掘古墓时，发现一个密封的陶罐，打开后却是一些大小不等的圆石子。经研究发现，这些石子是用来计数的，石子表示的数代表了墓主生前拥有的财富。这给了我很大的启示："石子计数"这一数学史料是帮助学生了解计数单位的极好材料，教学时，可以按计数、计数单位、数位的顺序组织学生进行认数活动。一个困惑了我很久的问题，竟这样意外地由一则考古新闻解决了。

学生在三年级学习认数时，已经初步认识了"万"，并能正确地读、写10000，这是学生利用已有的知识结构同化新知识的基础，也是本节课的教学起点。教学时，通过对五位的整万数的读、写，使学生自然地产生"要写几万，就先写几，再添四个0"的感受。在这一过程中，教师要做的是帮助学生将这种感受明晰起来，并引导学生通过类推，正确地读、写六位的整万数，逐渐将这种明晰的感受总结为写整万数的方法。同时，运用这一方法正确地读、写七位、八位的整万数。本课的教学重点是五位、六位的整万数的写法，它是学生探索和理解整万数写数规则的基本材料。越是基础，就越要花时间，只有基础的知识想通了、想透了，后面的学习才会事半功倍。教学时，我设计了在计数器上拨数、写数、说理等活动，引导学生通过独立思考与交流，理解并掌握整万数的写法。这样，学生在自主活动中获取的知识和经验就越稳固，可迁移性强。

在写数中感受，在读数中应用。对学生而言，读数的难度要比写数大，因为读数首先要将整万数进行分级，而分级是建立在对万级数意义的理解基础之上的。所以在教师提问的过程中，学生不断地感受万级数的意义，这种感受是学生理解分级的基础。在了解分级知识之后，通过对整万数读法的学习，在读数的过程中不断地应用，进一步加深对万级数的理解。教学时，我力求为学生认知结构的发展提供良好的环境和条件，根据学生现有的认知发展水平和知识间的逻辑关系，精心设计教学过程，以利于学生理解和学习，达到自觉迁移的目的。

（王　凌）

教学案例二

执教：张齐华

课堂实录

师：（屏幕呈现计数器）认识吗？

生：认识，这是一个计数器。

（师生一起简要回顾计数单位、数位）

师：我们可以在计数器上拨珠表示出大小不同的数。不过，每一位上最多只能拨几颗珠？（9颗）

师：要是再添1颗，那就得——

生：满十向前一位进一了。（板书：满十进一）

师：同学们手中都有一个这样的计数器，还有一些珠子。下面，我们一起来玩一个拨数游戏，好吗？（好）

（师生共同完成拨数游戏，依次拨出3、30、300和3000。学生很快发现其中的规律，并快速地拨数）

师：刚才四个数大小一样吗？（不一样）可每次用的珠子的个数——

生：都一样，都是3颗。

师：那有什么不同？

生：它们所在的数位不同。

师：看来，同样的3颗珠，拨在不同的数位上，表示的数的大小也不同。既然大家已经找到规律，猜猜看，第五个数该拨哪个了？（三万）

师：（屏幕呈现：30000）30000是一个较大的数，看看这个数，再看看你手中的计数器，你能想办法拨出这个数吗？（学生表示出不同的意见）

师：瞧，出现不同的声音了！认为能的同学，先来说说你们的想法。

生：可以在千位上拨30颗珠。因为10个千是一万，30个千就是三万。

生：不能这样拨，计数器每个数位上最多只有9颗珠，哪来30颗珠？

生：在计数器上拨珠，满十就得进一，更不要说满三十了。

师：用这个计数器拨不出三万，是算珠不够吗？

生：不对，是我们计数器上的数位不够。

师：（伺机询问同桌的两个学生）你的计数器有几个数位？（四个）你的呢？（四个）如果允许同桌间合作，你们能想出巧妙的方法拨出三万这个数吗？

（学生稍作思考，随后兴奋地把两个计数器合在了一起）

师：谁来说说你们想出了什么办法？

生：我们发现一个计数器只有四个数位，于是把两个计数器合并到一起，并在左边的计数器的个位上拨上3颗珠。

（教师借助多媒体呈现该生的拨法）

生：个位上拨3颗珠，表示的是三，不是三万。应该把左边这个计数器上的"个"改成"万"。

生：因为"千"的左边应该是"万"。

生：改成"万"以后，这一位就成了万位，万位上拨3颗珠，才是三万。

生：我还有补充，既然这里的"个"改成了"万"，那左边的"十""百""千"也该改一改。

师：说得真好！那你们会改吗？试试看。

（同桌间合作，边讨论，边将左边的"十""百""千"改成"十万""百万""千万"。学生交流后，教师在屏幕上依次呈现。教师组织学生交流调整计数器的方法，突出直接在"十""百""千"的后面添上"万"得到"十万""百万""千万"的方法）

师：这样看来，新增加的计数单位万、十万、百万、千万和原来的四个计数单位个、十、百、千之间还存在着——一对应的关系呢！（多媒体演示）

师：瞧，普普通通的计数器上，还隐藏着有趣的规律呢！那这些新的计数单位究竟有多大，它们之间又有怎样的关系？下面，让我们拨珠数一数，进一步研究大数的计数方法。

（教师借助多媒体课件，引导学生从一万开始，一万一万地数到十万，揭示"10个一万是十万"，继而数到一百万、一千万，并依次总结得出"10个十万是一百万""10个一百万是一千万"）

师：计数器变了，相应的数位顺序表又会发生怎样的变化呢？

（教师引导学生对照计数器，说一说千位左边是哪四个数位，并全班进行交流）

师：新增加的四个数位都与什么有关？（万）这四个数位和原来的四个数位一一对应，所以，我国的计数方法中把这四个数位统称为万级，而原先的千位、百位、十位、个位则统称为个级。（呈现拓展后的数位顺序表）

师：有了合适的计数器和数位顺序表，我们就能认识更大的数了。张老师是个汽车迷，这两天从网上收集了几款汽车图片及它们的价格。（出示图片）先来看这辆大众汽车。（学生轻声估价：20万、30万不等。教师随即出示价格：二十三万元）那二十三万究竟是多少，你能在新的计数器上拨出这个数吗？

（学生试拨，教师巡视，作个别指导，并请一个学生上台试拨）

师：能说说你是怎么想的吗？

生：在十万位上拨2颗珠，表示二十万，在万位上拨3颗珠，表示三万，合起来就是二十三万。

（出示表示23的计数器，引导学生通过比较理解23个"一"和23个"万"所表示的意义）

师：会写二十三万吗？对照计数器，试着写一写。

（学生试写，教师请一个学生板书。巡视时，教师发现一个学生一开始写成23000，看完黑板上的写法后，及时改正过来。教师引导学生通过比较，进一步明确二十三万的写法）

师：老师还带来了另两款汽车。（出示宝马、奔驰汽车图片）宝马汽车标价一百零四万，奔驰汽车没有标价。（学生纷纷估价）

师：既然同学们都想估一估这款奔驰车的价格，那好，给你一点提示，它的价格比这款大众贵多了，但要比这款宝马便宜一些。你们能比较准确地估计出它的价格吗？（三个学生估计的价格分别是：100万、102万、98万）

师：这些价格都有可能。老师再给你一点提示，要在计数器上拨出这款奔驰车的价格，只需要1颗珠就够了。

生：（欣喜地）一百万！

师：真棒！（出示价格）那一百零四万和一百万究竟有多大呢？下面，请同学们先在自己的计数器上拨一拨，再把这两个数分别写下来。

（学生拨数、写数，一个学生在黑板上拨出并写下一百零四万，随后学生之间简要交流拨数、写数时的想法。教师从学生中收集到三种不同写法：10000、100000、1000000，引导学生通过比较和交流，明确10000、100000、1000000的意义）

师：刚才，我们借助计数器认识了一些较大的数。观察这些数，它们有什么共同点呢？

生：它们的个级上都是0。

师：像这些个级上都是0、表示多少个万的数，就是我们今天要认识的整万数。（板书课题）会读这些整万数吗？谁来读一读？

（学生试读。教师结合学生的读法，引导学生体会：像这样的整万数，万

级上是多少，就读多少万）

师：光会写、会读这些数还不够，像二十三万、一百零四万、一百万究竟有多大呢？让我们一起来真切地感受一下。

（课件呈现：1张一百元、100张一百元捆成1捆、23捆、100捆和104捆，帮助学生感受它们的实际大小，并通过交流这些数的组成，理解大数的意义）

师：还想玩拨数游戏吗？（想）不过，我有一个特殊的要求：老师报的数如果需要在个级上拨珠，请同桌间坐右边的同学拨，如果需要在万级上拨珠，请坐左边的同学拨。拨完后，再把这个数写下来。

（明确游戏规则后，教师引导学生先后拨出并写下 150000、15、2100000、210、30030000、3003 六个数，并用课件呈现相应的计数器的图片）

师：观察每一组中的两个数，你有什么发现？

（学生说各自的认识和理解。结合学生的交流，教师再呈现几个整万数，引导学生通过画分级线的方法深入探索它们的读法与写法）

师：最后，让我们再次回到刚开始上课时的拨数游戏上来。利用3颗珠，我们从3拨到30，再到300、3000、30000。还能继续往下拨吗？下一个会是多少？

生：三十万、三百万、三千万。

师：如果还是这个计数器，能拨出第九个数吗？

生：不能。

生：如果要拨出第九个数，那得把三个小计数器合起来。

生：那得用到亿级。

······

师：没错。新增加的亿级又会有哪些数位，含有亿级的数又该如何读、如何写，下一课我们将继续研究。

教学反思与评析

有效的教学方法，源自于学习内容自身的规定性及儿童内在的心理需求。我们一直提倡要解读教材、分析学情，道理就在这里。鉴于此，备"认识整万数"一课时，在正式确定教学思路之前，我始终努力思考着如下几个问题：

首先，在"整数"这一知识序列中，"整万数"究竟处于怎样的特殊位置，它具有怎样的承前启后的作用？其次，对于一个只具备"认识万以内数"的经验的四年级学生而言，"整万数的认识"将对其构成认知难度与思维挑战：仅仅凭借原有的认知结构即可实现对新知的同化，还是需要借助知识结构的顺应，在重构中完成对新知的理解与掌握？

课前，我们又借助问卷进行了非正式的随访，调查的结果显示：学生对于整万数的了解、接触并不如我们想象的那样"知之甚多"。事实上，在他们的生活及视野范围内，整万数并不多见。不止一个学生将 340000 读作"三十万四万"，这一现象引发了我的思考：学生已有的读数经验似乎无法同化新知，当一个数出现万级后，就不能沿袭原有的读数方法，而改之以"分级计数"的方法。这是一次方法系统的飞跃，也是学生读数方法的一次突破。但仅凭学生已有的经验，是无法通过方法迁移顺利实现的。如此想来，如何引导学生鲜明、深刻地建构起对"数级"这一知识的认识，是这节课的核心点，并将直接决定着学生对整万数的意义、读法及写法的掌握。而相应的教学思路也就据此展开。

导入从拨数游戏开始。这一过程，是学生对计数器、计数单位、数位的一次回顾，是他们相关经验储备的唤醒和复苏。至于比较的过程，意在帮助学生感受位值原理，为后续整万数的学习奠定基石。而由 3000 到 30000，是规律的自然延展，是新知的自然引入，更是认知冲突的引发。教学至此，可谓"课伊始，疑已生"。

随后的教学过程，恰恰见证了这样一点：学生的智慧潜力是值得尊重与信赖的！在教师的引导下，当同桌两位同学通过合作，想出"将两个小计数器合并成一个大计数器"时，我认为，这里不仅仅是一个问题解决的过程，更是学生知识结构的一次拓展。对于"四位一级"的分级计数方法，简单地告诉固然可以，但无法帮助学生建立对分级计数方法的深刻理解与感悟，而"4+4"的拼合过程，恰恰以一种直观、形象的方式构造出了"数级"的雏形，为学生随后进一步感悟并理解"分级计数"的数学模型奠定基础。

当然，仅有拼的过程是远远不够的：拼成的新计数器中，右起第五个计数单位"个"为什么要改成"万"？相应的"十""百""千"又该做怎样的调整？这当中又包含着怎样的数学规律？这一规律与分级计数又有着怎样的内在关联？课堂上，对每一个问题的追问与慎思，事实上都促发了学生更深层的思考，而关于计数单位、数位、数级、分级计数等一系列的数学知识、方法、思想等，恰是在思考的过程中得以建构与生成的。

例题以汽车及其价格作为研究题材，有其明显的失误：汽车的价格超过"千万"的实属少见，这就大大限制了例题中数据的选择。之所以选择这一题材，是因为一方面，城市学校中有很多学生对汽车极为喜好和关注，对汽车的价格也比较熟悉；另一方面，生活中关于人民币的交付有一个约定俗成的规定，那就是整万元的现金，通常都是以一万元（在银行中表现为一捆）为单位的，如 230000 元则表现为 23 捆。这样可以帮助学生认识整万数的组成，进而更好地理解分级计数的方法。

课堂中的练习量显然偏少，这与学习计数器、计数单位及分级计数方法时的充分展开有必然关系。但有限的练习如何用好，我们仍然围绕分级计数的方法进行。学生每拨一个数之前都需要思考：这个数是万以内的数还是整万数，需要在哪一级拨珠？用的珠子个数相同，为何拨出的数大小、写法、读法不同？每组中的两个数之间有什么区别，又有什么联系？等等。从而始终将学生的思考聚焦于本课的核心点，有效地突破了本课的教学难点。

结尾处是对课首小游戏的一次呼应。三万不是这个数列的终结，有了新的计数器，三十万、三百万、三千万也就顺理成章。"如果还是这个计数器，能拨出第九个数吗"这一问题的抛出，对学生而言又是一次新的挑战。事实上，"再加一个数位"，或者"再加一个四位的小计数器"都能解决问题，但区分处也恰在于分级计数的方法与意识了。

异教解析

品读王凌老师和张齐华老师分别执教的《认识整万数》一课，精彩多多。两节课都具有以下特点：

1. 用精彩的生活激荡数学的精彩

斯苗儿老师认为："对小学生来说，小学数学中的许多知识其实并不是'新知识'，在某种程度上来说就是一种'旧知识'。因为他们在日常生活中免不了与'数'和'形'打交道，就会积累许多数学知识。""要使数学教学有效，应紧密联系学生的生活实际，从他们已有的生活经验和知识背景出发。"两位老师用精彩的生活激荡出数学课堂的精彩：

王凌老师在上课伊始，出示用石子计数的图片，告诉学生人类的祖先曾经用石子计数，例如抓到 1 只羊，用 1 个小石子表示。出示很多石子的图片时，学生明白"这位祖先抓到的羊很多"；出示大石子的图片，学生明白这是表示"1 个十"。这些虽说是人类最早期的"数学经验"，可从学生的笑脸不难看出，这些"数学经验"已贴进孩子的心，因为玩小石子曾经是他们的最爱。为了让学生更好地感受整万数的大小，教师出示图片，图片显示：南京奥体中心体育馆有座位 60000 个。在学生读数后，让学生结合自己班级学生人数（50 人）思考问题："你知道要多少个这样的班级才能坐满体育馆？"学生算出结果，从他们都很惊讶的表情可以看出，他们对大数的领悟与震撼。接着，引导学生思考："100000 张纸摞在一起有多高？"让学生发表不同的意见，教师引导学生通过计算得出结果，再次让学生震动。再接着，教师出示：（1）天安门广场是世界上最大的城市广场，面积有 400000 平方米。（2）北京著名的园林——颐和园的面积约是 2900000 平方米。这两个伟大的历史文化建筑进一步激起了学生的自豪感。

小学生喜欢游戏，每一个小学生都会有参加游戏的经验与体验。张齐华老师充分地利用了这一点。新课伊始，在引导学生认识计数器之后，教师设问："同学们手中都有一个这样的计数器，还有一些珠子。下面，我们一起来玩一个拨数游戏，好吗？"师生共同完成拨数游戏，依次拨出 3、30、300 和 3000。学生很快发现其中的规律，并快速地拨数。这时，教师进一步设疑："刚才四个数大小一样吗？""可每次用的珠子的个数是 3 颗，那有什么不同？"将学生的学习引向深入。

2. 让学生真切体验数学知识的产生和形成过程

教育家第斯多惠认为："一个坏的教师是奉送真理，一个好的教师是教人发现真理。"教师在课堂教学过程中，适当地让学生参与知识的发现与探索过程，了解数学知识的产生的由来，既有利于学生掌握和理解知识，更有利于激发学生学习的主动性和创造性。

在学习了"万"这一计数单位后，王凌老师引导学生展开探索："感觉一万大不大？比万大的计数单位是什么？"在学生明白是"十万"时，教师用课件出示 100000 个小正方体排成的 $100 \times 10 \times 100$ 的长方体，从学生不由得发出的惊叹声中可以看出他们对这一大数的观察与省悟。王老师趁热打铁："比十万大的是什么？""比百万大的呢？""咱们这个屏幕已经放不下了，你能想象一下吗？"学生不由自主地闭上眼睛想象，并不断地发出惊叹声。这样的教学过程，学生不仅仅知道了不同的计数单位，更重要的是激发了他们的想象能力与推理能力，培养了他们的主动性和创造性。

张齐华老师在教学过程中，给学生提出一个全新的挑战："30000 是一个较大的数，看看这个数，再看看你手中的计数器，你能想办法拨出这个数吗？"让学生遇到困惑。经过交流与探讨，学生找到解决之道——把两个计数器合在了一起，并进而明白，要把"个"改成"万"，将左边的"十""百""千"改成"十万""百万""千万"。教师小结："瞧，普普通通的计数器上，还隐藏着有趣的规律呢！那这些新的计数单位究竟有多大，它们之间又有怎样的关系？下面，让我们拨珠数一数，进一步研究大数的计数方法。"这样的教学将计数单位、数位顺序牢牢地印在头脑中。

品味两位老师分别执教的《认识整万数》一课，你可以感受到，两位老师的课有着自己的风格：

王凌老师的课，让德育渗透于无形。华东师范大学叶澜教授认为："当前我国基础教育中课堂教学的价值观，需要从单一地传授课本中的书面知识，转变为培养能在当代社会中主动、健康发展的一代新人，也就是要加强和扩展学科的'育人'功能。"在课的尾声，王老师出示了以下素材：（1）大约在 6500 万年前，恐龙就灭绝了，原因到现在还是个谜；（2）全世界可确认的昆虫大约有 70 万种；（3）根据联合国教科文组织统计，每年约有 60000 个物种灭绝；（4）大气污染导致每年约有 300000～700000 人因烟尘污染而提前死亡，25000000 儿童患上慢性咽炎。让学生读数、写数，教师适时对学生进行环保意识的渗透，从学生凝重的表情可以看出，环保教育已深入他们的心中。

张齐华老师的课，让学习充盈快乐。新课程教学关注学生的情感体验，教学过程应该成为学生一种愉悦的、积极的情感体验，学生在课堂上应该是兴高采烈的，是其乐融融的，对数学学习的态度应该是越来越积极的，对数学的信心应该是越来越强的。张老师在学生试着写出大众车的售价为二十三万之后，出示宝马、奔驰汽车图片，并告知宝马汽车标价一百零四万，奔驰汽车没有标价，让学生尝试估价。学生纷纷估价，但意见不一。这时，教师给出"一点提示"："它的价格比这款大众贵多了，但要比这款宝马便宜一些。你们能比较准确地估计出它的价格吗？"三个学生估计的价格分别是 100 万、102 万、98 万，这时教师指出："要在计数器上拨出这款奔驰车的价格，只需要 1 颗珠就够了"，学生豁然开朗："一百万！"这样的学习过程是快乐的，这样的情感体验是深刻的。

（叶建云）

课 题 二：

圆的认识

教学案例一

执教：华应龙

课堂实录

一、在寻宝中创造圆

（课前，教师先把学生的橡皮都"借"走）

师：（很神秘地）小明参加头脑奥林匹克的寻宝活动，得到这样一张纸条——"宝物距离你左脚3米"。（稍顿）你手头的白纸上有一个红点，这个红点就代表小明的左脚，想一想，宝物可能在哪儿呢？用1厘米表示1米，请在纸上表示出你的想法。

（学生独立思考，在纸上画着）

师：刚才我看了一圈，同学们都在纸上表示出了自己的想法。（课件演示）宝物可能在这——

●————————————————————●
3米

师：找到这个点的同学，请举手。（几乎全班举手）还可能在其他位置吗？（学生们纷纷表示还有其他可能，教师用课件依次出示2个点、3个点、4个点、8个点、16个点、32个点，直到连成一个圆）

师：（笑着）这是什么？（板书：①是什么）

生：（有的惊讶、有的惊喜）圆！

师：刚才想到圆了的同学请举手！（十几位学生举手）开始没想到的同学，现在认同了吗？那宝物可能在哪儿呢？

生：（高兴地）宝物的位置在这个圆上。

师：谁能说一说这是怎样的一个圆？

生：这是一个有宝物的圆！

（学生们善意地笑了）

生：宝物就在小明周围！

师：（点头）说得真好，周围这个词用得没错！周围的范围可大了。

生：（迫切地）宝物在距离小明左脚 3 米的位置。

（大家鼓掌）

师：是啊，他强调了左脚。这个左脚也就是圆的什么？

生：（争先恐后地）圆心！

师：没错，叫圆心。（板书：圆心）也就是以左脚为圆心。他刚才还强调了，距离左脚 3 米，这个"距离"3 米，知道叫什么名称吗？

生：直径！半径！（教师板书：半径、直径）

师：直径还是半径？

生：（绝大部分学生）半径！

师：现在，用上"圆心""半径"，谁能清楚地说一说这个宝物可能在哪儿？

生：在以他左脚为圆心、半径 3 米的圆内。

师：在圆内还是在圆上？

生：（纷纷纠正道）在圆上！

师：刚才董思纯的发言很精彩，把两个要素都说出来了，是不是只要说"以什么为圆心，以多长为半径"就把这个圆确定下来了？（学生们纷纷点头）

二、在追问中初识圆

师：咦！为什么宝物可能在的位置就是个圆呢？（板书：②为什么）

生：因为宝物所在位置是以小明左脚为定点旋转一圈，所以宝物所在位置是在圆上。

生：因为纸条上并没有明确地指出宝物在左脚 3 米的哪个地方。

师：要圆满地回答这个问题，需要知道圆有什么特征？想一想，圆具有什么特征呢？

生：圆有无数条对称轴。

师：对称轴是什么？

生：直径。

师：圆有什么特征呢？有比较才有鉴别。我们可以把圆和以前学过的图形进行比较。（出示：正三角形、正方形、正五边形、正六边形和圆）

生：圆没有棱角。

生：圆的半径无论画在哪里它的长都是一样的。

生：圆不能计算面积。

生：（不认可地）可以的！

生：长方形、正方形都是由四条直线围成的，而圆是由一条曲线围成的。

生：圆是个封闭图形。

师：这句话说得很专业！对，封闭图形。

师：孩子们，圆确实具有大家说的这些特点。知道古人是怎么说圆的特征吗？

（板书：圆，一中同长也）

师：明白这句话的意思吗？"一中"指什么？

生：（抢着说）一个中心点！圆心！

师：什么"同长"？

生：（争抢着）半径的长度都一样！直径的长度都一样！

师：（反问）圆具有这个特征吗？

（学生们认可地点头）

师：（若有所思地）难道正三角形、正方形、正五边形、正六边形，它们不是"一中同长"吗？（课件出示图形，略）

（学生们紧张地思考着，片刻后陆续举起手来）

生：（手指课件中的三角形）如果把线连到三角形的边上，那么两根线段的长度就是不一样的。

师：（恍然大悟地）哦——连在顶点上的长度是一样的，但连在不是顶点的其他点上就不一样长了！但是圆呢？

生：（纷纷地）都一样！一样长！

师：是呀，在圆上的点都是平等的，没有哪个点搞特殊！正三角形内，中心到顶点相等的线段有 3 条，正方形内有 4 条，正五边形内有 5 条……圆呢？

生：（齐）无数条。

师：（板书：无数条）这样看来，圆是不是"一中同长"？

生：对！

师：（神秘地）请看——（几何画板演示正多边形边数不断增多最终变成"圆"的动态过程）

生：（惊奇地）成为一个圆了！

师：（笑着）现在是正 819 边形！

生：（情不自禁地）哇——

师：现在大家有什么想法？圆是——

生：（争着站起来大声说道）我认为圆是一个正无数边形！

师：（欣赏地）佩服佩服！用老子的话来说就是"大方无隅"（在课题位置板书：大方无隅）"大方"就是最大最大的方，猜一猜，"隅"是什么意思？

生：（异口同声地）角！

师：真厉害！不用猜就知道。这样看来，圆是不是"一中同长"？

生：对！

师：（感慨地）圆真是具有这样的特征！那刚才同学们说的对不对呢？（出示椭圆）它也是由一条曲线围成，没有角。（学生会意）"圆，一中同长也"才是圆的特征，由这个特征能衍生出圆的其他特点来。"圆，一中同长也"，是墨子说的。墨子的这一发现比西方人早了1000多年……

生：（惊叹地）哇——

师：那就让我们带着这份自豪，学着古人的样子读一读这句话。（学生读）

师："圆，一中同长也"，在寻宝的问题里，"一中"就是小明的"左脚"，"同长"就是3米，具备圆的特征，当然就是圆了。"为什么宝物所在的位置是个圆"的问题解决了吗？（学生们频频点头）

三、在画圆中感受圆

师：刚才我发现同学们都会画圆了！会画圆的请举手！（学生们热情地高举起小手来）画圆一般得用圆规，古人说"没有规矩，不成方圆"。现在请大家用圆规画一个直径是4厘米的圆。边画边想：我们是怎样画圆的？（板书：③怎样做）

（学生们立刻投入地画起来，教师巡视并收集学生没有画圆的作品。刚展示一幅不圆的作品，学生都笑起来）

师：孩子们，圆的样子都是一样的，不圆的样子就各有各的不同。想想这样的"不圆"是怎样被创造出来的？

（学生们热情高涨，争抢着举起手来）

师：咱们继续欣赏！

（出示两幅不圆的作品，学生会意地、开心地笑了）

师：（疑惑地）怎么回事？怎么会这样呢？从这些作品中，我们是不是看出画圆并不是件太容易的事。（学生纷纷点头）

（教师出示树枝）

师：树枝，哈哈，原始的圆规，用这个圆规在沙地上能不能画出圆来？

生：（异口同声）能！

师：（笑着）我们小时候都玩过。（继续出示圆规，略）

师：这是我们现在用的圆规。这个圆规的优点当然是两个脚之间的距离可以变化，所以我们可以画出大小不同的圆来。

生：（点头）对！是！

师：但是刚才我们就是用这样的圆规来画圆的，怎么会创造出那些不圆的作品呢？

（学生们争着举手要发表看法）

师：（会意地）是不是它的缺点也是这两个脚能动啊？

生：（十分肯定）对！

师：所以，画圆时我们的手应该拿住哪儿才行？

（学生已经迫不及待，很多人站起来举手）

生：手应该拿住把柄！

生：抓住"头"！

师：（微笑）"把柄"这个词用得很好！形象地说就是抓住它的"头"！你可别捏住它的脚——

生：（笑）那就动不了了！距离就变了！

师：（思考着）刚才我看到同学们的作品还有点纳闷，大家画一个直径4厘米的圆，那么画出来是不是应该一样大呢？但是我看到有大有小。你觉得要圆满地完成这个画圆的任务，圆规两脚的距离应是多少？

生：（争抢着）是半径！半径2厘米。

师：对，圆规两脚的距离就是半径。那现在我也来画一个圆！（画完后）谁能在这个圆上标出一条半径？

生：（争先恐后地）我！我！

（教师选一位学生上讲台标出圆的半径）

师：我们看他是怎样画的？他在找什么？

生：圆心。

（学生画出了半径后，大家不约而同地为他准确的画法鼓掌）

师：他画得多认真呀！谁再来画一条直径呢？

师：（请一位没有举手的学生）虽然没举手，但请你来好吗？

生：（有些不好意思）我不会，我试试吧！

师：（风趣地）不会，试试！想好了再试，我们没黑板擦呦！

（学生画好直径后，掌声响起来）

师：（感慨地）其实学习也不难，学习就是猜想、尝试！敢于尝试，不就行了吗？

师：半径是一条线段，一端在哪儿？另一端在哪儿？

生：一端在圆心，另一端在圆上。

师：直径是一条怎样的线段呢？同桌互相说说。

生：两端都在圆上。

生：还要通过圆心。

师：（指着黑板的圆）这个圆心，一般用字母 o 表示，半径一般用字母 r 表示，直径用字母 d 表示。（边介绍边在圆上相应的位置标注）

师：半径与直径之间有什么关系呀？

生：（几乎是喊着）2倍关系！一半！（教师板书：$d=2r$）

师：刚才我们研究完了怎样画圆——先确定圆规两脚之间的距离，然后拿住"头"固定一个点旋转。我们是不是又应该思考"为什么这样做"呢？（板书：④为何这样做）

师：随手不能画出一个圆，用圆规就能画出一个圆了，为什么？

生：我们不能准确判断中心点和手的距离，而圆规是两个点固定的，绕一圈就可以画出个圆了。

生：因为圆规可以旋转，而手不好旋转。

生：因为"没有规矩，不成方圆"。

（引得全班同学开心地笑起来）

生：圆规是没有生命的，它可以一动不动好长时间。

师：她说的"一动不动"太重要了！刚才我们在画圆的时候圆心是一动不动、半径是一动不动！不过，除了一动不动，还有动的——

生：（热切地呼应）旋转！

师：对！这么一旋转，因为确定了长度——"同长"，确定了圆心——"一中"，所以画出曲线上的所有点和圆心的距离都一样长，（生点头）这就符合了圆的特点——"圆，一中同长也"。符合圆的特点，当然就是一个圆了。

四、在篮球场上解释圆

师：（手指板书）刚才我们通过追问这样四个问题："是什么？为什么？怎样做？为何这样做？"我们一起认识了圆，知道了圆的特征，掌握了怎样画圆，还增长了学问。学问，学问，就是要学会去"问"。一般的研究就是追问这样的问题。请继续看——

（出示篮球场画面，学生们很兴奋）

师：是什么？篮球场的中间是什么？篮球场的中间为什么要做成一个圆呢？看过篮球比赛吗？如果你没有注意篮球比赛是怎么开始的，你就不能很好地回答这个问题。

（很多学生已经站起来要争抢着发言了，教师并不急于请学生回答。课件播放 NBA 开赛录像）

师：现在明白为什么了吗？

（学生们已经按捺不住发言的欲望了，纷纷高举小手）

生：这样才公平！

生：我帮他补充一下，这样就看谁的反应快，谁反应快球就归谁了！

生：（迫不及待地站起身）因为圆的半径是处处相等的，所以球员站在圆的旁边是很公平的，他们离球的距离都一样！

（同学们都赞同地点头，并为他的精彩发言不约而同地鼓起掌来）

师：其实还是回到圆的特征上来说——"圆，一中同长也"。大家都在圆上，球在圆心，大家离球的距离都一样，这样才公平。再想想，怎样画这个大圆呢？

生：（窃窃私语）拿大圆规！

师：（笑）拿大圆规，超大圆规，谁来画？超人吗？没有圆规能画圆吗？

生：能！

师：怎么画呢？小组商量一下。

（学生立刻投入热烈的讨论）

生：用两个量角器来画！

（学生们立刻反问：有那么大吗）

师：用量角器好不好？

生：（齐声）好！

师：想到这点真好，用两个一拼起来，沿着边就可以画。不过要画个大圆的话真要找个大量角器呢！

生：（自信地）我觉得先要量出想要画的圆的半径，然后用一根绳子固定住中心点，再绕一圈就是一个圆了。

（老师用绳子画圆，学生们的掌声响起来）

生：还可以很多人手拉手围成一个圈。

生：但是不圆啊。

师：但是很重要，不过，我觉得说"但是"之前，应该先说她的创意好不好。首先应该看到别人好的地方，然后再说"但是"。

……

师：（课件出示用绳子画圆）为什么没有规矩也画出了圆呢？

生：因为他确定了圆心！

生：还确定了半径！

生：道理都是一样的。确定了圆心，确定了半径，然后再绕一圈。

（老师竖起大拇指，学生们给予掌声）

师：是啊，圆心只能"一中"，半径一定"同长"。当我们真正理解了祖先的"圆，一中同长也"，才知道以前听说的"圆心""半径"是多么重要的两个词啊！其实呀，"没有规矩，不成方圆"这句话还是对的。这样画遵照了画圆的规矩。圆有圆的规矩，方有方的规矩，做人有做人的规矩，研究问题有研究问题的规矩。

师：（手指板书的四个问题）同学们，篮球场上中圈的问题研究完了，你觉得这样追问研究有意思吗？

生：（齐）有意思！

五、再次寻宝突破圆

师：20世纪最伟大的科学家爱因斯坦说："我没有什么特别的才能，不过喜欢寻根刨底地追究问题罢了。"孩子们，我要告诉你们，科学家们还喜欢追问这个问题："一定这样吗"（板书：⑤一定这样吗）

师：（回味地）请看——"宝物距离你左脚3米"，宝物一定在左脚为圆心、半径是3米的圆上吗？

（学生们陷入紧张的思考，没有举手。老师出示半个西瓜的图片，很多学生恍然大悟，马上举起手来）

生：宝物也有可能在地下、西瓜皮上。

生：也有可能在上面，在树枝上。

生：以左脚为球心、半径是3米的球上。

师：是啊！现在来看，圆是一中同长的，球也是一中同长的。圆和球最大的不同是什么？

生：一个是平面的，一个是立体的。

师：说得真专业！关于球，详细的研究要到高中才能学习。不过，在一个平面内，"一中同长"的就是圆，不是球。

六、课后延伸研究圆

（教师引导学生按照前面板书的五个问题来研究身边的圆，最后用课件出示生活中带有各种圆的物品。学生兴奋得久久不愿下课）

教学反思与评析

听过华应龙老师执教的《圆的认识》的老师，大都为其大气的教学设计以及实施所折服，很多老师认为课堂新颖、精练、有品位、智慧、自然、活跃、从容、幽默，教师潇洒自如，上课得心应手，学生学得轻松，知识掌握牢固。但也有这样的评价：有创意，但有争议；轻松、智慧、大气但有疑惑；满怀希望——比较失望；作秀——无意义……

有争议有质疑正是社会进步的表现，正是课程改革能够深化的动力。质疑与争议的焦点在哪里呢？我们以事实与证据说话——课后即对部分听课教师（60 人，其中江苏、北京各 30 人）做了问卷调查，调查结果如下表（表略）。总之，听课者担心基本知识和基本技能没有落实到位，不扎实。现在我们就来讨论其中的一些话题。

1. 是教定义，还是让学生经历定义化

有的教师认为，华老师的课中，关于圆的半径、直径的定义及其它们之间的关系是一笔带过的，学生尤其是后进生能掌握圆的这些基本知识吗？这位教师的评价非常中肯，本课确实淡化了这些概念的定义，相反却非常重视对这些概念本质的理解——

是什么（小明寻宝）：在思考与尝试中初步感知"圆是到定点的距离等于定长的点的轨迹"，初步感知确定圆的两个核心要素：圆心、半径。

为什么是圆：通过与正多边形的对比研究，再一次感悟到圆之所以为圆的关键是所有半径都相等。

怎么画圆：通过对学生非圆作品以及如何在篮球场上画一个大大的圆的分析，再一次强化圆之所以为圆的核心：到定点的距离都相等。

所以说，整堂课对圆的本质的教学可谓浓墨重彩，让学生真正理解"圆为什么是圆"这一个看似不是问题的重要问题。

我想，听课教师的这种担心不无道理，因为在华老师的课上没有明确写出圆心、半径、直径的定义，也没有再进一步让学生练习这样的题目：给出半径的数据求直径或者给出直径的数据求半径；画出一个圆并标出一些非直径或者非半径的线段让学生来判断；出几个像"从圆心到圆上任意一点的距离都相等"之类的判断题，因而听课教师认为练习不够，不能很好地强化学生的理解，后进生怎么办？一句话，听课教师的心里不踏实。

但学生的测试结果表明，由于学生充分地经历了圆的形成过程，由于教师处处以圆的两个核心要素为重点来展开教学，因此，即使课堂上不练习这样的问题，学生仍然没有问题。

听课教师这种担心的背后，实际上折射出教师的一种教学价值判断：我讲过的、练习过的题目就应该会解决，没有练过的就可能不会，甚至不会也是应该的。教师的要求太低了，学习难道就是解决曾经解决过的问题？忘记了把握概念的本质并掌握解决问题的方法才是解决一切问题的法宝。

这种担心的背后折射出教师的几何教学观：我们是教定义，还是让学生经历定义化的过程？对此，荷兰著名数学家、数学教育家弗赖登塔尔早就有过精辟的论述——

儿童用逻辑方法组织活动的能力有着一个持续但并不连续的发展过程。在最初阶段,他们通过手、眼以及各种感觉器官进行思维,经过一段时间的亲身体验,通过主动的反思(笔者注:核心是追问为什么),就会客观地描述这些低层次的活动,从而进入一个较高的层次。必须注意,这个高层次的达到,绝不能借助算法或形式的灌输来强加给他们。

我们实际的教学是否有很多是"借助算法或形式的灌输来强加给他们"的?展示几幅关于圆的美丽图片,再问问"这些都是什么形状",抽象出圆形,紧接着就给出圆心、直径、半径的定义,并做练习以巩固强化知识。这是小学的几何教学吗?靠这样的形式化的强化,学生就理解了,学生就掌握了,学生对几何以及几何学习会有什么印象?

弗赖登塔尔接着说:"演绎必须始于定义,它是演绎推理链中的重要一环。但苏格拉底的教学理论(笔者注:实际上就是弗赖登塔尔的主张)不主张用定义来引入几何对象……它(定义)不是强加的,而是由直观萌芽逐步发展的,因而就学会了演绎地组织一个对象性质的方法。"

在实际的科学研究工作中,多数定义不是事先想好的,而是组织、推理的结果。学生应该有权自己来发现,这样既直观、自然,又有相对性,可以充分体会定义的作用,并且掌握等价的定义。

对此,我们以一个案例来说明。为了了解学生对于"圆"的已有认识和经验到底有哪些,我们选择不同年级的学生做了测试,我以我女儿(小学三年级学生)作为观察对象之一,下面是其中的一段对话过程:

笔者:下面这幅图中哪条线段是直径?(图略)

女儿:妈妈,什么叫"直径"啊?

笔者:你自己看,自己决定吧。

女儿:3号是直径。

笔者:为什么啊?

女儿:因为它是直直的,直径嘛!

笔者:其他的线段就不是直直的?

女儿:是斜的,哦,也是直直的,因为3号最长。

到底什么是直径?女儿创造的定义——圆上最长的线段——是否可以作为直径的等价定义?学生对于几何图形是否都有直觉?什么最容易被学生直觉到?显然是长度,因此,距离是学生学习、研究几何图形时最容易感知与理解的一个概念。

让学生在动手、动脑的操作中经历圆的形成过程,并追问"圆为什么是圆"的理性推理过程,使得直径、半径、圆心的定义呼之欲出,因此,完全可以让学生自己来创造定义进而理解定义。在华老师的课上，就是通过如何标出直径、半径来强调这一点的：

师：对，圆规两脚的距离就是半径。那现在我也来画一个圆！

……

生：（几乎是喊着）2倍关系！一半！（教师板书：$d=2r$）

2. 对于圆，学生已有哪些认识

听完华老师的课，有很多教师担心思维慢的学生，尤其是后进生真正掌握圆了吗？其顾虑仍然是前面所说的没有强化定义，没有做相应的练习。后测结果表明，教师多虑了。即使是后进生，对前面所说的练习有困难吗？学生对圆到底有哪些认识？

对此，我们选择了北京市一所城区小学的六年级学生、北京市某郊区一所农村小学的五、六年级学生以问卷的形式进行调研，对我女儿以观察、访谈的形式进行了解，结果如下：

（1）总体来看，城区小学学生的得分远远高于农村学生的得分。

（2）100％的学生能够正确地辨认出圆形，能够正确地标出哪条线段是直径。

（3）填下面表格（表格略）时，学生的差距比较大，但其原因不在于学生不理解直径与半径的关系，而在于教师的引导：当学生追问什么是直径、什么是半径时，如果教师鼓励学生按照自己的理解来判断，学生解决表格中的问题，几乎都没有问题（除个别学生计算上的失误以及做某个填空时误以为第一行给出的是直径、第二行给出的是半径以外）。而在做农村六年级学生的测试时，教师没有鼓励学生按照自己的理解来解，而是说"如果会就做，如果不知道就空着，不用填"，大约70％的学生没有做这个填空题。因此，从得分来看，五年级学生远远好于六年级学生。

（4）当要求学生画一个半径为3厘米的圆并标出一条半径、直径及圆心时，城市小学的学生几乎百分之百能够解答（除个别学生徒手画圆）。农村学生约50％是徒手画圆（几乎都像圆，学生在力图保证到定点的距离相等），约50％没有留下任何"痕迹"，卷面是空白的。

三年级学生解决这个问题的过程如下：

先是徒手画圆，感觉不圆，自己的归因是不认真，然后又认真地徒手画了一个圆，仍然有的地方瘪进去了，最后自己终于发现要用圆规画圆，找到圆规后就能正确地解决这个问题。

（5）小明说："圆没有棱角，是圆圆的。"他说得对吗？请把你的理由写下来。几乎100％的学生认为他说的正确，但不能清晰地写出理由。个别学生认为他说得不对，例如，有学生说"圆不是没有棱角，而是有无数个棱角"，有的画出了圆的圆心角、圆周角，所以他认为圆也有角。

通过调研，我们认为学生对于圆的认识没有本质上的区别，对圆都有一种直觉，差距在于是否听说过直径、半径、圆心等术语，更大的差距在于学生是否敢于挑战自己。学习敢于从自己朴素的理解开始吗？敢于自己给某个概念下定义吗？是否有尝试错误的愿望与勇气？是否有"教师没有讲，我也会"的自信心？一句话，学生的差异不在于知识储备的多少，而在于其是否有一定的学习方法和正确的数学学习观。

3. 数学文化该如何渗透

有教师认为：本课过分注重数学知识的人文背景，向学生充分展示了圆的文化内涵……但在基本的数学知识与数学能力方面，学生并未上升到数学的理性与概括阶段。

真是这样吗？关于圆，上升到数学的理性与概括阶段是什么样子？数学文化的价值是什么？在当前的小学数学课堂教学中，教师们开始尝试数学文化的渗透，但现在也出现了偏颇：课堂上出现"古人说"、引用数学历史上的史料就算是渗透数学文化吗？对此，我们缺少对什么是数学文化以及如何发挥数学文化的教育价值的追问，数学文化很容易成为课堂教学的点缀与装饰品。

对于什么是文化，我不敢妄加谈论，但文化应包括三个层面的内涵：器物、制度、精神。数学文化也是这样，课堂教学中的数学文化绝不能仅仅是器物的呈现，更重要的是制度（原理、方法等）、精神与信念的渗透，是用来帮助揭示教学内容的本质，要用得恰到好处。

在华老师的课上，当学生经过操作、追问等活动理解了圆为什么是圆后，引出《墨经》中的"圆，一中同长也"，学生感悟到的是——我们非常聪明、古人更聪明，那么就能够抓住事物的本质，更能体验到中国语言文字是高度凝练与概括的，进而体验到民族自豪感。

当学生学会利用对比的研究方法，分析正多边形与圆的联系与区别后，并利用课件看到正 n 边形（当 n 越来越大）就是圆时，出示老子的经典概括"大方无隅"，学生的感悟又会是什么？除了前面所提之外，是否又从另一个角度高度概括了圆的本质？是否让学生初步感悟到了"量变导致质变"的哲学思想？是否让学生体验到了无限世界中的神奇与美妙？

当学生利用圆规画圆后，教师说出"没有规矩，不成方圆"，学生是否体验到了成语的内涵？是否体验到了语文与数学的密切关系？是否意识到要换个角度看待所要学习的各个学科？

当学生不能用圆规画篮球场中的大圆，而是想尽一切办法画圆后，教师又谈到"没有规矩，不成方圆"，学生是否感悟到画圆不在于是否必须用"规"，而在于必须满足"到定点的距离等于定长"这一圆的本质特征？从而理解"规矩"并不是具体的"规"与"矩"，而是道理或者原理？再进而明白这也是做人和做研究的道理？

通过这样的教学过程，学生理解了"圆，一中同长也""大方无隅""没有规矩，不成方圆"这三句话，这不正是对圆的本质以及特征的高度概括吗？

课堂教学永远是"我的地盘我做主"。其前提是：把握学科本质＋研究学生。

（刘加霞）

教学案例二

执教：贲友林

课堂实录

一、引入

师：同学们好！我想先了解一下，大家有哪些玩具？

（学生发言非常踊跃）

师：老师小时候曾玩过一种玩具，大家想看吗？

（视频展示：一个自制的陀螺，并将之旋转起来）

师：这可是老师自制的玩具，大家想做吗？瞧，一根火柴棒，一张纸片，剪成圆形。（板书：圆）。

二、展开

师：今天我们就在做玩具的过程中进一步认识圆。

师：做陀螺首先要剪一个圆。剪之前，我们先要画一个圆。你准备怎样画呢？

生：用圆规。

师：对，用圆规画。请大家用圆规在作业本上画圆。

（学生画圆）

师：画好了吗？你觉得用圆规画圆时应注意什么？

生：圆规的尖不能移动。

生：另一只脚与针尖之间的距离不能变。

师：还有没有补充？你画圆时，是用一只手还是用两只手？（有学生说用一只手，有学生说用两只手）

师：（边演示，边讲解）画圆时，要用手捏住圆规顶端的手柄，稍用力将针尖的一脚按下，使针尖固定，再旋转圆规的另一只脚。现在请大家再画一到两个圆。

（学生再次画圆）

师：短短的时间，我们就能画一个很漂亮的圆。大家能画一个和我这个圆一样大的圆吗？

生：只要先把圆规两脚拉好。

师：对，先要确定圆规两脚之间的距离。估一估，画这个圆，圆规两脚之间的距离是多少？

生：3厘米。

师：估测得真准！请大家把圆规两脚间的距离定为3厘米。

（在学生动手拉开圆规两脚时，教师指导：在直尺上，有针尖的一只脚对准直尺的0刻度线，另一只脚拉开到刻度线3）

师：请大家在白纸上画一个圆，再剪下来。

（学生操作，教师巡视）

师：剪圆时，有什么感觉？和剪其他的图形感觉一样吗？

生：不一样。剪圆，要剪得圆滑，要边剪边转。

师：对！长方形、正方形都是由线段围成的。圆呢？

生：圆是由曲线围成的。

师：谁知道，火柴棒要从圆形纸片的什么地方穿过去？

生：中心。

师：对，圆的中心，也就是圆心。（板书：圆心）

师：大家能找到这个圆的圆心吗？用水彩笔点出圆心。哦，也就是刚才画圆时圆规的针尖固定的那一点。圆心一般用字母"o"表示（板书：o）。请大家在圆心上标注字母"o"。

师：我们已经找到了圆心。如果问你：这是一个多大的圆，你知道吗？

生：量它的直径就知道了。

师：他刚才说了一个词，是——

生：直径。（板书：直径）

师：那什么叫直径呢？

生：从一个点向中心引一条直线。

生：把圆对折形成的一条线。

师：看来，让我们用语言来表述什么是直径，不容易说清楚。如果用笔画，大家能画出来吗？

（学生试画直径）

师：谁愿意到前面来展示一下你画的直径？

生：（边演示边介绍）从圆的一端到另一端，而且通过圆心。

师：直径是一条——

生：线段。

师：为什么不说是直线呢？

生：直线是无限长的，而线段的长度是有限的。

师：直径的两个端点在哪儿？一个端点在——圆上，另一个端点——也在圆上，而且——通过圆心。

师：你知道这条直径的长是多少吗？

生：6厘米。

师：对吗？请用尺量一量。

（学生操作）

师：这是一个直径为6厘米的圆。这个圆多大呀？还可以怎么说呢？

生：这是一个半径为3厘米的圆。

师：他又说到一个词——半径。大家能画一条半径吗？（板书：半径）

（学生画半径，并展示、介绍所画的半径）

师：半径是一条线段，它的一端在圆心，另一端在圆上。这条半径长多少？你是怎么知道的？

生：6除以2等于3，半径的长是直径的一半。

师：你说得真好，提到了半径与直径长度之间的关系。

生：我是用尺量的，半径是3厘米。

师：谢谢你的操作，验证了刚才那位同学发言中谈到的半径与直径长度之间的关系。接下来，我们搞一个小比赛。请大家拿好铅笔、直尺，同桌中左边的同学画半径，右边的同学画直径，在相同的时间内，比一比，看谁画得多！准备好了吗？开始！

（学生画直径、半径。大约40秒钟后教师叫"停"。学生汇报：画半径的最多画了11条；画直径的，最多画了7条）

师：谁快呀？

生：半径。

生：两条半径等于一条直径，就是说，他最多画了 7 条直径，把它化为半径的话，应该是 14 条半径了。那画半径的只画了 11 条，差了 3 条。

师：你的意思我明白了。就是他画了 7 条直径，一条直径可以看作 2 条半径，那如果算半径的话，就画了 14 条。是画直径的赢了，是吗？

生：对！

师：这样的想法有道理，很有意思。谁赢谁输不太重要，大家有没有回头反思一下，如果没有时间限制，你能画多少条半径、直径呢？

生：圆的半径和直径都有无数条。

师：它们的长度呢？

生：分别相等。

（学生用彩色笔标出各圆的半径和直径。教师组织反馈，并说说没有描画的线段为什么不是直径或半径）

师：（指图中两条半径）这是不是直径？

生：不是，因为它不是一条线段。

师：数一数，画了多少条直径？

（学生回答后，指着图 1 和图 2 中的两条直径问：这两条直径相等吗？直径是不是都相等？结合学生的回答，板书：在同一个圆里）

师：画了多少条半径？

生：3 条。

（其他学生沉默。稍过一会儿，有学生脱口而出：7 条。并作讲述：一条直径，又可以看成两条半径，在同一个圆里，直径的长度是半径的 2 倍）

（教师在 3 个圆上添加数据：图 1：2 厘米；图 2：2.5 厘米；图 3：64 毫米）

师：看图，你知道什么？

（生说出各圆的半径、直径长度后，教师指图 2：画这个圆时，圆规两脚之间的距离是多少？学生作答后教师再指图 3）

师：不知不觉，我们认识了圆的不少特征。请打开课本，阅读第 93～94 页，圈画出你认为重要的内容，你觉得黑板上还应该板书哪些内容呢？

（结合学生的回答，板书：圆心、半径）

师：现在，让我们把陀螺做完，大家再转一转，玩一玩。

（学生操作）

三、应用

（播放"昆仑润滑油"广告片）

师：刚才看这则广告时，有没有留意过，这则广告中——

生：有很多圆。

师：是的，生活中有很多圆。只要我们用数学的眼睛去观察生活，就会发现很多数学问题。一位数学家曾经说过：在一切平面图形中，最美的是圆。我们再来欣赏几幅由圆组成的图案。

（屏幕出示五幅图，图略）

师：这五幅图，你会画吗？（指图1）大圆的半径是3厘米，小圆有多大？

生：小圆的直径是3厘米，因为小圆的直径等于大圆的半径。

生：小圆的半径是1.5厘米。

师：这五幅图中，哪几幅的画法差不多？

（学生回答图1、2、3的画法差不多时，屏幕上显示三幅图的形状）

师：（指图4）它像三片叶子，怎么画呢？大家可以在课后去试一试。

师：（指图5）它像我们生活中的哪一样物体？

生：奔驰汽车标志。

生：汽车方向盘。

师：在日常生活中，哪些物体上有圆？

（学生的回答有蛋糕、纽扣、火腿肠、中国银行标志、天坛、溜溜球等，其中还有一位学生说到足球）

（出示：篮球、足球、排球）

师：它们是圆吗？

生：球是圆的。

（课件出示西瓜，并把西瓜切开，所切的面是圆）

生：圆是平面图形，球是立体的。

师：你的发言非常准确！圆在生活中随处可见。

（屏幕出示：自行车车轮、茶杯盖、手表表面、十字路口的转盘）

师：它们是圆的吗？（是）请大家联系实际想一想，它们有多大？（出示连线题：把下面物体的名称和相应的直径连起来。题略。学生连线）

师：这些物体一定是圆的吗？（不一定）哪些一定是圆的呢？

生：手表表面不一定是圆的。

师：对！手表表面可以不做成圆形，生活中常见的许多钟表面的形状就不是圆形。但时针、分针转动一圈，我们可以感觉到在钟表面上形成圆。

生：茶杯盖要做成圆形，如果不是圆形，就容易掉进杯里。

生：转盘要做成圆形，便于汽车转弯。

生：车轮一定是圆的。

师：车轮为什么要做成圆形的？

（让学生用陀螺代替车轮，改变纸片的形状，改变车轴的位置，滚动车轮，感受车轮必须做成圆形的道理）

四、延伸

师：在《十万个为什么》数学第一分册上就有一篇文章介绍"车轮为什么是圆的"，但是在《十万个为什么》数学第二分册上又有一篇文章介绍"轮子一定是圆的吗？"（随着教师的介绍，屏幕上先后出示少年儿童出版社出版的《十万个为什么》数学第一分册和第二分册的封面）这是怎么回事呢？有兴趣的同学课后可以找这方面的资料读一读。

教学反思与评析

对学生而言，这是一节感受真实、充满情趣和智慧的教学，也是一节充满创意的教学。听罢本课，掩卷深思，我不能不为课内的亮点和精彩拍案赞叹。

1. 了解学生，关爱学生。教师构思本课，凭借的是对学生的接触与了解。开课的交谈一下子就触动了学生的兴奋点，课中的引导丝丝入扣，一触即发。师生的对话看似散漫，实则严谨，紧紧地围绕教学内容展开。可见，要教好数学，必须深入了解学生，关爱学生，做到知其所好，知其所能。

2. 灵性对话，动手操作。圆的画法、圆的特征的探究都是学生在画、剪、量、描、转、滚等动手实践中，通过自我观察、比较、感悟、反思获得的。教师的教学语言，多在引导、评价，或是借助对学生表达后的复述，进一步阐述学生的思想。活动性的教学引发了学生表达的需要，对话式的教学引领学生逐步深入地展开数学思考。

3. 潜心钻研，精心蓄积。教师虽多次教学本课内容，却能根据学生的学习需求，不断变换课堂架构，变换生活素材，变换引导策略，不断使教学富有新意。不但儿时的玩具陀螺、生活中的茶杯、车轮、钟表面和道路上的转盘进入视野，而且广告动画、西瓜、足球、三叶片图、银行标志、汽车品牌图标等均收眼底。可见，教师在生活中是有心的，备课是潜心的，准备素材是精心的。成功的课堂教学其实就是有心人的潜心钻研与精心蓄积的产物，是教师用专业的眼光，搜寻生活中一切可以与数学学习相联系的现象与素材，并加以精心挑选、搭配、驾驭的结果。

4. 感受真切，兴趣盎然。本节课中，学生自始至终都是兴趣盎然的。他们谈生活、做玩具，活动自然，交流真切，无生涩艰难之感，有行云流水之畅，生活现象与数学知识相呼应，课内话题与课外阅读相交织。教学手法朴实无华，双基教学和训练十分扎实。这是自然的教学，也是充满智慧的高层次的教学。

（陈今晨）

教学案例三

执教：张齐华

课堂实录

一、感受

师：知道今天这节课学什么吗？

生：（齐）圆的认识。

师：没错。老师信封里就有圆，想看看吗？

生：（齐）想。

（师出示一个信封，并从中摸出一个圆片）

师：是圆吗？

生：是。

师：听说咱们班同学特别聪明，所以，一会儿老师要把这个圆片放回信封，让同学们把它给摸出来，有没有信心？

生：（齐）有。

师：不过，问题可不会这样简单。因为，在这个信封里，还有其他一些平面图形（即各种形状的纸片，下同），想看看吗？

（教师先后从信封中取出如下图形，见图 2—1）

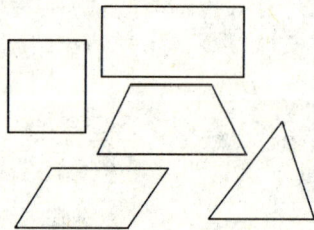

图 2—1

师：现在，要从这一堆平面图形中，把圆给摸出来，有难度吗？

生：（齐）没有！

师：为什么？

生：因为圆是弯的，而其他图形都是直直的。

生：圆没有角，而其他图形都有角。

师：数学上，我们把这些由线段围成的平面图形叫做直线图形。圆是直线图形吗？

生：不是，它是由曲线围成的。

师：所以，圆看起来特别——

生：光滑、弯曲……

师：也给这样的图形取个名字吧！

生：曲线图形。

师：真好。现在，要让你们从这一堆直线图形中把圆这个唯一的曲线图形摸出来，难不难？

生：（齐）不难。

师：别急，还没完。信封里还有两个图形呢。

（师出示图2—2）

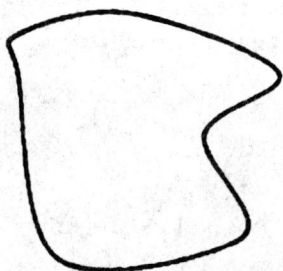

图2—2

师：瞧，它也是由光滑的曲线围成的呀！一会儿，你们会不会把它当做圆给摸出来？

生：（齐）不会。

师：为什么？

生：圆很圆，但它不怎么圆。

（生笑）

师：呵呵，有意思。

生：因为它有的地方凹，有的地方凸。而圆没有凹进去的地方，看起来……

师：看起来怎么样？

生：（齐）很饱满。

师：真棒！不急，还有一个呢。

（师出示图 2—3）

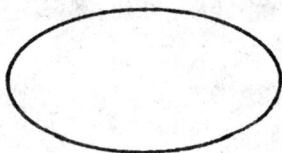

图 2—3

师：它也没凹进去的地方呀，看上去既光滑又饱满，待会儿，你们会不会把它也当做圆给摸出来？

生：不会。

师：为什么？

生：因为椭圆看起来扁扁的。

师：（将椭圆旋转 90 度后）现在看起来呢？

生：瘦瘦的。

师：那圆呢？（出示圆的图片，不停旋转）怎么样？

生：怎么看都一样。

师：行了，孩子们。看来，大家对于从这些图形中把圆摸出来都挺有信心。但口说无凭，谁愿意上来亲自试试？

（前排一男生上台操作，不少学生露出遗憾的表情）

师：（面对台上男生）既然大家比较遗憾，那要不这样，这些图形我就不放进信封里去了，一会儿请你闭上眼睛，我把这些图形一个一个放你手上，你只要回答"是"或者"不是"就行了。这样，大伙儿都能看得见。你看行吗？

生：行！

（师出示长方形）

生：不是！

师：对不对？

生：（齐）对。

（师出示三角形）

生：更不是。

师：瞧，这"更"字用得多好。

（师出示不规则曲线图形）

生：（仔细摸了摸图形的轮廓）还不是。

师：小家伙确实够精。

（师出示椭圆）

生：也不是。

（师最后出示圆形）

生：是的。

师：来，掌声鼓励一下。其实，小小的游戏，无非是想说明，和其他图形相比，圆的确很——

生：特别。

师：没错，和这些直线图形相比，圆是一个——

生：曲线图形。

师：和这些曲线图形（指图 2 和图 3）相比，圆看起来又是怎样的——

生：光滑、饱满、匀称……

师：难怪 2000 多年前，伟大的数学家毕达哥拉斯通过研究大量的平面图形后，发出这样的感慨：在一切平面图形中，圆最美。而且，2000 多年过去了，这一观点得到了越来越多的数学家乃至大众的认可。那么，圆究竟美在哪儿？更进一步，到底是什么内在的原因，使得圆看起来如此光滑、流畅、匀称，以至于成为所有平面图形中最美的一个？今天这节课，就让我们一起深入地认识圆、研究圆。

（师板书课题：圆的认识）

二、探索

1. 画圆

师：圆美不美，光靠看是不够的，咱还得画。画圆的过程，正是我们体会它的特点、发现它的美的过程。画圆要有独特的工具，那就是——

生：圆规。

师：课前，同学们已经自学过用圆规画圆了，会画吗？来，拿出圆规，试着在白纸上画一个圆。

（生用圆规画圆，师巡视）

师：应该说，绝大多数同学画得都很棒。不过，也有失败的作品，比如扁圆、开门圆。（生笑）猜猜看，它们的问题可能出在哪儿？

生：可能是圆规的脚动了。

师：嗯，用圆规画圆时，圆规的这只脚能动吗？

生：不能。

师：得固定。还有其他可能吗？

生：也可能是角度变了。

师：你是指圆规两脚之间的距离变了吗？

生：是的。

师：这样看来，要想用圆规画好圆，还有不少窍门。比如针尖得——

生：固定。

师：两脚之间的距离——

生：不变。

师：然后轻轻绕一圈，圆就画出来了。同学们，掌握了这些要素，有没有信心比刚才画得更好？

生：有。

师：别急。光会画是不够的，咱还得边画边思考。比如，如果方法正确，用圆规这么一转，会不会画出像图2、图3这样的曲线图形呢？（不会）先不必急着下结论，还是让我们边画边体会吧。能不能画出像图2、图3这样的曲线图形，同学们一定已经有了答案。这样，老师也想试着画一画，可以吗？（画完半个圆后停下）想象一下，照这样画下去，能画出像图2这样一会儿凹、一会儿凸的平面图形吗？

生：不会。

师：那会画出像图3这样的椭圆吗？

生：也不会。

师：为什么？

生：因为画圆时，这儿（手指圆上的点）到这儿（手指圆心）的距离是不变的，所以不可能画出一会儿凹、一会儿凸的图形，也不可能画出扁扁的椭圆。

2. 认识圆心和半径

师：看来，用圆规之所以画不出这样的图形，原因好像和这一点到边上的点之间的距离有关。你能用一条线段把这一距离表示出来吗？

（生操作）

师：这一点是用圆规画圆时针尖留下的，我们把它叫做圆心，用字母 o 表示，（板书：圆心、o）你能在你画的某个圆上找出圆心，并标上字母 o 吗？

（生操作）

师：而像这样连接圆心和圆上某一点的线段，数学上叫做——

生：半径。

师：半径可以用小写字母 r 表示。（板书：半径、r）你能在自己的圆里画出一条半径，并标上字母 r 吗？

（生操作，师展示不同学生画的半径）

师：同样是半径，方向却各不相同。你有什么新发现？

生：我觉得半径应该有无数条。

师：同意他的想法吗？

生：同意！

师：对于数学，你有很好的直觉。但光有直觉还不够，咱还得学会问自己三个字——为什么。为什么圆有无数条半径呢？（陆续有学生举手）先听听这位同学的意见，别的同学继续思考。

（生摇头）

生：因为圆是一种曲线图形，它的表面非常平滑，所以半径有无数条。

生：因为半径是从圆上任意一点发出的，所以有无数条半径。

师：我最喜欢刚才她说的一个词，猜猜看——

生：任意。

师：没错。什么叫任意？

生：随便。

师：圆上有多少个这样随便的线段。

生：无数个。

师：有一个点，就会对应——

生：就会对应无数条半径。

师：看来，学习数学可不能只浮于表面，还得学会问自己三个字——

生：为什么。

师：还有其他发现吗？

生：它们的长度都相等。

师：三个字——

生：为什么！

师：呵，都会抢答啦。（笑）是呀，为什么都相等呢？

生：可以量。

师：好主意。来，动手试一试。

（生操作后，得出结论）

师：有没有同学说"老师，我不用画、不用量也知道"？

生：从画圆的时候，我就注意到，圆规两脚的距离一直没变，而两脚的距离就是半径的长，所以半径的长度都相等。

师：瞧，画一画、量一量是研究问题的方法，而看一看、想一想，借助圆规画圆的方法推理得出结论，同样是一种方法。好了，通过刚才的研究，关于半径，我们已有了哪些结论？

生：半径有无数条，长度都相等。

师：其实，早在 2000 多年前，我国古代的思想家对这些问题也进行了研究。你们猜，他们得出结论了吗？

生：得出来了。

师：而且和同学们得出的几乎一模一样，只是表述略有不同，就六个字——"圆，一中同长也"。能理解吗？

生：能。（也有摇头的）

师："一中"，想想看，是——

生：一个圆心。

师：没错。那"同长"，会是什么同样长呢？

生：半径！

师：早在 2000 多年前，就能得出如此准确的结论，感觉如何？

生：我觉得他们很了不起，很聪明。

3. 认识直径

师：不过，后人在研究这一结论时，也有人提出，这里的"同长"还可能是——

生：直径同样长。

师：没错。（板书：直径）连接圆心和圆上任意一点的线段叫半径，那么，怎样的线段叫直径呢？想不想自己来试着画一条？

生：想！

师：我也想试试。不过，尽管我是老师，但如果画错了，也别客气，大声地喊出来。看谁反应最快。

（师故意将直尺摆放在偏离圆心的位置，提笔欲画）

生：错！

师：奇怪，还没开始画呢！就错啦？

生：直尺放错啦，得放在圆心上。

师：哦，原来是这样。

（师调整好直尺的位置，并从圆上某点开始画起，画到圆心时停下）

生：错！

师：怎么又错啦？

生：这只是一条半径，还得继续往下画。

（师继续往下画，眼看就要画到圆上另一点时，师突然停下笔）

生：错！

师：怎么啦？

生：还没到呢，还得再画一点儿。

师：那行，继续往下画。

（师继续往下画。就在学生喊"对"时，师悄悄地又往下画了一小段）

生：对！

生：不对！不对！

生：老师，又出头啦。

师：一会儿对，又一会儿错，都给你们弄糊涂了。那画直径到底得注意什么呢？

生：（七嘴八舌）得通过圆心。

生：两头都得在圆上。

生：还不能出头。

师：是呀，数学上，我们就是把通过圆心、两端都在圆上的线段叫做直径。

师：学习数学，贵在联想。半径有无数条，长度都相等，那直径——

生：也应该有无数条，长度也都相等。

师：（板书：无数条、都相等）都同意吗？

生：同意！

师：三个字——

生：为什么！（笑）

师：直径有无数条，我们就不必去探讨了，原因和半径类似。那直径的长度都相等，这又是为什么呢？

生：我们是量的，发现直径的长度都是6厘米。

师：瞧，动手操作又一次帮助我们获得了结论。

生：不用量也行。我们发现，每一条直径里面都有两条半径，半径的长度都相等，那么，直径的长度当然也都相等喽。

师：在我们看来，这只是一条直径，但在他的眼睛里，却还看出了两条半径，好厉害呀！尤其是，他的发现还帮助我们获得了一个新的结论，那就是，在同一个圆里，直径和半径具有怎样的关系？

生：直径是半径的两倍。

生：半径是直径的一半。

师：这样描述有点复杂。用简洁的数学语言来描述，行吗？

生：行！

师：很简单，$d=2r$。能看出直径和半径的关系吗？

生：能。

三、深究

1. 圆与正多边形

师：这就是数学语言的魅力，准确、简洁。现在，让我们回过头来看看我们已经获得的结论，圆有——

生：（齐）无数条半径，长度都相等。圆有无数条直径，长度也都相等。

（配合学生的概括，教师用课件出示下图）

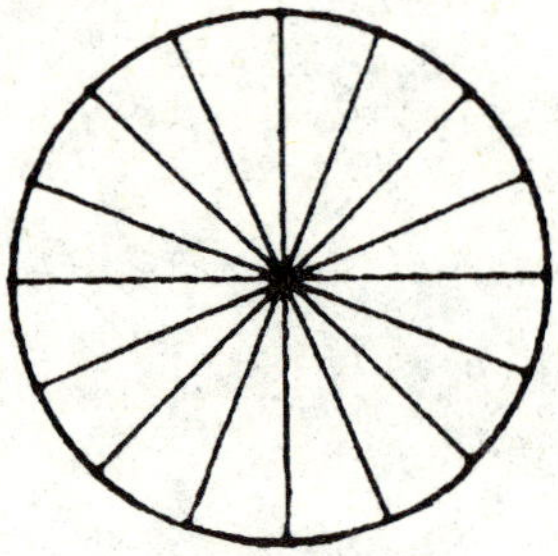

图2—4

师：同学们，千万别小看这些结论。试想一下，在同一个圆里，如果它们的半径不是都相等的，而是有的长、有的短，（在图2—4中比画）想象一下，最后连起来的还会是一个光滑、饱满、匀称的圆吗？

生：不会。

师：原因在哪儿？

生：是半径或直径同样长。

师：没错！正因为在同一个圆里，半径处处相等，才使得它看起来是这样的光滑、饱满、匀称。圆的美，在这里终于找到了真正的原因。不过，话说回来，在同一个图形中，具有这样等长线段的又不只是圆这一种。不信，我们一起来看。这是一个正三角形（指图5），从中心出发，连接三个顶点，这三条线段长度——

生：一样。

师：这样的线段有三条。正方形（指图5）里有几条？

生：四条。

师：正五边形（指图5）呢？

生：五条。

师：正六边形（指图5）呢？

生：六条。

师：正八边形（指图 5）呢？

生：八条。

师：圆有多少条？

生：无数条。

师：难怪有人说圆是一个——

生：正无数边形。

师：多美妙的发现呀！继续来观察。（完整呈现图 2—5）

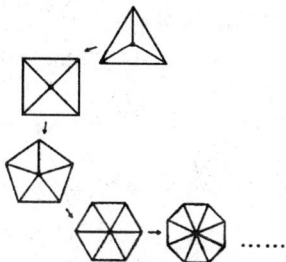

图 2—5

师：从正三角形到正四边形、正五边形、正六边形、正八边形，随着正多边形边数的不断增加，这些图形似乎越来越——

生：接近一个圆。

师：试想一下，如果边数再增加，情况又会怎样？（学生想象）我们不妨借助一个小实验来验证一下我们的猜想。想看正多少边形？

生：正十六边形、正二十边形、正一百边形……

师：好，就先来看看正十六边形吧。（借助几何画板，在电脑中画出图 2—6）和正八边形相比，感觉如何？

图 2—6

生：更接近圆了，但还不是圆。

师：再看看正三十二边形。

（师操作，并呈现正三十二边形，图略）

生：哇，更接近了。

师：还想看正多少边形？

生：正一百边形！

师：行，满足你的要求。

（师操作，并呈现正一百边形，图略）

生：哇，简直就是一个圆了。

师：别急，这才正一百边形呢。想象一下，如果是正一千边形、正一万边形，甚至正一亿边形，等等，直到无穷无尽，这时——

生：就是一个圆了。

师：是呀，如果我们把这些正多边形排成一排，那么，在这排图形的最远端，站着的一定就是一个——

生：圆。

师：瞧，在最遥远的尽头，直线图形和曲线图形竟然又完美地交融在了一起！

2. 由圆片引出的问题

师：其实，关于圆还有许多值得我们研究的问题，为了便于大家研究，课前，老师还为每组的两位同学准备了一个圆片。时间匆忙，老师忘了标上圆心，那它的半径会是多少呢？能想办法测量出来吗？

生：能。

（生操作，随后交流）

师：半径是几厘米？你是怎么量出来的？

生：把圆对折，折痕就是直径。量出直径是 6 厘米，再除以 2，半径就是 3 厘米。

师：行不行？

生：行。

师：可别小看这一方法。正是这一对折、一重合，还让我们在不经意间又发现了另一秘密，那就是，圆其实还是一个——

生：轴对称图形。

生：而且圆还有无数条对称轴呢！

师：这说明，和其他轴对称图形相比，圆还具有无穷对称性。还有别的方法吗？

生：我把圆对折后再对折，一展开，两条折痕的交点就是圆心了，找出圆心后，半径就能量出来了。我手中的圆，半径是 5 厘米。

生：其实不用展开，直接量出这条边的长，就是圆的半径。我们组的圆，半径正好是 4 厘米。

师：真是八仙过海、各显神通呀！而且通过测量，发现同学们手中的圆半径并不相同，有 3 厘米、4 厘米、还有 5 厘米。想象一下，半径不同，圆的大小——

生：也不同。

师：把手中的圆举起来看看。看来，圆的大小和它的什么有关？

生：和半径有关。

师：半径越长，圆——

生：越大。

师：半径越短，圆——

生：越小。

师：刚才，有同学悄悄问我：老师给我们的这些圆，圆心都没标，应该不是用圆规画出来的吧？你们觉得呢？

生：是的，如果用圆规画的话，应该会留下一个针眼。

师：那不用圆规，又会是怎样画出来的呢，谁能大胆猜一猜？

生：用一只碗扣在白纸上，然后沿着碗边描一圈画出来的。

师：依葫芦画瓢？呵呵，不对！

生：可能是用一根绳子的一端拴着铅笔，另一端固定，然后用铅笔绕一圈画出一个圆。

师：嗯，很有创意的想法，一个简易圆规呀。但很遗憾，还是不对！

生：我知道了，你是先画一条线段，然后换一个方向再画一条同样长的线段，然后再换方向画下去，最后把这些线段的端点连起来，就画成了一个圆。

师：你太有想象力了！待会儿的学习中，我们将一起验证你的这一想法。行了，不再猜了，答案其实就藏在这里。

（师打开 Word 文档，并利用画图工具作出一个标准的圆）

生：（恍然大悟）哦，原来是用电脑画的。

师：可问题又来了。这样画圆，大小很随意，半径怎么会正好是 3cm、4cm 或 5cm 的呢？想不想知道？

生：想！

（师双击图形，进而将其中的高度和宽度先后改为 6 厘米，如图 2—7，并最终得出一个半径 3cm 的圆。生兴致勃勃）

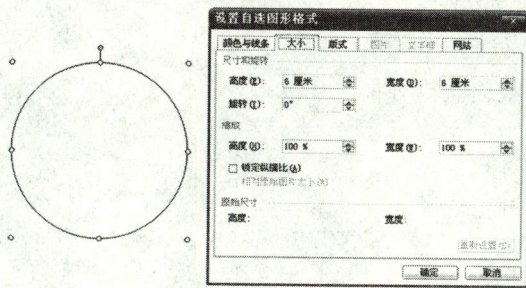

图 2—7

师：当然，在所有这些方法中，用圆规画圆仍然是最常用的一种。既然如此，那么，假如张老师非得用圆规画出这个半径 3cm 的圆，那圆规两脚应张开多大距离？

生：3cm。

师：如果画半径 4cm 的圆呢？

生：张开 4cm。

师：这个圆的半径是 5cm，直径几厘米？

生：直径 10cm。

师：要画出这个圆，需要把圆规两脚张开 10cm 吗？

生：不用，只要张开 5cm 就可以了。因为圆规两脚间的距离，其实就相当于圆的半径。

四、拓展

师：最后，让我们再一次回到平面图形的世界，感受圆与其他图形错综复杂的关系。瞧，这里有一个正三角形，现在，我们沿着它的中心把它稍作旋转。（出示图 2—8）旋转后的三角形与原来的三角形有没有完全重合？

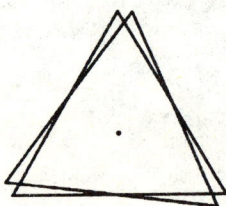

生：没有。

师：如果再旋转一下呢？

生：还是没有。

图 2—8

师：再来看圆。想象一下，如果我们沿着圆心把圆也旋转一下，猜猜情况又会怎样？

生：不管怎么转，都会重合。

师：是不是这样呢？来，拿出刚才的圆，用铅笔尖钉住圆心，并按在桌面上，轻轻转一转。（生操作）数学上，我们把圆的这一特点叫做旋转不变性。三角形具有旋转不变性吗？如果我们按特定的方向不断地旋转下去，又会出现怎样有趣的现象呢？让我们拭目以待。

（课件演示，最终呈现如图 2—9）

图 2—9

生：（惊讶）圆！

生：近似的圆。

师：不过，刚才是沿着图形的中心旋转的。如果沿其他点旋转，还会出现这样近似的圆吗？

生：不会！

师：还是用事实来说话吧！瞧，这是一个正方形，现在，我们沿它的一个顶点旋转。

（课件演示旋转过程，最终呈现如图 2—10）

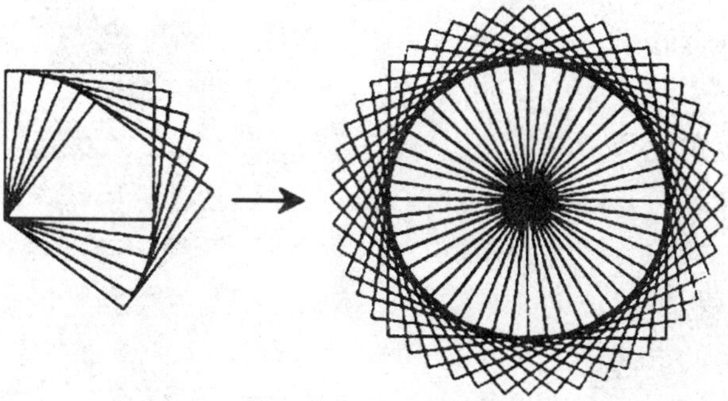

图 2—10

生：（不可思议地）居然也行?!

师：其实，不光是直线图形旋转后能找到圆，曲线图形甚至是线段通过旋转也能找到近似的圆。（课件呈现图 11 中的两幅图）你能一眼看出，这两幅图各是由什么图形旋转而成的吗？

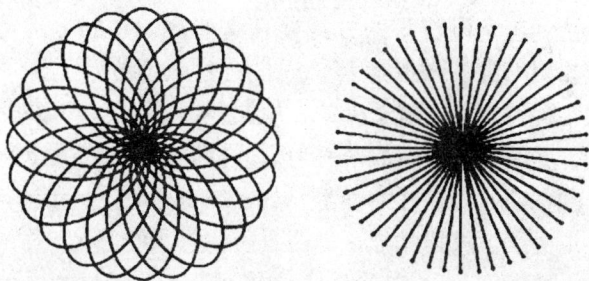

图 2—11

生：第一幅图是由椭圆旋转而来的，第二幅是由线段旋转而来的。

师：是不是这样呢？让我们再次借助动画验证猜想。

（师利用课件演示，并结合线段的旋转，既肯定了前面那个学生"换方向画等长线段以构成一个圆"的设想，又渗透了"圆是到定点距离等于定长的点的轨迹"的朴素观念）

49

师：至于其他一些平面图形，比如长方形、梯形、平行四边形，甚至是不规则的曲线图形，如果绕着其中的某一点旋转，会不会也出现和圆有关的美妙的图案呢？这个问题，就留给同学们课后去完成了。相信，一定会有更多的惊奇在等待着大家！最后，千万别忘了把自己创作出的美妙图案和大家一起分享哦。下课。

教学反思与评析

至少在实践层面，新一轮数学课程改革存在着强化数学思考的显著倾向。在笔者看来，这种倾向不但是合理的，而且更符合数学"作为一门课程与文化"的要求，是学习个体应有的课程意义与教育价值之所在。然而，如果这种强化是以大幅度弱化数学基础知识与基本技能（简称"双基"）为代价的话，我们则需要认真思考其内在的合理性及其可能遭遇的新问题。在此，笔者更认同如下这一较为折中、理性的观点：加强"双基"教学与培养数学思考本身并不矛盾，二者是相辅相成的。事实上，基础知识与基本技能的学习不可能以一种单纯机械记忆的方式展开，丰富的数学思考成分，诸如观察、比较、分类、抽象、概括、分析、综合等始终伴随着"双基"学习的每一个环节，成为促进知识获得与技能形成的重要组成部分。在本案例中，笔者恰恰期望能结合圆这一典型的陈述性知识的教学，就"如何将知识学习与数学思考合二为一"给出一些有益的探索与理性思考。

比如，半径、直径、圆心是典型的陈述性知识，是告诉我们是什么的知识，课堂上，不少教师选择用告诉的方式让学生认识这些概念。（事实上，"走进圆的世界"一课中，笔者正是以自学的方式处理这些知识点的，这是一种间接的告诉）应该说，就知识本身的掌握而言，这没有什么不好。但是，这样获得的知识，除了可以在某种程度上丰富学生的知识储备，进而为学生的后续学习搭建必要的认知台阶外，并没有为学生数学思考力的提升作出应有的贡献。进而，我们就可以做出这样的判断，即这样的学习，数学知识所应该具备的教育价值与文化意义被抽空了、消失了。这样的知识学习是否值得我们警惕与深思？

如何化解这一矛盾？就本课的具体情况而言，笔者以为，这里涉及我们该如何认识半径、直径等局部的数学知识与圆这一整体图形之间的关系问题。半径、直径是构成圆的重要组成部分，但它们不可以离开圆这一整体背景而孤立地被认识、被分析，"为什么用圆规画出来的一定是圆，而不是其他的图形？""你觉得圆之所以被认为是最美的平面图形，除了它的外表看起来很光滑、很匀称外，还有没有更深层次的原因？"事实上，只要我们愿意对这些问题展开深入思索，答案必然是可以被发现的，比如"椭圆虽然很光滑，但它看起来扁扁的，左右和上下的距离不等""无论圆规画到哪儿，笔尖总是和针尖保持一定的距离"，再比如"笔尖离针尖的距离不能变，一变，画出的圆就开口了"……尽管这些看起来只是学生在操作、观察过程中形成的一些朴素的数学直觉，然而，正是这些朴素的直觉，为学生随后水到渠成地认识半径、直径的意义、内在特征及其相互关系奠定了坚实的基础。尤其是此时的半径、直径不再只是构成圆这一整体机器的小零件，它们是"圆之所以为圆""圆之所以具备这样或那样的诸多外部特征"的真正的内在机理和"幕后操纵者"。至此，半径、直径等陈述性知识的意义逐渐为学生所感受并理解，掌握知识与发展数学思考、学习局部知识与理解图形的整体意义也有机地融合在一起了。

还需一提的是，笔者在处理拓展环节时，作了一些与传统教学思路大相径庭的变化。事实上，这样的变化不是为了标新，而是旨在将学生对圆这一图形的认知置于更广阔的知识与方法背景之中，以促进学生在比较与深入思考中再次获得对圆这一图形的整体认知，并真正引导学生在课堂上经历知识、方法与智力的探险，使数学课堂呈现出磨砺思维、提升智慧的本来面目。在此，限于篇幅，留给读者们琢磨与批评。

（张齐华）

异教解析

华应龙老师、贲友林老师、张齐华老师分别执教的《圆的认识》一课，精彩纷呈。笔者认为，三位教师的课主要凸显以下几大特色：

1. 在多样化的数学活动中成长

现代教学论认为，让小学生参与数学操作活动是提高数学学习的有效策略之一。小学生参与数学操作活动，可以吸引他们的注意力集中到教学过程中来，又能使他们在大量的感性材料的基础上，对材料进行分析、加工与整理，从中发现数学所特有的规律，逐步抽象、概括，获得数学概念与知识，使抽象问题具体化。三位教师都倡导让学生在多样化的数学活动中成长——

华应龙老师精心创设了一个"神秘"的情境："小明参加头脑奥林匹克的寻宝活动，得到这样一张纸条——'宝物距离你左脚3米'。你手头的白纸上有一个红点，这个红点就代表小明的左脚，想一想，宝物可能在哪儿呢？用1厘米表示1米，请在纸上表示出你的想法"。学生独立思考后动手在纸上画出来，教师用课件依次出示2个点、3个点、4个点、8个点、16个点、32个点，直到连成一个圆。这样，学生通过动手操作找出了"圆"，形象、生动，同时也更好地切入新课的学习。

贲友林老师立足儿童喜欢玩玩具的特点，展开活动："老师小时候曾玩过一种玩具，大家想看吗？"一句话激起学生的好奇心，这时教师用视频展示：一个自制的陀螺，并将之旋转起来。"这可是老师自制的玩具，大家想做吗？瞧，一根火柴棒，一张纸片，剪成圆形"，教师再次激起学生的操作期待。"做陀螺首先要剪一个圆。剪之前，我们先要画一个圆。你准备怎样画呢？"引出学生画圆这一操作活动。在学生画圆时，教师提醒学生"要用手捏住圆规顶端的手柄，稍用力将针尖的一脚按下，使针尖固定，再旋转圆规的另一只脚"，学生操作得很好。"剪圆时，有什么感觉？和剪其他的图形感觉一样吗？""谁知道，火柴棒要从圆形纸片的什么地方穿过去？""我们已经找到了圆心。如果问你：这是一个多大的圆，你知道吗？"结合学生的操作活动，教师连续地抛出一个个问题，伴随着这些问题的解决过程，学生同时也知道了什么是"圆心""直径"与"半径"，不知不觉间走进圆的世界。

张齐华老师凭借儿童喜欢游戏的特征展开教学："老师信封里就有圆，想看看吗？"教师出示一个信封，并从中摸出一个圆片。"听说咱们班同学特别聪明，所以，一会儿老师要把这个圆片放回信封，让同学们把它摸出来，有没有信心？"在学生信心满怀时，教师提醒："不过，问题可不会这样简单。因为，在这个信封里，还有其他一些平面图形（即各种形状的纸片，下同），想看看吗？"再次激起学生的操作欲望。这时，教师先后从信封中取出其它图形（有边为直线的，也有为不规则凹、凸的，也有椭圆的），让学生观察。在这个基础上，教师先后用课件让椭圆和圆形纸片不停旋转，学生发现圆形纸片"怎么看都一样"，这样顺水推舟地让学生进入操作。在学生充分操作与交流的基础上，教师深情地指出："难怪2000多年前，伟大的数学家毕达哥拉斯通过研究大量的平面图形后，发出这样的感慨："在一切平面图形中，圆最美。"而且，2000多年过去了，这一观点得到了越来越多的数学家乃至大众的认可。那么，圆究竟美在哪儿？更进一步，到底是什么内在的原因，使得圆看起来如此光滑、流畅、匀称，以至于成为所有平面图形中最美的一个？今天这节课，就让我们一起深入地认识圆、研究圆，将圆的学习引向深入。

2. 在多元化的数学情境中生成

"问渠哪得清如许，为有源头活水来。"教学实践表明，小学数学教学，巧用多元化的数学情境，能让课堂亮出独特的魅力，生成别样的精彩。

华应龙老师在课中曾用几何画板演示正多边形边数不断增多最终变成圆的动态过程，学生得出了"圆是一个正无数边形"的感悟；在课的后半部分，教师巧妙出示篮球场的画面，学生们很兴奋，教师设问："篮球场的中间是什么？篮球场的中间为什么要做成一个圆呢？"接着用课件播放 NBA 开赛录像，让学生展开思考："这样才公平。""因为圆的半径是处处相等的，所以球员站在圆的旁边是很公平的，他们离球的距离都一样。"一步步地切入圆的关键特点——"一中同长也"。"怎样画这个大圆呢？"这一现实问题再次引发学生的探究欲望，学生想到了多种方法："拿大圆规"（刚学的知识）、"用两个量角器来画"（联系已有知识进行）、"我觉得先要量出想要画的圆的半径，然后用一个绳子固定住中心点，再绕一圈就是一个圆了"（学生已开始学会利用新知识创造性地解决问题了），自然、动态、生成。

贲友林老师在课中播放"昆仑润滑油"的广告片，让学生从中观察其中的圆。接着教师让学生观察西瓜、足球、三叶片图、银行标志、汽车品牌图标等，并让学生用陀螺代替车轮，改变纸片的形状，改变车轴的位置，滚动车轮，感受车轮必须做成圆形的道理，深化了学生对圆的特点的进一步理解和掌握。

张齐华老师在课中先后用多媒体展示正三角形、正五边形、正六边形、正八边形，学生明白：随着正多边形边数的不断增加，这些图形似乎越来越"接近一个圆"；教师再引导学生："试想一下，如果边数再增加，情况又会怎样？"用多媒体展示正十六边形、正三十二边形、正一百边形，学生发现"简直就是一个圆了"，教师再引导学生思考与想象："如果是正一千边形、正一万边形，甚至正一亿边形……"这时，学生深刻明白："就是一个圆了！"教师小结："瞧，在最遥远的尽头，直线图形和曲线图形竟然又完美地交融在了一起！"将课的气氛推向一个高潮。

3. 在多力度的文化浸润中发展

中华文明源远流长，一部洋洋洒洒的文明史，其实也是一部厚实的数学发展史。

华应龙老师与学生一道共同品味墨子的"圆，一中同长也"，同时告知学生"墨子的这一发现比西方人早了1000多年"，激发了学生的民族自豪感；华老师还结合学生的学习，让他们明白"大方无隅""没有规矩，不成方圆"的含义，促进了学生对圆的本质以及特征的心领神会。

贲友林老师语众心长地与学生分享："是的，生活中有很多圆。只要我们用数学的眼睛去观察生活，就会发现很多数学问题。一位数学家曾经说过：在一切平面图形中，最美的是圆"，会给学生留下深刻的印象。

张齐华老师也与学生共同交流："其实，早在2000多年前，我国古代的思想家对这些问题也进行了研究。你们猜，他们得出结论了吗？""而且和同学们得出的几乎一模一样，只是表述略有不同，就六个字——'圆，一中同长也'。"学生们既为祖先的成就骄傲，也为自己的学习与祖先"几乎一模一样"而高兴。

4. 在多层面的学习视野中拓展

数学是一扇窗，窗外是一个五彩缤纷的世界。教学中的适度拓展，能让学生学得深刻、深远、深厚。

华应龙老师在课末，让学生进一步思考："'宝物距离你左脚3米'，宝物一定在以左脚为圆心、半径是3米的圆上吗？"让学生明白"在以左脚为球心、半径是3米的球上"，使学生从圆的学习拓展到对球的初步感知，"关于球，详细的研究要到高中才能学习。不过，在一个平面内，'一中同长'的就是圆，不是球"，既拓展了新知的学习，使学习又回到圆，回到原点，回到人。

贲友林老师注重引导学生拓展阅读。"在《十万个为什么》数学第一分册上就有一篇文章介绍'车轮为什么是圆的'，但是在《十万个为什么》数学第二分册上又有一篇文章介绍'轮子一定是圆的吗？'"将学习引向课外阅读，引向更为广阔的天地之中。

张齐华老师为学生的课外拓展作了有效指导："至于其他一些平面图形，比如长方形、梯形、平行四边形，甚至是不规则的曲线图形，如果绕着其中的某一点旋转，会不会也出现和圆有关的美妙的图案呢？这个问题就留给同学们课后去完成了。相信一定会有更多的惊奇在等待着大家！最后，千万别忘了把自己创作出的美妙图案和大家一起分享哦！"相信学生们会有新的行动，会带给大家一个惊喜。

不断品读三位老师分别执教的《圆的认识》一课，可以看出，三位老师的课各具特色：

华应龙老师注重数学知识产生背景的深层次挖掘，向学生充分展示了圆的文化内涵，这种学习过程不是生吞活剥、生搬硬套的，而是结合学生心理特点有的放矢地展开，学生学得活泼、主动、生动，学习活动富有创造性，真妙！

贲友林老师巧用儿童玩具开路，将学生引上圆的知识的探究旅程。学生看陀螺、制作陀螺的过程，正是学习不断走向深入的过程。后来，他引导学生用陀螺代替车轮，改变纸片的形状，改变车轴的位置，滚动车轮，使学生深刻感受车轮必须做成圆形的道理。一个陀螺，引领学生走进一个全新的数学世界，真好！

贲友林老师从学生喜闻乐见的游戏情境的创设入手，学生准备摸出圆形纸片的过程，就是圆的认识不断丰富的过程，就是不断明了圆的"光滑、流畅、匀称"特性的过程，更是学生思维水平不断提升的过程；学生画圆（含指导学生在电脑上画圆）、拓展圆（圆与正多边形的关系）、旋转圆（含旋转椭圆等其它形状的图形）的过程，正是学生理解知识与数学思考共融的过程，更是学习体验与快乐想象齐飞的过程，真美！

（叶建云）

百分数的意义

教学案例一

执教：钱守旺

课堂实录

1. 汇报预习后的收获，提出不明白的问题

师：刚才我们谈到了我们学校考试和学生作业的改革。我们今天这节课实际上也是一项大胆的改革。

师：谁能说一说，今天这节课和你们以往上课有什么不同？

生：以前上课老师不让我们预习，您这次让我们预习了。

生：以前上课我们不知道课上老师要讲什么，今天我知道我们要学习《百分数的认识》。

师：那你们认为预习后这节课我们该怎么上呢？

生：老师，您可以先让我们汇报一下预习后的收获，再来解答我们没有看懂的问题。

生：老师，最后您应该出一些练习题目，检验一下我们学习的效果。

师：好，就按你们说的办。谁来汇报一下，通过预习你有什么收获？

生：我知道了百分数在日常生活中应用非常普遍。我知道了百分数怎么读、怎么写了。

生：我知道了百分数非常便于比较，一眼就可以看出谁大谁小。

生：我知道了百分数的意义。百分数表示一个数是另一个数的百分之几。

师：预习后，你们还有什么问题吗？

生：老师，百分数和分数之间是一种什么关系？

生：人们为什么特别喜欢使用百分数呢？

生：百分数是怎么算出来的？

2. 百分数的读写

师：非常好！看来同学们课前确实按照老师的要求认真预习了。那老师检查一下你们预习的效果。

（教师出示课前谈话中出现的一组数据，学生读写）

3. 感受百分数应用的广泛性及优越性

师：刚才同学们已经说了，百分数在日常生活中有着广泛的应用，下面就请同学们把你们课前收集到的百分数拿出来，我们一同分享。

（学生汇报自己课前收集到的百分数。教师出示从教科书、杂志、商标、电视、报纸上收集到的百分数。特别是《中国教育报》上《2006 年中小学生安全形势分析报告》一文，正文中有 44 处用到了百分数，使学生真切感受到百分数的广泛应用）

师：为什么人们这么喜欢使用百分数呢？使用百分数有什么好处呢？下面我们通过两个具体的例子来看一看。

（教师出示《2006 年中小学生安全形势分析报告》一文中的一段）

2006 年，全国各省、自治区、直辖市上报的各类安全事故中，事故灾难（溺水、交通、踩踏、一氧化碳中毒、房屋倒塌、意外事故）占 59%；社会安全事故（斗殴、校园伤害、自杀、住宅火灾）占 31%；自然灾害（洪水、龙卷风、地震、冰雹、暴雨、塌方）占 10%。其中，溺水占 31.25%，交通事故占 19.64%，斗殴占 10.71%，校园伤害占 14.29%，中毒占 2.68%，学生踩踏事故占 1.79%，自杀占 5.36%，房屋倒塌占 0.89%，自然灾害占 9.82%，其他意外事故占 3.57%。

——摘自 http://edu.people.com.cn/GB/5499475.html

师：如果我们将里面的百分数换成分数，给你的感觉会怎么样？

生：比较起来非常麻烦，版面也不好看。

师：我们再看一个例子。从下面 10 名篮球爱好者中选出 3 名参加篮球比赛，假如你是教练，你会选谁去参加比赛？

（教师分三次出示命中率一栏中的数据：1. 用最简分数来表示每个人的命中率，学生发现不好比较；2. 把这些分数通分，虽然可以比较大小，但感觉非常烦琐；3. 变成百分数比较，简捷快速，一目了然。）

（通过上面两个例子，学生真切地感受到百分数分母固定为 100，有便于比较的优越性）

4. 深入理解百分数的意义

（1）结合具体实例理解百分数的意义

师：刚才有的同学说了，百分数表示一个数是另一个数的百分之几。（板书这句话）对于这句话你们是怎么理解的？

生：百分数是两个数进行比较的结果。

师：回答得非常好！请同学们思考下面的问题：某校五一班有学生 40 人。其中男生有 22 人，女生有 18 人。请你用百分数描述男女生在班级中所占的比例。

（学生独立思考，教师展示学生的思考过程：$22 \div 40 = \frac{22}{40} = \frac{55}{100} = 55\%$，$18 \div 40 = \frac{18}{40} = \frac{45}{100} = 45\%$。结合学生的思考过程，教师提问：55％和45％是怎样得到的？）

生：55％是用男生人数和全班人数进行比较，用男生人数除以全班人数；45％是用女生人数和全班人数进行比较，用女生人数除以全班人数。

师：如果反过来，用全班人数除以男生人数，用全班人数除以女生人数可以吗？

生：不可以，那样得到的就不是所求的百分数了。

师：同学们再看一个罚点球的例子——

在一场足球比赛中，猛虎队获得了一次罚点球的机会，他们准备派下列三名队员中的一名去罚点球。（小军罚20次，中18次；小刚罚10次，中7次；小强罚25次，中21次）

请你用百分数描述每个队员罚球的命中率。

（学生独立完成，然后全班交流。教师重点提问：这三个百分数是怎样得到的？如果你是教练，你会让谁去罚点球？）

（2）结合图表解读百分数的意义

（教师出示《中国教育报》上《2006年中小学生安全形势分析报告》一文中的两个统计图，让学生理解其中几个百分数的意义。图略）

（学生在解释"学生安全意识不强的占44％"时是这样说的："在100起事故中，有44起是因为学生安全意识不强造成的。"教师进一步追问："那在200起事故中，可能有多少起是因为学生安全意识不强造成的？在1000起事故中，可能有多少起是因为学生安全意识不强造成的？"在学生解释"上下学路上的占32％"的意义时，教师追问：你认为32％这个数据，统计人员是怎样得到的？）

（3）结合生活解读百分数的意义

师：下面是一些生活中的百分数，请你根据自己的理解，谈一谈你是怎样解读这些百分数的。

资料1：北京2008年奥运会共有700余万张票可出售。向国内公众公开发售的门票数量将不低于总票量的50％。奥运会开幕式门票最低价为200元，最高价为5000元；闭幕式门票最低价为150元，最高价为3000元。在全部可售票中，定价等于或低于100元的票数占58％。14％的门票仅售5元、10元，专供青少年奥林匹克教育计划。

资料2：《北京晚报》2007年4月16日报道，据"链家地产"在多所重点中小学周边的店面提供的客户资料分析，在出售的二手房中，70％以上的房产被为了孩子上学的家长们购买。

资料3：我们班有50％的同学会游泳。

（在回答资料3的问题时，教师追问：如果这个班有40人，有多少人会游泳？如果这个班有44人或36人呢？）

资料4：今天，全校学生的出勤率是95％。

（教师提出问题让学生思考：＿＿＿和＿＿＿比，＿＿＿占＿＿＿的95％）

资料5：姚明加盟NBA联赛的第一年，投篮命中率为49.8％。

（教师提出问题让学生思考：＿＿＿和＿＿＿比，＿＿＿占＿＿＿的49.8％）

5. 百分数与分数的区别

（教师出示下面的问题）

下面哪几个分数可以用百分数来表示？哪几个不能？为什么？

(1) 一堆煤 $\frac{87}{100}$ 吨，运走了它的 $\frac{87}{100}$。

(2) $\frac{23}{100}$ 米相当于 $\frac{46}{100}$ 米的 $\frac{50}{100}$。

（生练习部分略）

……

教学反思与评析

姚尚志（原北京第二实验小学校长，全国著名数学特级教师）：钱老师这节课理念新，设计巧，有层次，有深度，有后劲。

1. 本节课的教学设计不落俗套，突破了原有的设计思路，预习后再设计，令人耳目一新。教师对教材理解透彻，教学设计站位高，体现了教师对教材的准确把握和教师深厚的数学功底。

2. 课堂上，教师能够以学生为主体，循着学生的思路进行教学，体现了"以学论教"的教学理念，反映出教师高超的驾驭课堂的能力。

3. 通过老师所提供的素材深化对百分数意义的理解，使学生感受到百分数无处不在。通过几个典型的例子让学生感受到百分数在比较大小时的优越性。特别是围绕谁和谁比的问题做足了文章，为学生今后的学习打下了坚实的基础。

4. 教学设计层层深入，教师所选的题目典型，具有针对性、现实性。

赵俊强：我原来自己上过这节课，也听过不少老师讲这节课，好像教师教学的最终目标就是引导学生得出"表示一个数是另一个数的百分之几的数，叫做百分数"这句话。可一节课下来，好像学生对百分数并没有真正理解。结果到了后面学习百分数应用题时，学生问题非常多。我认为今天这节课后，学生对百分数才真正理解了。

贾海林：以前教学百分数的认识时，连我自己也不知道到底这节课要让学生理解到什么程度。特别是对百分数产生的必要性和百分数的优越性往往是教师一带而过，没有拿出具有说服力的材料令学生信服。本节课，钱老师从课前谈话开始，就紧紧围绕百分数的认识、问卷调查中的百分数，体现了百分数产生的必要性。钱老师课上所选的《中国教育报》上《2006 年中小学生安全形势分析报告》一文中的数据和从 10 名篮球爱好者中选出 3 名参加篮球比赛的事例，让学生真切地感受到百分数的优越性。

宋世红：以前我在教学百分数的认识时，对于百分数和分数的区别总是处理不好，今天听了钱老师的课，突然茅塞顿开。原来我没有真正让学生理解百分数是两个数比较的结果，没有真正让孩子们理解到百分数表示的是两个数之间的一种倍数关系。

石秀荣：以前我们教学百分数的认识，教师牵得太死，学生们总是顺着教师课前预设好的路径一步步往前走，满足于回答老师提出的一个又一个问题。一直到课快要结束时，学生对百分数的理解还局限于原来对分数的理解，他们总是这样解释百分数：把（　）平均分成 100 份，表示其中的（　）份，或 100 份中的（　）份。其实，这样的解释并不到位。学生最后应该理解到百分数是（　）和（　）比，表示（　）占（　）的百分之几。今天钱老师的练习设计层层深入，学生对百分数意义的理解也水到渠成。

课后，教师对部分学生进行了访谈，下面是几个学生的发言概要。

——我觉得今天的课很有意思，特别是老师让我们课前收集了很多生活中的百分数，我觉得对我们这节课的学习很有帮助。

——我觉得预习后的数学课学起来更轻松一些。通过课前的预习，我对今天老师要讲的内容有个大致了解，上课时接受起来就更快了。课堂上的很多时候，都是老师听我们说自己的想法，我们上课发言的机会更多了。

——以前上课我就怕老师提问题，因为老师一提问题我就紧张。预习后老师再提问题，我基本上能够准确回答。这样我上课时心情就比较放松，感觉下课后心里挺舒服的。

——我觉得今天这种上课方式很适合我，希望下节课老师还这样上。这节课我特别注意听了我预习后还不明白的地方，感觉收获非常大。我认为这样上课，有利于培养我们的自学能力。

——我喜欢这种上课的方式。以前老师上课，同学们彼此之间交流不多，今天老师让我们互相交流对百分数的理解，让我们看到别人的思考方法，我觉得非常好。今天老师让我们用百分数描述男女生在班级中所占的比例时，我刚开始只知道怎么用分数表示，但不知道怎样写成百分数。后来老师找同学把自己的思考过程写在了黑板上，我一下子就明白了。接下来的那道题我很快就写出来了。

——今天这节课我们收获非常大。除了教材中的例子，同学们还找了大量的百分数，老师也让我们看了电视、报纸、商标中的百分数，使我们对百分数有了非常深入的了解。今天这节课，我们练习了很多题目，通过这些题目的练习，我真正理解了百分数的意义。

教学案例二

执教：黄爱华

课堂实录

（师板书：百分数）

师：老师让每位同学到生活中找百分数，找到的请拿出来。

（众生翻开自己的笔记本）

师：好找吗？

生：好找。

师：怎么会那么好找？（面带疑惑）

生：有很多。

师：这说明什么？（走向一位学生）

生：百分数在我们生活中很常见。

师：很常见？同意吗？

生：同意。

师：来，（做举手状）说说在哪里见到过？

生：它在衣服上就有的。

生：在《新闻联播》上有。

生：在书里有。

生：在旅游景点有。

师：旅游景点怎么写的？

生：就是，假如说今年比去年旅游的人多了50％。

师：用这样的数据显示的？很好！（请旁边一生回答）

生：在牛奶盒上有。

师：上面怎么写来着？

生：上面写着牛奶的浓度是95％。

师：哦，95％的牛奶啊？可能更多的同学喝的是100％的牛奶。

生：在地图册上有。

生：在旁边的座位和老师上面有。

师：（侧身看老师座位）老师座位上有？

生：老师的人数占座位的80％。

师：哇！你都能看出来啦！今天的上座率，是吧？今天老师的人数占整个座位的80％，这个好像没有吧？（右手放在腰上，做疑问状）

生：在上面。

师：上面很多空的（右手指向上方），你就能做这样的判断，是不是？这个同学的百分数，没有写明就能看出来，完全是通过自己的一种思考、计算判断出来的。（边说边用手做思考状）这不是一般的水平了！厉害，厉害！有的同学还想说，（走向另一组后座一生）你说。

生：我的铅笔盒里面也有。

师：铅笔盒里？

生：铅笔盒里的东西，占我的铅笔盒的90％左右。

师：90％，还左右，好。（返回讲台，面向众生）

师：听了同学们的汇报，有的是在生活当中找到了百分数，有的是对生活当中一些现象做了一些分析、计算得到了百分数。总之说明一个问题，生活当中百分数的应用非常广泛。老师也找了，愿不愿意看看老师找的？

生：愿意。

师：好。这是我找到的第一个百分数。（大屏幕显示：青岛啤酒的酒精度3.4％）认识这种酒吗？

生：认识。

（大屏幕显示：茅台酒的酒精度38％，酒鬼酒的酒精度52％）

生：哈哈。（众生笑）

师：知道我在哪里找到的吗？（众生猜测）

生：酒瓶的标签上。

师：没错。酒瓶的标签上也找得到。我在想，人们为什么那么喜欢用百分数呢？用百分数到底有什么好处？我觉得这个问题很有必要研究。大家想不想研究？

生：想。

师：为什么人们这么喜欢用百分数？用百分数到底有什么好处？除了这两个问题外，大家还想弄清楚什么问题呢？

（众生思考后提出问题）

生：百分数后面为什么要加一斜线和两个圆圈？

生：为什么数字在％号前面而不在它的后面？

生：百分数怎么长得跟分数不一样呢？

生：百分数和分数有哪些不一样呀？

师：百分数和分数有哪些不一样？好问题！还有吗？

生：百分数后面那两圈加一斜线，那是什么？

师：什么符号，对吧？百分数到底是怎么写的，我觉得可以把这个问题放在那个"和分数有什么不同"里面，好不好？（返身请一位举手的学生发言）

生：百分数代表什么意思？

师：这个问题问得有水平，这句话可换成"什么叫百分数"或者"百分数的意义是什么"。

生：为什么许多商品后面的标签上都用百分数，而不用分数？

师：对啊，为什么？这还是前面的那个问题啊，为什么人们喜欢用百分数而有的时候不用分数呢？

生：为什么百分数说起来都说90％，从来没有说超过100％的？比如说101％这样。

师：有啊，谁说没有呢？除了有90％，也有101％，你想问什么？

生：人们常用90％，为什么都不太用101％、102％？也就是分子超过100的数字。

师：不太用是吧？（众生轻声答"是"）这生活当中为什么101％、102％这么少见？见得比较多的却是小于100％的，是这个意思吧？这个问题问得有水平，值得思考。刚刚那个同学就问这个问题，人们在生活当中为什么那么喜欢用百分数，却不用分数呢，反过来想，是不是生活当中都用了百分数，就没有用分数的呢？

生：（齐声）不是。

师：那说明百分数是有的时候用，有的时候不用。那这里有个问题就要讨论了，百分数在——

生：在什么时候用？

师：对啊，在什么情况下，人们会用百分数？太棒了，一点点时间，我们问出了这么多的问题，我们把这些问题稍微整理一下，写在黑板上，作为我们今天研究的问题，好不好？

生：（整齐、大声）好！

师：那你们认为，第一个问题应该写什么？

生：为什么要用百分数？

师：也就是说用它有什么好处？（板书：1. 用百分数有什么好处?）好，第二个问题？

生：百分数的意义？（众生断断续续说）

师：百分数的意义是什么？（板书：2. 百分数的意义是什么?）第三个问题？（众生各自表达意思）在什么情况下用？（板书：3. 在什么情况下用?）第四个问题？

生：百分数和分数有什么不一样？

师：和分数有什么不一样？（板书：4. 和分数比较，有什么不同?）刚刚这位同学说的，为什么生活当中 6%、90%用得多，101%用得少呢？这个问题也可以思考的，但不作为我们今天的重点，有时间我们再讨论，好不好？

生：（齐声）好。

师：你们看，这几个问题，是老师一个一个地讲给你们听呢，还是你们自己研究？

生：（异口同声）自己研究。

师：自己研究，你们手头有素材？

生：有。（一生附和）

师：自己找了一些百分数，是不是？（返回讲台）老师也提供了几个，这些数字都可以，那这四个问题，大家可以选择自己最感兴趣的问题来研究，也可以一个问题一个问题来研究，好吗？

生：好。

师：必要的时候，把关键的地方记在自己的本子上，给大家两分钟的时间，如果不够就再长一点，好，开始。

（众生陆续拿笔写字，师走向学生中间巡视，不时走近学生，看其在本子上回答的问题，还对一生进行肯定和对一生进行指正）

师：非常好，同学们写出了很好的想法，且非常有自己的见解，继续。想不想把你的想法跟别人交流交流？

生：想。

师：好，还没写完的同学可以先不写，留在脑子里头（做双手抱头动作），我们来讨论！谁最想先说，就开始说吧！

生：我想解释第四个问题。百分数是在比较精确的情况下使用的，而分数是比较大概的内容。

师：比较大概，没有了精确。（看黑板）第四个问题，"和分数比较，有什么不同？"是吧？他的观点是百分数更精确一些，分数就没有那么精确了。这个问题啊，大家再思考一下，还有呢？（几生举手，请一生发言）

生：我想解释第二个问题，百分数的意义跟分数相同，比如50%，可以写成$\frac{50}{100}$。（师做认真听状）

师：同学们，我们可以怎么去描述分数的意义呢？（返回讲台，面向大家）咱们班三好学生的人数占全班人数的几分之几？它表示的是什么？一个数是另一个数的几分之几？（众生附和）那么百分数是表示一个数是另一个数的几分之几吗？

生：不是。（一生作答）

师：应该怎么说？它表示的是一个数是另一个数的百分之几，不是几分之几，而是百分之几，同意吗？

生：（齐声）同意。

师：是不是每一个百分数都是表示一个数是另一个数的百分之几？

生：（大声）是。

师：比如说，青岛啤酒，它的酒精度是3.4%，把什么看作100份？

生：3.4。（一生答）

师：3.4看作100份？这个我们是不是可以把它写成$\frac{3.4}{100}$？（板书：$\frac{3.4}{100}$）那这个$\frac{3.4}{100}$是表示把什么看作100份？

生：把青岛啤酒看成100份。

师：这句话再说得具体一点，多少青岛啤酒啊？

生：一瓶青岛啤酒看成100份。

师：把一瓶青岛啤酒看成100份，可不可以？

生：可以。

师：那这里边什么占3.4份呢？（返回讲台）

生：酒精度。（几生举手，但都齐声说）

生：酒精在一瓶青岛啤酒里面有多少含量。

师：（点头肯定）把整瓶酒看成 100 份，这里面的 3.4 份是纯酒精。再看第二题。（指向大屏幕）

师：茅台酒把什么看作 100 份？（众生回答声嘈杂）把整瓶茅台酒，但不一定是一瓶，有时候一杯也是可以的啦！一杯就谈一杯，一箱就谈一箱，总之你把这个酒要看作多少份？

生：100 份。（众生齐声答）

师：那里面这 38 份就是——

生：（大声）纯酒精。

师：没错，纯酒精。再看酒鬼酒。把什么看作 100 份？

生：（齐声）酒鬼酒。

师：把整个酒鬼酒看作 100 份，这个里面的 52 份是什么啊？

生：酒精。

师：对了。同学们手头还有很多的百分数，是不是总是把一个整体看作 100 份？看看！（用手指向大家桌面）

生：是的。

师：那我们就刚才那个同学说的第二个问题——"百分数的意义"，我们可以初步得出结论，它表示什么？一个数是另一个数的——（板书：一个数/另一个数→百分之几→百分数）

生：百分之几。

师：到底怎么写？

生：百分之几。

师：几分之几还是百分之几？

生：百分之几。（大声）

师：没错，百分之几的数。（板书：百分之几）表示一个数是另一个数的百分之几的数，它就叫做百分数。这意义的问题是不是解决了？

生：是。

师：这三种酒咱们比比看？（指向大屏幕）哪种酒最厉害呢？

生：酒鬼酒。

师：能不能一眼就看出来？

生：能。

师：怎么看的呢？

生：看谁数字大。

师：都是 100 份，是不是？大家都是 100 份，就很容易比较出，是吧？是这个意思吗？大家同意吗？

生：同意。

师：那么正是因为它，大家都是 100 份，我们就很容易比较出哪种酒的酒精含量更高一些，是吗？

生：是。

师：那么谈到这里，好像第一个问题就出来了。（指向板书）百分数有什么用处啊？因为大家总是把总数的含量作为 100 份，所以特别便于——

生：比较。

师：都表示一个数是另一个数的百分之几，同意吗？

生：同意。

师：第三个问题——"在什么情况下用？"人们在什么情况下会用百分数？（走向一生）你说。

生：一般在很复杂的事情里，可以用百分数。

师：什么叫很复杂的事情？

生：很难弄的一件事情。（几生举手）

师：什么叫很难弄？（几生发出笑声）很难弄还是很难比？

生：很难比。

师：就是用分数去比，就没办法比较的情况下，我会用百分数，是不是？比如说，你到商场里面去给你爸爸买一种酒精含量较低的酒，结果到了商店里一看，那酒瓶的标签上写的不是百分数，而是写了很多分数。

生：太麻烦了！（一生附和）

师：难不难？

生：难。

师：主要是很难比较，哪种酒的酒精含量低还是高？是不是？所以说，这个时候用上百分数就很好比了。

师：人们在生活当中要进行调查、统计、分析、比较的时候，也会用百分数。老师给大家带来了一个图，（指向大屏幕）大家看看。

（大屏幕显示：第十二届亚运会金牌分布情况统计图，中国占 40.3%，韩国占 18.5%，日本占 17.4%，其他国家占 23.8%）

师：这是一次亚运会的金牌分布统计图。看到中国没有？

生：看到了。

师：还看到谁？

生：韩国、日本、其他国家。

师：还有其他国家。中国厉害吧？

生：厉害！

师：怎么一眼就看出中国厉害呢？

生：因为中国百分数高。（一生回答）

师：你看，（指向大屏幕）中国占 40.3％，中国获得的金牌数占金牌总数的 40.3％，韩国才多少？

生：18.5％。

师：日本呢？

生：17.4％。

师：参加亚运会的其他国家合在一起才——

生：23.8％。

师：中国厉害不？（竖起大拇指）

生：厉害！

师：那么从这个图本身（再次指向大屏幕），我们可以用数学的眼光去看，百分数好不好？

生：好！

师：百分数便于人们去分析、比较。当然这是调查统计出来的一个结果了。根据这幅画，我们一眼就能看出来。虽然我们看不到到底获了多少枚金牌，但是我们看到了什么？咱们金牌数占金牌总数的百分之几，一眼就能看出。好，我想第三个问题我们又解决了。第四个问题——"和分数比较，到底有什么不同？"在意义上跟分数比较，有没有什么不同？这个问题，我们来讨论讨论。（一生举手，师走向该生）

生：如果把百分比，就是那个百分之几化成分数的话，那个一百分之几，它的分母是永远不能变的，而分数的分母是可以变动的。

师：同意吗？（转向旁边学生）

生：（齐声）同意。

师：这个同学说得很对，百分数的分母始终是多少？（转身指向黑板）

生：100。

师：但是分数的分母呢？

生：可以变。

师：就不一定是 100。这样说可以吗？

生：可以。

师：（伸出一手指）第二个不同是什么？（高举两只手指，请旁边一生）

生：分数是几分之几的，百分数是百分之几的。

师：这个同学说的跟那个同学说的有相同的地方，分数怎么读的？

生：几分之几。

师：我们把百分数读成——

生：百分之几。

师：从这个同学的回答中，我们能悟出这个道理。分数和百分数的读法还是有点不一样的。（走向大屏幕，并指向数字）会读吗？

生：会。

师：中国占多少？

生：40.3%。

师：非常好！读成百分之四十点三，不要读成一百分之四十点三，这跟分数是不一样的，同意吗？

生：同意。

师：第三个不同呢？（一生举手，走向该生）这个同学没回答过，好，你来说吧！

生：就是百分数用得多，而分数不太常用。因为有时候我们比较起来，分数难比较，百分数容易比较。

师：他从这个百分数的一些特征上来说明，百分数便于比较，分数就没那么好比较，是吧？但是分数可不可以比呢？

生：（大声）可以。

师：好，这是第三个不同。第四个呢？

生：（看大屏幕）百分数后面有个百分号，分数不是，分数中间有个一横，这是它们的不同。

师：其实就是写法不一样，大家都发现百分数后面有个符号，是吧？（返回讲台，指向大屏幕）那个叫百分号，百分号怎么写，大家看黑板。（板书：%）写百分号的时候，先画个圈，然后画一条斜线，这个斜线跟水平线大约成45°，然后下面对应的再画个圈，这就叫百分号，会写吗？

生：会。

师：（高举一手）拿出手指来，我们写写看。画个圈，画条斜线，再画个圈。（众生高举一手在空中书写）好！我们写百分数的时候，先写40.3，再加上百分号，这就是百分数的写法。会不会写？

生：会。

师：OK。第四个不一样，叫写法不同。还有啊？（几生举手，走向一生）好，来，站起来！

生：分数是分率，另外一个是百分率。

师：很好啊，请坐！百分数，它又叫做百分比，或者叫做百分率，那么分数又叫做分率，也是表示一个数是另一个数的几分之几。这个同学的回答实际上是在告诉我们一个道理，我们学的分数，既可以表示一个数是另一个数的几分之几，就是他说的分率，同时也可以表示一个具体的数量。对不对？

生：对。

师：生活当中很多这样的应用，（指着板书）但是百分数只表示一个数是另一个数的百分之几，所以又叫做百分率。生活当中看到的百分数后面加不加单位？

生：不加。

师：不加单位，它只表示一个数是另一个数的百分之几。（指向刚才那位学生）这个同学的回答很好，给我们很多启发，这又是一点不同，还有什么不同？

生：我觉得，如果把百分数换算成分数，分数下面这个分母永远就是一百，分数上面的分子是可以变动的。

师：就不一定是 100，是吗？这个同学说得也有道理。一百分之三十八，分子分母可不可以约分？

生：可以。

师：是可以约分。分数里头一般要约分，但是百分数里头约不约分？

生：不约分。

师：约分后就变成什么了？分母就不是 100 了，是吧？正是因为百分数的分母规定是 100，分子就有可能出现 3.4（指着板书 3.4），就有可能出现 38，还可能出现 52，还可能出现像这个图上那么多的小数这种情况（指向大屏幕）。这个不同点我觉得找得也很好，六个不同了。

生：分数和百分数的单位不一定相同。

师：分数单位不一定相同？

生：比如说，50%在分数里可以写成五十分之二十五。

师：它的分数单位就不是二分之一了，对吧？而百分之一的分数单位总是一百分之一，他的分数很好，（回讲台，指了一下板书）哇！我们刚刚找了多少个不同啊？

生：七个。

师：七个不同。同学们有没有发现，其实我们可以想出丰富多彩的想法。

师：想想，还有没有什么问题？（回头看了一下板书）

生：为什么百分数那个一百不写出来，（看一下大屏幕，师也跟着回头看了一下）而分数写出一百来？

师：他的意思大家听明白没有？

生：听明白了。

师：百分数为什么要用一个百分号来写？你们说用百分号的目的是什么？（把话筒递给一生）你说。

生：百分号就代替了一百。

师：为什么要代替？

生：方便。（一生附和）

师：方便什么？

生：方便书写。

师：有道理。方便书写，还方便什么？

生：方便统计。

师：方便统计。那么我统计，正是因为它跟很多分数——

生：不一样。

师：我觉得它更重要的目的是，为了把百分数跟分数怎么样？

生：作比较。

师：区别开来，让我们一眼就能看出这是一个什么数啊？

生：百分数。

师：所以这样就区别开来了，同意吗？

生：同意。

师：我们来看一两道题目。（指向大屏幕）这里有三个分母是 100 的分数，它们是不是百分数呢？（大屏幕显示：$\frac{75}{100}$、$\frac{51}{100}$、$\frac{87}{100}$）

生：是。

师：不一定，我们来看看。第一句话，鸡的只数是鸭的 $\frac{75}{100}$。这个 $\frac{75}{100}$ 可不可以看成是百分数？

生：（大声）可以。

师：把谁看作 100 份？

生：鸭。

师：到底把什么看作 100 份？鸭的只数看作 100 份，鸡的只数就是这样的 75 份。我们再来看，（大屏幕显示：绳长是铁丝长的 $\frac{51}{100}$）绳长是铁丝长的 $\frac{51}{100}$。

生：是的。

师：有没有表示一个数是另一个数的百分之几？

生：有。

71

师：好，把谁看作 100 份？

生：铁丝。

师：没错。第三句话，（大屏幕显示：一堆煤重 $\frac{87}{100}$ 吨）一堆煤。

生：不是。

师：这就不可以了，为什么？

生：单位。

师：因为单位表示一个具体的——

生：数。

师：是吧，它已经表示了一堆煤的重量，所以我们认为它不是。三个分母是 100 的分数，它不一定都是百分数，说明大家对百分数的意义有所了解了。好，这里是一些百分数，（大屏幕显示：1%、18%、50%、89%、100%、125%、7.5%、0.05%、300%）认得吗？

生：认得。

师：大家开始自己读。

（众生读百分数）

师：停！都读完啦？那么，在这一组百分数当中，你最喜欢哪一个？然后告诉我们，你为什么喜欢它，好吗？谁先来？

生：我最喜欢 100%。

师：为什么啊？

生：因为说明有一样东西非常的多，占 100%。

师：多到什么程度？

生：多到一样东西全部是。

师：（环顾众生）咱们班今天来了多少人？

生：42。

师：42 个人穿校服了没有？

生：穿了。

师：今天穿校服的人数占今天来上课的人数的多少？

生：100%。

师：假如黄老师也算进去。

生：不是了，99%。

师：就剩 99% 了，黄老师就是 1% 了？这个就要精确地计算了，咱们班 42 个人，加我 1 个变成 43 个人，那黄老师就占一份，一百份当中的一份？不止的，应该两份多一点，好，假如咱们班 42 个人，今天来了 40 个人，这 40

个人也全部都穿校服了，是多少？

（众生各自说开了，什么答案都有）

……

生：我最喜欢1%。

师：说说为什么只喜欢1%呢？

生：因为我是中国的一份子。

师：哇！他是中国的一分子啊！他是一个人，那么他一个人占全国那么多人的——

生：1%。

师：好像不是1%了。但是这个同学的想法很好，我是一个中国人。那么，我是咱们13亿多人当中的重要的一分子。

……

师：（指向大屏幕）300%是什么意思啊？

生：超载。

师：300%就是超载。（众生笑）你这个车子本来只能运5吨的货物，结果你运了多少吨？15吨，那么超载了200%，就不行了。当然有的时候就不一定是超载，比如说老师叫你回家做数学题，今天回家做10道题，而你做了多少道？

生：30道。

师：30道。像这种"超载"呢，（一生答"有好处的"）好像有的时候感觉对自己是有好处的，表现出同学们很勤奋好学，对不对啊？像这样的"超载"也是可以的，当然我们要选些有效的题目去做，不要做些简单、机械、重复的，否则就没意思了。

……

教学反思与评析

读了黄爱华老师"生活中的百分数"课堂教学实录，很受启发，认为有以下三个突出的方面值得我们研究和学习。

1. 通过本节课教学与生活实际的紧密联系，让学生感受数学学习的价值，激发学生对数学探索的兴趣和求知欲望。黄老师在引导学生学习百分数时，已经跳出了教材、课堂这个狭小的空间，发动学生去寻找生活中的百分数，如商标中、《新闻联播》中介绍的百分数，还特别关注在课堂学习中新生成的百分数。现实中丰富鲜活的素材，使单纯从书本中学数学变为密切联系生活做数学，从而理解了百分数的意义及价值。

2. 学习方式的转变，促进了学生积极主动地探索新知。黄老师在组织学生学习百分数时，教学设计如下：课前调查寻找——调查寻找身边的百分数，为本节课学习的展开提供了现实的有价值的素材；课中讨论——师生互动，生生互动，不仅交流对百分数的认识和理解，还时常关注对不同观点和做法的评析。教师为学生创设了自主探索、合作学习、独立获取知识的机会，通过让学生寻找素材，组织学生交流讨论，提升了对百分数意义的认识和理解。

3. 注意培养学生的问题意识，让学生在一个个问题生成中研究、探索数学问题。这是本节课又一个明显的特点。"问题是数学的心脏"，黄老师用心去创设问题情境："为什么要学习百分数？""百分数的意义是什么？""百分数有什么用处？""在什么情况下用到百分数？"这样一系列问题为学生的探索和发现起到了推波助澜的作用。

（吴正宪）

异教解析

这两天，我在研读钱守旺与黄爱华两位名师同教的一课《百分数的意义》教学实录。我在想，一节普普通通的课，到名师手里，为什么就可以演绎得如此精彩绝伦、不同凡响呢？我们应该向他们学习哪一些新的教学理念和方法呢？以下对这两节课进行的点评，完全是班门弄斧，期待能抛砖引玉。

1. "同"在哪里？

本节课选用的教材同是人民教育出版社出版的义务教育课程标准实验教科书《小学数学》六年级上册第五单元第77—78页。课本首先从几个不同的角度选取了学生熟悉的几个百分数。接着通过聪聪提问："你还在什么地方见过上面这样的数"，让学生交流（课前搜集到的）生活中的百分数。在此基础上直接说明：像上面这样的数，如18%、50%、64.2%叫做百分数。然后进一步让学生结合实例说说百分数的具体含义，并用定义的方式概括出百分数的意义：百分数表示一个数是另一个数的百分之几。百分数也叫百分率或百分比。使得百分数这一概念的内涵更加明确。最后说明百分数的表示法和写法。

（1）教学目标

①知识与技能：使学生初步认识百分数的应用，理解百分数的意义，能正确读写百分数；了解百分数和分数在意义上的不同点；培养学生的分析、比较、概括等思维能力。

②过程与方法：收集、整理有关百分数的信息，通过讨论交流，体验百分数的意义及在生活中的广泛应用。

③情感、态度与价值观：培养学生自主探究的精神，感受数学在现实生活中的价值，激发学生学习数学的兴趣，结合相关信息渗透思想教育。

钱守旺老师在《新课程背景下一节好课的五个特点》一文中提到，教学目标的落实，教师可以从以下几个方面进行评定：学生主动参与学习；师生、生生之间保持有效的互动；学习材料、时间和空间得到充分保障；学生形成对知识真正的理解；学生的自我监控和反思能力得到培养；学生获得积极的情感体验。

对照以上标准，可以说，两位老师的上课都达到了预期的效果。整节课中，学生们学习主动，发言积极，回答踊跃，始终保持了良好的有效互动。从课前预习学生对材料的搜集与整理，到课堂上的小组讨论与交流，以及巩固阶段知识的应用与反馈，学生们参与了知识形成的全过程，培养了自主探究的精神，体验了学习数学的乐趣。

（2）教学方法

余文森老师在《有效教学的三条铁律》中的第一条"先学后教，以学定教"指出：当学生处于相对独立和基本独立的学习阶段，具有一定的独立学习能力，必须先学后教，这是教学的一条规则、规律，而不是一种可以采用也可以不采用的方式、方法。

本节课是概念教学，学生们大都具有独立学习的能力。两位老师都是事先让学生进行课前预习，并搜集一些生活中的百分数素材。课堂上，教师没有照本宣科、原封不动地使用课本提供的素材，而是重新调整教学内容和教学方法，达到教学创新的目的。正如北京市教育科学研究院教研部吴正宪评析黄爱华老师的课："在引导学生学习百分数时，已经跳出了教材、课堂这个狭小的空间，发动学生去寻找生活中的百分数，如商标中、《新闻联播》中介绍的百分数，还特别关注在课堂学习中新生成的百分数。现实中丰富鲜活的素材，使单纯从书本中学数学变为密切联系生活做数学，从而理解了百分数的意义及价值。"一语中的，这个评析对钱守旺老师的课同样适用。两位老师都采用"先学后教，以学定教"的教学模式，站在学生发展的高度，根据学生预习的情况灵活选用教学方法，动态调整自己的课前预设，着实让人耳目一新。

2."异"在哪里？

（1）教学风格各有千秋

钱守旺老师的足迹几乎遍布全国各地，他精彩的示范课和理论联系实际的报告深受老师们欢迎。专家对钱老师课堂教学的评价是"稳重求活，活中求实，实中求新，和谐自然"，一线老师和网友对钱老师课堂教学的评价是"理念先进、设计新颖、朴实自然、稳重大气、风格独特、可学能用"（摘自钱守旺博客）。本节课钱老师一开讲就询问："今天这节课和你们以往上课有什么不同？"进而让学生说出通过预习知道了什么。学生们——道来之后，又检查了学生们对百分数读写法的掌握情况。通过实例，又让学生们感受百分数应用的广泛性及优越性；接着，层层深入地让学生理解了百分数的意义；最后，巧妙地提到了百分数与分数的区别。一节课，教师没有仅仅局限于得到"表示一个数是另一个数的百分之几的数，叫作百分数"这句话，而是通过几个有层次的教学环节，使学生对百分数的意义达到了真理解、真明白的程度。特别是孩子们对百分数的解读，为学生今后学习百分数应用题打下了坚实的基础。

　　爱因斯坦曾经说过："教育应该使提供的东西让学生作为一种宝贵的礼物来享受，而不是作为一种艰苦的任务要他负担。"正如黄老师自己所说："把课堂还给学生，让课堂充满生命的活力；把创造还给教师，让教育充满智慧的挑战。""用'智慧'成就教育人生！"没有备课时的全面考虑和周密预设，哪有课堂上的有效引导与动态生成；没有上课前的胸有成竹，哪有课堂上的游刃有余。课堂上的一个个细节，见理念、见价值、见文化、见功力、见魅力、见境界……细节决定成败，细节成就完美。（摘自黄爱华博客）本节课，黄老师先让学生汇报生活中的百分数，进而引导出四个问题，最后让学生自主解决四个问题。"给学生一些权利，让他自己去选择；给学生一些机会，让他自己去体验；给学生一些困难，让他自己去解决；给学生一些条件，让他自己去锻炼；给学生一片空间，让他自己向前走。"黄爱华老师的教学风格诚然如斯。

　　（2）教学设计殊途同归

　　钱守旺老师本节课的教学流程是：①汇报预习后的收获，提出不明白的问题；②指导百分数的读写法；③感受百分数应用的广泛性及优越性；④深入理解百分数的意义；⑤领会百分数与分数的区别。

　　请看姚尚志（原北京第二实验小学校长，全国著名数学特级教师）对钱老师这节课的评点：钱老师这节课理念新，设计巧，有层次，有深度，有后劲。①本节课的教学设计不落俗套，突破了原有的设计思路，预习后再设计，令人耳目一新。教师对教材理解透彻，教学设计占位高，体现了教师对教材的准确把握和教师深厚的数学功底。②课堂上，教师能够以学生为主体，循着学生的思路进行教学，体现了"以学论教"的教学理念，反映出教师高超的驾驭课堂的能力。③通过老师所提供的素材深化对百分数意义的理解，使学生感受到百分数无处不在。通过几个典型的例子让学生感受到分数在比较大小时的优越性。特别是围绕谁和谁比的问题做足了文章，为学生今后的学习打下了坚实的基础。④教学设计层层深入，教师所选的题目典型，具有针对性、现实性。

　　吴正宪对黄爱华老师这节课是这样评析的：黄老师在组织学生学习百分数

时，教学设计如下：课前调查寻找——调查寻找身边的百分数，为本节课学习的展开提供了现实的有价值的素材；课中讨论——师生互动，生生互动，不仅交流对百分数的认识和理解，还时常关注对不同观点和做法的评析。教师为学生创设了自主探索、合作学习、独立获取知识的机会，通过让学生寻找素材，组织学生交流讨论，提升了对百分数意义的认识和理解。注意培养学生的问题意识，让学生在一个个问题生成中研究、探索数学问题。这是本节课又一个明显的特点。"问题是数学的心脏"，黄老师用心去创设问题情境："为什么要学习百分数？""百分数的意义是什么？""百分数有什么用处？""在什么情况下用到百分数？"这样一系列问题为学生的探索和发现起到了推波助澜的作用。

天然去雕琢的课堂，随处可见教师智慧与学生智慧的灵动辉映；独具匠心的教学设计，看似无意实则有心；激情四溢的快乐游戏，充满童真回归天性。大师旁征博引的厚实文学功底，关注细节的严谨治学态度，高超独特的教学设计水平，收放自如的课堂调控艺术。他们的幽默、大气、不经意间的挥洒自如，于自然中显思考，于平和中听惊涛，于幽默中看智慧，于关爱中表人品。我想，我们应该向名师们学习的，何止是这些？

（黄世雄）

『年、月、日』的基础知识

教学案例一

执教：邱学华

一、导入新课

师：今天我们分小组学习，比一比，看哪组学得好。你们有组长吗？（没有）那么每组推选一名组长。

（评析：注意小组合作学习的组织。）

师：你们喜欢猜谜吗？（喜欢）好，现在我们开始猜谜比赛。（投影机出示）"有个宝宝真稀奇，身穿三百多件衣，天天都要脱一件，等到年底剩张皮。"打一日用品，谜底是什么？要说出道理。

（学生兴趣盎然，立即开始组内讨论，很快说出了谜底和道理。教师表扬）

（评析：由猜谜引入，迅速激起学生的兴趣。）

师：（出示准备好的日历，板书课题）从日历上可以看到年、月、日。年、月、日都是时间单位。以前我们学过时间单位吗？（学过时、分、秒）好，哪一组说说，今天我们要学什么？

生：要学年、月、日的知识。

师：不错，能再具体点吗？

生：以前我们学过多少秒等于1分，多少分等于1小时，今天我们也要学年、月、日的进率。

（评析：使学生明确学习目标，妙在让学生自己感悟。）

二、尝试自学

师：现在想一想，你们都知道年、月、日的哪些知识？先小组讨论，再派出代表发言。

（小组讨论，再举手回答）

生：一年有12个月，小月30天，大月31天，一天有24小时。平年2月

28 天，闰年 2 月 29 天。

生：平年 365 天，闰年 366 天。

生：一年有 7 个大月，4 个小月，2 月是特别的月。

生：年分为闰年和平年。

生：地球转一圈就是一日。

生：每 4 年里有 1 个闰年、3 个平年。

（评析：这一设计别开生面，十分合理。布鲁姆说过："对教学影响最大的是学生已有的知识。"这样安排既了解了学生已有的知识，又调动了学生的积极性，体现了学生的主体地位。学生已经知道的，教师就不必再讲，这是一个简单的真理，却常常被我们忽略。）

师：嗬！你们知道这么多年、月、日的知识，真聪明！现在大家看看书，看书上还有什么刚才没有讲到的。另外对书上说的有什么意见，看哪一组能提出意见来。先在小组里说一说。

（学生看书、讨论，然后举手发言）

生：公历年份是 4 的倍数的那年一般是闰年。

生：但年份数是整百数的，必须是 400 的倍数才是闰年。

生：我们居住的地球总是绕太阳旋转的，地球绕太阳转一圈需要 365 天 5 时 48 分 46 秒。

生：平年定为 365 天，这样每过 4 年差不多就要多出一天来。把这一天加在 2 月里，这一年就有 366 天，叫做闰年。

生：如果不知道哪个月是大月、小月，可以数拳头。

生：12 月又叫腊月（农历）。

（评析：了解学生已有知识后，教师仍不讲解，而让学生看书自学。这里贯彻了一条原则：凡学生自己能弄懂的，尽量让他们自己弄懂。这是体现主动性的一个重要原则。在安排看书时，鼓励学生对书本提出疑问，更进一步体现了自主性。这里充分显示了教师先进的教育思想和高水平的教学艺术。）

师：大家学得真好！不要老师讲就都学会了。下面再说说，你们对书上讲的知识有什么疑问、有什么意见吗？

生：书上的年历是 1993 年的，但今年是 1998 年，太落后了。

师：为什么会这样呢？

生：可能这本书是 1993 年出的，过了这么久，应该把年历换一换。

师：好，我们把这条意见反映给写书的老师。（表扬这位同学）

生：为什么一年是 12 个月，不能有 13 个月呢？

师：对呀，为什么一定要是 12 个月呢？

生：12个月可以分成四份，一年四季，每季3个月。

生：16个月也好分呀，每季延长一个月就行了。

师：这与月亮绕地球一圈的时间有关。月球绕地球一周时间是29天多一点，一年定12个月，每月的天数最接近这个时间。

三、大月、小月的认识

师：难的是记住哪些月份是大月，哪些月份是小月。

生：（齐）不难！

师：不难？好，谁来说说？

生：1、3、5、7、8、10、12是大月，4、6、9、11是小月。2月是特殊的月份。

师：大月的排列有什么规律？

生：用拳头数，凸起的地方是大月。

师：太麻烦，不好。

生：有一首歌：一三五七八十腊，三十一天永不差。

师：这是用歌谣来背诵，还不是规律。

生：1、3、5、7都是单数，8、10、12都是双数。

师：好！你叫什么名字？你真是个数学家！我们可以编个歌诀：7月前面是单数，8月后面是双数。

（评析：师生讨论，气氛热烈，激励、引导，步步深入。）

师：现在我们来做个游戏，一、二、五组当大月，三、四、六组当小月。我报一个月份数，月份数是大月的，一、二、五组站起来；是小月的，三、四、六组站起来。

（师生做游戏）

师：再做个游戏。生日在大月的站起来，生日在小月的站起来，生日在2月的有吗？

（评析：既是游戏，又是巩固练习。一张一弛，活跃气氛。）

四、平年、闰年的认识

师：大月、小月我们学好了，但是平年、闰年更难了。

生：（齐）不怕！

师：也不怕！有信心，好！找找规律看。（投影机出示）

1981年	365天	1989年	365天
1982年	365天	1990年	365天

1983 年	365 天	1991 年	365 天
1984 年	366 天	1992 年	366 天
1985 年	365 天	1993 年	365 天

（学生观察、讨论，然后举手回答）

生：每四年的最后一年是闰年。

生：用年份数除以 4，能整除的是闰年；如果是整百数，能被 400 整除的是闰年。

师：能不能够一眼看出来？

生：双数的是闰年。

师：对不对？

生：不对，1982 年是平年。

生：只需要看双数的，再看后两位能不能被 4 整除。

师：好！你也是一位数学家！整百数又怎么看呢？

生：只要看头两位能不能被 4 整除。

师：好极了！你们都是数学家！

（评析：又一次师生的精彩讨论，"数学家"越来越多了。）

师：下面比赛找闰年，我报年份，你们回答。（生答略）黑板上有许多年份数，把其中的闰年挑出来。（生答略）

（评析：又一次巩固练习，采用抢答和竞赛形式，气氛热烈。）

师：今天有香港、澳门的专家、老师参加大会，我再提两个问题：香港回归是哪年、哪月、哪日？澳门呢？

……

五、课堂游戏

师：最后我们做个游戏。我发现大人物的生日都与"9"有关，信不信？

生：不信！

师：不信？我举个例子给你们看。3 月 5 日是周总理诞生 100 周年纪念日，他的生日是哪一年？（1898 年）对。看我计算：

```
   538981        3＋4＋9＋1＋4＋6＝27
  －189835        2＋7＝9
  ───────
   349146
```

是不是得出"9"了？

再找一个同学的生日看看。说说你的生日（1989 年 4 月 2 日）。好，我们来算算：

```
   249891        5+0+9+4+9=27
  -198942        2+7=9
 ─────────
    50949
```

嗯，看来你也是个大人物。信不信？还是不信？！对了，这是邱老师玩的游戏。其实算命都是骗人的鬼话。每个人的生日都会得出"9"，你们可以自己算一算。道理是什么？你们到中学再多学一些数学知识就会明白的。有兴趣的同学，现在也可找课外书看看，而且是任意几位数，倒过来相减的差，都会得出"9"。好了，今天大家学得很好。下课！

（评析：游戏是最能吸引儿童的。以游戏结束，课虽上完了，同学们对学习数学的兴趣却更强烈了。）

教学反思与评析

这节课的一个突出特点是上得活。整堂课学生兴趣盎然，情绪高涨。所以能上得精彩，是因为教师充分调动了学生的主动性。采用分组教学，尽量让学生通过看书、讨论来自己学习，鼓励学生大胆质疑，充分地、巧妙地利用激励、表扬的手段调动学生的积极性。

这节课的另一个特点是教学内容有一定深度。由于内容的特点，这节课很容易上成单纯的记忆课。教师认真钻研教材，找出了大月和闰年在数学上的特点，并巧妙地引导学生自己发现它。末尾又巧妙地运用数学游戏，进一步激发了学生对数学的兴趣。

教学案例二

执教：钱守旺

课堂实录

一、创设情境，揭示课题

师：同学们，今年10月份有一件让每一个中国人都感到无比自豪的事情，你们知道是什么事吗？

生："神舟"六号发射成功！

师：对！让我们记住这难忘的日子。（课件出示相关图片和文字：2005年10月12日9时39分，"神舟"六号载人飞船发射成功）

师："神舟"六号的成功发射，再一次显示了我国的科技实力！也使我国从此成为航天大国。

师：让我们再一次回放那激动人心的场面。（教师播放"神舟"六号发射的精彩视频片段）

师：刚才在发射前指挥员发出的"3、2、1"用的是什么时间单位？

生：秒。

师：（指大屏幕上的"2005年10月12日9时39分"）在这句话中有哪些时间单位？

生：有年、月、日、时、分。

师：年、月、日同时、分、秒一样，也是时间单位。这节课我们就来学习新的时间单位——年、月、日。

（评析：通过"神舟"六号成功发射的具体日期导入新课，可以使学生感觉到要学习的知识就在他们身边，又不失时机地渗透了爱国主义教育，体现了对学生态度、情感、价值观的关注。）

二、观察年历，探究新知

1. 认识年历

师：关于年、月、日的知识，同学们可能已经知道了一些，谁能把你知道的有关年、月、日的知识，给大家讲一讲！

生：我知道一年有12个月，我还知道每个月的天数。

生：我知道每个月的天数并不是完全一样的。有的有31天，有的有30天，有的有28天。

生：老师，还有29天的月份。闰年的二月就是29天。

生：老师，我还知道一年有365天。

生：要是闰年的话就是366天。

师：同学们知道的可真不少！是不是像刚才同学所说的那样呢？下面我们互相交流一下。

师：刚才有的同学说了，一年有12个月。是不是每一年都这样呢？自己找几年的年历看一看。

（生得出：不管是哪一年，每年都有12个月）

师：通过刚才同学们的汇报，很多人已经发现每个月的天数并不完全一样。谁来说一说,有几种情况?

生:有 31 天的,有 30 天的,还有 28 天的。

生:老师,还有的二月有 29 天。

(教师根据学生的回答板书)

师:通过刚才的学习,我们发现:一年有 12 个月,无论哪一年,除二月份以外,一、三、五、七、八、十、十二月总是 31 天,四、六、九、十一月总是 30 天。

师:请同学们拿出 2005 年的年历,在 2005 年的年历上找一找,今年的儿童节是星期几?中国共产党的生日是几月几日?中国人民解放军建军节是几月几日,是星期几?今年的教师节和国庆节各是星期几?你的生日是几月几日?你父母的生日是几月几日?用彩笔把这些日子圈出来。

(评析:从建构主义的观点来讲,一节课的效果如何,应当首先关注学生学得如何。因为知识是不能传递的,教师传递的只是信息,知识必须通过学生的主动建构才能获得。教师要充分考虑学生发展的需求,给学生以自由支配的时间和空间,使学生处于积极主动的学习状态。对于一个三年级小学生来讲,对"年、月、日"的知识可能已经有了一些了解。所以,教师先让学生说一说,体现了对学生学情的关注,较好地把握了教学的起点。再通过两个富有启发性的问题,引导学生小组合作学习。教师充分发挥学生的主体作用,充分相信学生的学习能力,给学生创造了展示自我个性的机会。)

2. 教学大月、小月

师:习惯上,我们把有 31 天的月份叫做大月。(板书:大月)

师:想一想,把有 30 天的月份叫做什么名字?

生:叫做小月。(板书:小月)

师:二月份既不是 31 天,又不是 30 天,既不是大月,又不是小月,而是一个特殊的月份。

师:同学们数一数,一年中有几个大月?几个小月?

生:7 个大月,4 个小月。(板书:7 个,4 个)

师:还有一个特殊的二月。

师:怎样才能很快地记住哪几个月是大月,哪几个月是小月呢?你们能自己想个办法吗?

(生自由发言。根据学生的发言,教师向学生介绍下面两种记忆方法)

(1)歌诀记忆

7 个大月心中装,七前单数七后双。

还可以这样来记:

一三五七八十腊，三十一天永不差。

教师说明：这里的"腊"是指十二月。

（2）左拳记忆

我们可以在左手的拳头上依次数出 12 个月份，从右边第一个凸起初开始数起，第一个凸起处是一月，凹下去的地方是二月，接着数，三月、四月、五月、六月、七月，转过来，从数一月份的地方接着数八月、九月、十月、十一月、十二月。

师：好，跟老师一起数一下。（学生跟老师一起数）

师：你们发现没有，凡是数到凸起的地方，每个月都是多少天？凡是数到凹下去的地方，除二月份以外，每个月都是多少天？

生：凡是数到凸起的地方，每个月都是 31 天，凡是数到凹下去的地方，除二月份以外，每个月都是 30 天。

师：对！凡是数到凸起的地方，每个月都是大月，凡是数到凹下去的地方，除二月份以外，每个月都是小月。

3. 游戏

（老师随便报一个月份，如果是大月，男同学起立，如果是小月，女同学起立）

（评析：数学课应该有数学味，淡化基础知识不等于不要基础知识，学生该掌握的知识还是要掌握，学生该记住的结论还是要记住，所以这个环节我通过各种有趣的活动让学生真正掌握了大、小月的知识，从而保证了教学的有效性。）

4. 教学平年、闰年

（在上面的游戏中，教师最后报一个二月时，提问：你们为什么谁也不站起来）

生：因为二月份既不是大月，也不是小月。

师：二月是一个特殊的月份，根据这个特殊的月份，我们把二月有 28 天的那一年叫平年，（板书：平年）把二月有 29 天的那一年叫闰年。（板书：闰年）

师：这就是说，要确定某一年是平年还是闰年，要看哪个月的天数？

生：二月份的天数。

师：请同学们根据大屏幕上的万年历，把 1993～2004 年中 2 月份的天数记录在下面的表格里。（略）

师：（学生填完后）根据 2 月份的天数，查一查 1993～2004 年这些年中，哪几年是闰年？

（学生回答后，教师让学生将闰年的年份涂成红色）

师：闰年的出现是有规律的，仔细观察表格里的年份，你能发现什么规律？

生：我发现每 4 年里有 3 个平年、1 个闰年。

师：按照这样的规律，请你推断一下，2008 年是平年，还是闰年？

生：2008 年应该是闰年。

师：为什么会出现这样的情况呢？你们想知道吗？

（教师出示课件，补充小知识：地球绕太阳旋转一周的时间叫做一年，这段时间是 365 日 5 时 48 分 46 秒。为了方便，人们把一年定为 365 日，叫做平年。这样，每 4 年就多出了 23 时 15 分 4 秒，即将近一天。人们就把这 1 天加在二月里，这样一年就有 366 天了，这样的年份被称为闰年。教师让学生自己读一读）

师：每 4 年里有 3 个平年、1 个闰年，这些闰年的年份与 4 到底有什么关系呢？

师：我们把这些年份都除以 4，看一看能够发现什么？

（教师出示计算结果如下）

$1993÷4=498……1$ $1994÷4=498……2$

$1995÷4=498……3$ $1996÷4=499$

$1997÷4=499……1$ $1998÷4=499……2$

$1999÷4=499……3$ $2000÷4=500$

$2001÷4=500……1$ $2002÷4=500……2$

$2003÷4=500……3$ $2004÷4=501$

师：你们看，闰年的年份和 4 有什么关系？

生：我发现闰年的年份除以 4 都没有余数。

生：我发现闰年的年份都是 4 的倍数。

师：对！公历年份是 4 的倍数的一般是闰年。

师：这就是说，要判断某一年是不是闰年，就可以用这一年的年份除以 4，看是不是 4 的倍数。下面，请同学们根据计算结果判断，下面这些年份是平年还是闰年？

（课件出示计算结果）

$1876÷4=469$ $1936÷4=484$ $1894÷4=473……2$

$1996÷4=499$ $1900÷4=475$ $2005÷4=501……1$

（当学生按一般方法判断 1900 年为闰年时，教师通过让学生查万年历，发现 1900 年是平年。在与一般规律发生矛盾时，指导学生看课本第 49 页上的注

释，认识整百年份必须是 400 的倍数才是闰年的特殊情况。此时，学生表现出疑惑的表情）

师：为什么会出现这种情况呢？你们想解开这个谜吗？

生：（喜出望外）想！

师：同学们读一读下面的这段小资料就知道了。

（教师补充小知识：每四年出现一个闰年，时间差不是整整 24 小时，而是 23 小时 15 分 4 秒，所以四年一闰又多算了 44 分 56 秒，看来误差很小，但时间长了，误差就大了。每 400 年就要多算 3 日 2 时 53 分 20 秒，所以每 400 年应少增加 3 天。为了便于计算，就作了"四年一闰，百年不闰，四百年又闰"的规定。所以科学家又作一项补充规定：年份是整百年的必须是 400 的倍数才是闰年。学生自己读一读）

师：因为有了上面这种特殊情况，所以我们说"公历年份是 4 的倍数的一般都是闰年"。

5. 根据计算结果判断，下面哪一年是闰年

1990   1996   1998   2000   1991   2010

6. 用今天学习的知识计算平年的天数，进而推算出闰年的天数

（评析：实践证明，学生参与课堂教学的积极性，参与的深度与广度，直接影响着课堂教学的效果。平年、闰年的知识是本节课教学的一个难点，这一层次的教学，我以引导学生自主探究作为教学的出发点，充分利用教师提供的学习资源，让学生自己观察，自己发现，自己概括，培养了学生独立获取知识的能力，发展了学生的思维。在教学过程中，电脑软件"万年历"的演示，直观、形象，令学生信服。适当补充小知识，可以开拓学生的眼界，激发学生课下进一步探究的欲望。这些小知识只是定位在了解的层次，所以不会加重学生的学习负担。）

三、巩固练习，拓展延伸

1. 口答下面各题。

（1）一年有几个月？

（2）哪几个月是 31 天？

（3）哪几个月是 30 天？

（4）平年的二月有多少天？闰年的二月有多少天？

（5）闰年一年有多少天？

（6）8 月 1 日的前一天是几月几日？

（7）6 月 30 日的后一天是几月几日？

2. 今年一、二、三月一共有多少天？

3. 四月份有几个星期零几天？

4. 判断正误。

(1) 每年都有 365 天。（ ）

(2) 一年中有 7 个大月，4 个小月。（ ）

(3) 小华说："我爸爸 4 月 30 日才从北京开会回来。"（ ）

(4) 小明说："我表弟是 1992 年 2 月 29 日出生的。"（ ）

(5) 1900 年是闰年。（ ）

5. 小强满 12 岁的时候，只过了 3 个生日。猜一猜他是哪一天出生的？
（口答）

6. 拓展练习。

小红在外婆家连续住了 62 天，正好是两个月，你知道小红是哪两个月去
外婆家的吗？

小丽在奶奶家连续住了两个月，她可能在奶奶家住了多少天？

（评析：设计多种形式的练习，可以让学生从不同的角度来巩固和强化所
学知识。）

四、课堂总结

师：通过这节课的学习，你有什么收获？还有不明白的问题吗？如果你还想
更进一步研究有关年、月、日的知识，你们还可以到网上去查找这方面的资料。

（生回答略）

（评析：引导学生对全课进行总结后，教师又鼓励学生课后进一步探究有
关年、月、日的知识，进一步激发学生探究的欲望，从而把学生的学习从课内
引向课外，让学有余力的学生从课外阅读中汲取更加丰富的营养。）

五、课后作业

师：看到 2008，你想到了什么？2008 年（闰年）奥运会将在北京举行，
请你在这一年中挑一个你喜欢的月份，参考下面的资料，制一个月历。

2008 年 1 月 1 日，星期二；2 月 1 日，星期五；3 月 1 日，星期六；4 月 1
日，星期二；5 月 1 日，星期四；6 月 1 日，星期日；7 月 1 日，星期二；8 月
1 日，星期五；9 月 1 日，星期一；10 月 1 日，星期三；11 月 1 日，星期六；
12 月 1 日，星期一。

教学反思与评析

　　"年、月、日"一课，很多老师都上过，在新课程背景下，如何把这节课上出点新意，是我设计这节课时苦苦思考的问题。《数学课程标准（实验稿）》指出："数学教学活动必须建立在学生的认知发展水平和已有的知识经验基础之上。教师应激发学生的学习积极性，向学生提供充分从事数学活动的机会，帮助他们在自主探索和合作交流的过程中真正理解和掌握基本的数学知识与技能、数学思想与方法，获得广泛的数学活动经验。"本节课教学，我根据新课程所倡导的教育理念，充分开发和利用各种课程资源，创造性地运用教材，改变教师的教学方式和学生的学习方式，注重发挥教师和学生两方面的积极性，运用多种教学手段，妥善处理了教育与教学、知识与能力、主导与主体、内容与形式等几个方面的关系，在规定的 40 分钟内立体地、全方位地完成了本节课既定的三维教学目标。整节课课堂气氛和谐，学生学习兴趣浓厚，思维活跃。

（钱守旺）

教学案例三

执教：许卫兵

课堂实录

　　师：同学们，上周我们学校发生了一件大事，还记得吗？

　　生：（齐声）百年校庆！

　　师：是啊，我校隆重举行了建校一百周年庆典。那天，学校里彩旗招展、宾客满园，我用手中的相机记录了一幕幕精彩的画面。（师播放校庆画面，学生看得十分投入，画面最后定格在一张照片上）

　　师：在欣赏这张照片时，同学们有没有注意到照片右下角的数字。（放大照片上的时间：2007—12—08　09：23：38）这是什么呢？

　　生：这是拍照片的时间。

　　师：你能说说这张照片是什么时候拍的吗？

（生汇报后，屏幕显示 2007 年 12 月 8 日 9 时 23 分 38 秒）

师：记录这个时间我们用到了哪些时间单位？（隐去数字，放大显示：年 月 日 时 分 秒）在这六个时间单位中，我们已经学习了哪些呢？

生：时、分、秒。

师：关于时、分、秒，你们都知道什么呢？

（师根据学生回答，完成板书）

师：看到了这个板书，你还想知道什么呢？

生：我想知道一个月有多少天？

生：我想知道一年有多少个月？

……

（根据学生的回答，师在原来板书中添加三个问号）

师：通过同学们的研究，我们知道了一年有 12 个月，有 365 天或者 366 天。那么一年的时间到底有多长呢？你能结合自己的理解来说说吗？

生：从每年的 1 月 1 日开始，到 12 月 31 日结束，经过的时间就是一年。

生：我们上学时的两个学期再加上寒假和暑假，差不多就是一年。

生：我今年的 8 月 3 日过生日，到明年的 8 月 3 日再次过生日时，就过了一年。

生：（举起 2008 的年历）把这个年历上的每一天都过完，也就过了一年。

师：是啊，一年有 365 天或者 366 天，看起来很长，其实就是在这样一天天、一月月之中不知不觉过来的，愿大家在每一年的每一个月的每一天都有好心情，都有大进步。

（师出示以下题目，让学生自主练习）

1. 填空。

（1）今天是 3 月 20 日，表示这个月已经过去了（　）天，除了今天，这个月还有（　）天。

（2）从 3 月 20 日到 4 月 20 日，大约经过了一个（　）。

（3）从 2008 年的 3 月 20 日到 2009 年 3 月 20 日，大约经过了一（　）。

2. 判断。

（1）每年的第一天都是 1 月 1 日，最后一天都是 12 月 31 日，所以每年都有 365 天。（　）

（2）教师节所在的月份是小月。（　）

3. 小红在外婆家连续住了 62 天，正好是两个月，你知道小红是哪两个月在外婆家住的吗？

1. 见树木更要见森林

数学知识是结构化、系统化的，因此，在儿童的数学学习中，结构化思维的培养具有十分重要的意义。而结构化思维只有在结构化的教学中才能得到启迪和培养。上述"年、月、日"的教学，除了让学生理清年、月、日这三个时间单位的内在关联外，更是将其放到整个时间单位系统框架中，与先前学习的"时、分、秒"很好地进行对接。在对接中，不仅让学生建立起年、月、日是比时、分、秒更大的时间单位序列，而且将"时、分、秒"学习中建构起来的关系图迁移，运用到新知学习中，在实现原有知识增值的同时，很好地将新知识纳入到原有的知识结构中。这样的建构性学习自然、流畅、经济、高效，在见树木时更看到森林，使得课堂教学和学生的数学学习有了鲜明的立体效应。

2. 重经验更要重体验

小学生的数学学习与生活是紧密相连的，他们的学习过程是一个经验被激活、利用、调整、积累、提升的过程，是建立在经验基础之上的一个主动建构的过程。对于年、月、日这三个时间单位，学生在日常生活中非常熟悉，有广泛的接触，也积累了一定的感性认识。但是，这种认识是零散的、肤浅的、随意的，且比较多的只是将年、月、日作为三个时间名词使用。在本课学习中，我们可以明显地感受到从数学的角度在对这种认识进行提升。这种提升，除了将它们相互间的转换进行系统整理，掌握大月、小月、一年有 12 个月等知识外，更为突出的是让学生结合生活经验来体验年、月、日作为时间计量单位所表达的时间量值内涵。虽然 1 年、1 个月、1 天代表的时间相对较长，不可能像体验 1 秒、1 分有多久那样直接和精确，但是，用自己的语言来描述一年的时间到底有多长，思考"今天是 3 月 20 日，表示这个月已经过去了（　　）天，除了今天，这个月还有（　　）天"等问题，对掌握年、月、日的时间值是非常重要，也是很有必要的，这既是对"年、月、日"传统教学的超越，也是对年、月、日作为时间计量单位的本质回归。

3. 求简单更要求丰富

富于简单之中的简约教学是我们近来重点研究的主题。当"年、月、日"的教学内容变少、难度降低、课堂变得宽松之时，如何让教学变得丰富、深刻和凝练呢？首先，把数学和生活密切联系起来，让学生从身边丰富多彩的生活中感受年、月、日的普遍存在和广泛应用，把静态的知识活化；其次，把个体发展和集体联动有机融合起来，通过对话交流、合作探究，将学生的个体经验充分暴露，并在互动中增强学生的自我感受，完善自我建构，实现"不同的人获得不同的发展"的目标。总之，越是简单的教学内容，越需要我们进行生动的演绎，在生动的演绎中彰显课堂教学的精彩和魅力。

异教解析

《年、月、日》一课，很多老师都上过，在新课程背景下，如何上出新意，符合学生学情和教者风格，这需要教师下一定的苦功。这几天，我仔细拜读并对比了邱学华、钱守旺和许卫兵三位名师都曾经上过的这一节课的教学实录，他们三人是在不同时期、不同地区面对不同的学生教学的，居然都上得如此从容大度和独具匠心，学生们在各自老师的引导下，都能积极主动，气氛热烈，兴趣盎然，真不愧是名师行家。

《年、月、日》是三年级下册中的一课。本节课中的年、月都是较大的时间单位，理解一年或者一个月的时间有多长需要借助一定的想象力。三年级上学期，学生已经学习了时、分、秒，并在实际生活中积累了年、月、日方面的感性经验，有关年、月、日方面的知识，也越来越多的出现在他们的生活和学习内容中，有了形成较长时间观念的基础。

纵观三位名师的上课流程：邱学华老师是先让学生从"猜谜"引入，导出课题，接着让学生尝试自学，最后在大师的巧妙引导下，层层深入学会大小月的记忆方法和平年闰年的判断方法；钱守旺老师是通过"神舟六号"发射倒计时创设情境，引入新课，进而让学生汇报自己有关年、月、日的经验知识，最后梳理出大小月、平年闰年等有关知识，许卫兵老师则是通过学校"百年大庆"的纪念性节日展开教学，激发学生说出看到这个课题想知道什么，最后通过分层训练加以系统巩固。

1. 创设情境不同，但异曲同工

合理的、有价值的数学情境能让学生触景生思，诱发学生的数学思维的积极性，引起他们更多的数学联想，使数学题成为学生与知识情境、教师对话、心灵交汇、情感交流的载体。《数学课程标准（实验稿）》指出："数学教学活动必须建立在学生的认知发展水平和已有的知识经验基础之上。教师应激发学生的学习积极性，向学生提供充分从事数学活动的机会，帮助他们在自主探索和合作交流的过程中真正理解和掌握基本的数学知识与技能、数学思想与方法，获得广泛的数学活动经验。"

邱老师的"猜谜"游戏导入，钱老师的"神舟六号"情境创设，许老师的"百年大庆"铺垫氛围，无不是紧紧围绕本节课的教学目标而创设的：结合熟悉的事物和生活经验，认识时间单位年、月、日，经历认识年、月、日的过程，了解它们之间的关系，了解平年、闰年的来历，能初步判断某一年是平年还是闰年。邱老师的猜谜游戏数学味浓厚，钱老师的"神舟六号"和许老师的"百年大庆"富有时代气息和现实意义，都大大激发了学生们学习数学的兴趣，开拓了学生的思维，发展了学生的想象能力，达到了情景交融的教学效果。

2. 教学风格虽异，然理念相近

邱学华老师的尝试教学法的主要特点是先练后讲，以学生为主，以自学为主，以练习为主。这种教学法能充分发挥教师的主导作用、学生的主体作用、教科书的示范作用、学生间的相互作用。本节课，邱老师通过猜谜导入新课后，就放手让学生尝试自学，让学生想一想，都知道年、月、日的哪些知识？接着学生小组讨论，汇报出了自己已经了解到的有关年、月、日的知识。了解学生已有知识后，教师仍不讲解，而让学生看书自学。这里贯彻了一条原则：凡是学生自己能弄懂的，尽量让他们自己弄懂。这是体现主动性的一个重要原则。在安排看书时，鼓励学生对书本提出疑问，更进一步体现了学生的自主性，充分显示了邱老师先进的教育思想和高水平的教学艺术。整个引导过程气氛热烈，激励、引导步步深入。布鲁姆说过："对教学影响最大的是学生已有的知识。"邱老师这样安排教学环节既了解了学生已有的知识，又调动了学生的积极性，体现了学生的主体地位。

钱守旺老师在《新课程理念如何发挥学生的主体作用》中指出：现代教学论认为，学生的数学学习过程是一个以学生已有的知识和经验为基础的主动建构的过程，只有学生主动参与到学习活动中，才是有效的教学。因此，我们必须加大对学生"学"的研究力度，通过加强对学生"学"的方面的探讨，千方百计地调动学生学习数学的兴趣，激发学生探求知识的欲望，使学生变被动地接受为主动地获取，变学会为会学，变苦学为乐学，也就是要使学生真正成为课堂学习的主人。本节课的"年、月、日"，对于一个三年级小学生来讲，已经有了一定的了解。所以，钱老师先让学生说一说，体现了对学生学情的关注，较好地把握了教学的起点，充分发挥了学生的主体作用，相信学生的学习能力，给学生创造了展示自我个性的机会。在突破本节课"平年、闰年"的难点时，钱老师充分利用学习资源，让学生自己观察，自己发现，自己概括，培养了学生独立获取知识的能力，发展了学生的思维。

许卫兵在他的"简约数学"里这样叙说：所谓简约化的数学课堂教学，是指对课堂教学的情景创设、素材选择、活动组织、结构安排、媒体使用等教学要素的精确把握和经济妙用，使数学课堂变得更为简洁、清晰、流畅、凝练、深刻，进而实现课堂教学的优质和高效。"简约"既表达了数学学科的本质特征，又体现了数学教学的内在要求，"简约教学"应该成为数学教师在掌握了数学自身发展规律和儿童数学学习规律后的自觉追求，是对数学课堂教学的理性回归。本节课中的年、月、日这三个时间单位，学生在日常生活中非常熟悉，有广泛的接触，也积累了一定的感性认识。但是，这种认识是零散的、肤浅的、随意的，且比较多的只是将年、月、日作为三个时间名词使用。在本课学习中，我们可以明显地感受到从数学的角度在对这种认识进行提升。这种提升，除了将它们相互间的转换进行系统整理，掌握大月、小月、一年有 12 个月等知识外，更为突出的是让学生结合生活经验来体验年、月、日作为时间计量单位所表达的时间量值内涵。

邱学华的尝试教学法，钱守旺的学生主体论，许卫兵的简约数学，虽然风格各异，但他们的教学基本理念都是围绕着"一切为了学生，为了一切学生，为了学生的一切"来展开的。

著名教育家苏霍姆林斯基在谈到教师的教育素养时指出："学习、学习、再学习！教师教育素养的各个方面正是取决于此。"作为一线教师，既需要读一些教育理论书籍，但更需要经常读大师的经典作品。通过以上三位名师的课例学习，我们觉得自身还有太多方面有待今后继续学习和提高。特级教师形成的独特的教学风格非一朝一夕就能得到的，他们是靠长期的实践、不懈的探索才最终形成的。我们青年教师必须要静下心来，虚心向他们学习，吸收其合理的，能为自己所用的一面，并不断内化提高，最终形成自己的教学风格。

(黄世雄)

确定位置

教学案例一

执教：徐　斌

一、引入

师：首先，我们来进行一个找座位比赛，请大家根据老师发的座位卡片找座位。看哪些同学能正确、快速地找到自己的座位！

（生手中拿着座位卡片找座位）

（渐渐地，大部分学生都找到了自己的座位，可是有三个同学在教室里找了好一会，还是没有找到，他们急得满脸通红，有的拿着座位卡片自言自语，有的和其他同学小声嘀咕）

师：（拉住其中的一位同学）你需要帮助吗？

生1：（很委屈地）我本来是可以自己找到的，可是我这个座位号不对！上面只写着"第3组第　个"，我知道我应该坐在第3组，但没有写明是第几个，就没有办法找到。

生2：我也是号码没有写全！座位号上写着"第　组第4个"，我知道我坐在第4个，但不知道是哪一组。

生3：我的座位卡片问题更大呢！上面就写着"第　组第　个"，实际上什么也没有写，我哪知道自己坐在第几组第几个。

师：大家认为，他们说得有道理吗？

生4：说得有道理，但是只要仔细看看，还是应该可以找到座位的。像第3组，就剩下一个空位置，就应该是生1的。

师：生1，你同意他的看法吗？

生1：我同意。（说完走过去坐下来）

（受刚才生4和生1的启发，生2和生3也分别找到了自己的座位）

师：我发现庙港中心小学的同学都很聪明，只要老师写明了第几组第几个的都很快找到了新的座位，没有写明第几组第几个的都知道一下子不能确定座

位。看来，要准确找到座位，就应该写明是第几组第几个。今天我们就一起来学习有关确定位置的知识。（板书课题：确定位置）

二、展开

师：通过刚才的活动，大家都知道自己新座位的位置。你们知道第1组第1个是谁吗？（板书：第1组第1个）

生：（不约而同）是胡怡然。

师：那么我们请胡怡然站起来朝老师笑一笑。（老师也笑了）

师：请第2组所有同学举一下手。再请每组第2个同学举一下手。

（生分别举手示意）

师：刚才有一个同学举了两次手，你能很快知道他坐在第几组第几个吗？

生：（抢答）我不用看就知道是第2组第2个，是盛志杰。

师：真聪明！现在请第3组第5个举一下手，他叫什么名字呀？

生：他是谢文仪。

师：我请第5组第3个举一下手，她是谁呢？

生：盛颖悦。

师：我们班班长在第几组第几个？

生：班长在第2组第2个。

生：我们还有一个副班长，在第8组第1个。

师：那我们班的体育委员坐在第几组第几个？

生：第2组第5个。

师：我们同学都有自己的好朋友，对不对？那请你看一看，你的好朋友坐在第几组第几个？

生：我的好朋友坐在第2组第3个，叫许莼纯。

生：我的好朋友坐在第4组第3个，叫田伦。

生：我的好朋友坐在第2组第5个，叫张雨扬。

生：我的好朋友坐在第8组第4个，叫蔡倩。

……

师：刚才，我们用"第几组第几个"的方式描述了我们同学的位置。在确定位置时，首先要确定哪儿是第1组第1个。

师：今天我们一起去参观动物学校。看看小动物正在干什么！（显示动物做操图）

生：排着整齐的队伍在做操呢！

师：对啊，它们的队伍排得很整齐。哪里是第一排呢？第一排又是哪些小动物呢?

（屏幕显示第1排小动物）

生：（用手横着比画）这是第1排，有小兔、小猫、小猴、小狗、小猪。

师：哦，从前往后数，第1排、第2排、第3排、还有第4排。从左往右数一数，每一排共有几个动物呢?

（屏幕显示每排的第1、2、3、4、5个小动物）

生：共有五个。

师：那第1排第1个是谁呀?

生：小猴。

师：对。那小熊排在第几排第几个?

生：第3排第2个。

生：我不同意，应该是第2排第3个。

师：那你们觉得哪位说得对呀?

生：我们把横着的五个小动物看成一排，那小熊就是第2排第3个。

生：我也同意小熊是第2排第3个。

师：请大家猜猜我最喜欢的动物是谁? 它今天穿着红裤子，你知道它在第几排第几个吗?

（板书：第_____排第_____个）

生：第3排第2个，是小狗。

师：很可惜，没有猜对。

生：第2排第4个，是小猫。

师：还是不对，不过不要紧，有点靠近它了。

生：第3排第5个，是小猪。

师：对了! 老师最喜欢这头穿红裤子的小猪了。那你们最喜欢哪只小动物呢? 你能够说出它在第几排第几个吗?

生：我最喜欢第1排第5个的小兔。

生：我最喜欢第1排第3个的小狗。

（学生都踊跃举手）

师：哦，大家是不是都想说?

生：是!

师：那请你告诉你的同桌吧!

（同桌间相互叙说自己喜欢的动物名字及其位置）

师：刚才，我们用"第几排第几个"的方法确定了小动物的位置。在确定位置时，一般从前往后数第几排，从左往右数第几个。

三、应用

师：小动物做完了操，回到了它们的宿舍。我们一起去拜访它们。

（显示动物宿舍图。画外音：嗨，大家好！我是小猴，欢迎大家来做客！我住在第2层第3号房间）

师：同学们，你能根据小猴说的话，知道谁住在第1层第1号房间吗？

（生相互商量、讨论）

生：我们觉得住在第1层第1号房间的是小青蛙。小猴住在第2层，是从下往上数层数的；小猴住在第3号房间，是从左往右数房间号的。

师：说得很有道理！

师：你想去拜访哪个小动物呢？它住在第几层第几号房间呢？请同桌一个扮演小动物，一个扮演客人，互相说一说。

（同桌轮流扮演角色、描述位置）

（师选两对同桌说一说拜访小动物找房间号的过程）

师：你们确定小动物的房间号，是用怎样的方法？

生：我们是用"第几层第几号"来确定小动物的房间的。（板书：第_____层第_____号）

生：我们是从下往上数第几层，从左往右数第几号的。

师：说得有道理。

师：拜访完了小动物，我们又来到了动物学校的图书室。（显示书架图）

师：你想看哪本书？

生：我想看《十万个为什么》。

师：这本书的位置在哪儿？

生：在第2层第3本。

师：大家知道他是怎样数第几层、第几本的吗？

生：我知道他是从下往上数第几层的，是从左往右数第几本的。

师：那么，书架上还有哪本书是你喜欢看的？它在什么位置？

生：我想看《新华字典》，在第1层第2本。

生：我想看《成语词典》，在第3层第5本。

生：我想看《数学家的故事》，在第2层第9本。

生：我想看《格林童话》，可是我一下子数不准它左边有几本。

师：我也一下子数不准它左边有几本，同学们有办法确定这本书的位置吗？

生：我有办法！《格林童话》在第1层最后一本。

师：好办法！虽然从左边数不准，但是它在最后一本，这样也能确定它的位置。

生：我还有一个办法，它在第1层倒数第1本。

师：这也是一种好办法！

……

师：大家参观了动物学校，感觉有点累了，我们一起来玩一个"找地雷"游戏吧！

（显示"地雷阵"图）

（游戏规则：先把鼠标移到自己选择的方格内，说出是第几排第几个，再猜一猜里面有没有地雷，然后双击鼠标验证猜得对不对）

（师选几个代表到前面来现场操作，其余同学当裁判。学生情绪很高）

四、拓展

师：（指着板书）刚才我们用这样的说法，确定了一些人、一些动物、一些房间、一些书的位置。其实，在生活中我们经常要确定位置，请大家想想，在你的生活中，有哪些地方也要确定位置？大家可以先商量商量。

（前后左右的几个同学互相讨论交流）

生：射弓箭！我们射弓箭时就要先确定它们的位置。

师：哦，你的意思我明白了，瞄准位置后，你的弓箭会射得更加准确。

生：我们在教室里找座位，也要先确定位置。

生：在宾馆里，你如果订房间，拿到钥匙后，也要先确定房间的位置，才能找得到房间。

生：在学校食堂里，我们就餐时，也要先确定位置，不然吃饭会很乱的。

生：坐火车时，也要先确定位置，才能找到自己的座位，火车很长的，不确定位置，可能会误了火车。

师：大家说得都很有道理。我这儿有一张火车票，车票上写着04号车012号下铺。根据这些数据，你怎么确定位置？（显示火车票）

生：只要到4号车厢里去找，第12号的下铺就行了。

师：真棒！你肯定乘过火车，是吗？

生：（满脸自豪）是的。我还坐过飞机呢！坐飞机也要找座位。我还知道，飞机票上面是没有座位号码的，上次我和爸爸坐飞机，爸爸拿着飞机票去排队换了一个号码牌。

（大部分学生面带疑惑）

师：你的见识真广！我这儿就有一张登飞机的号码牌，上面写着5d，那你知道该怎样找到座位吗？

生：肯定是飞机上第五排的第四个座位。

师：是吗？上面并没有写"4"呀！那你又怎么知道的呢？

生：上面的5，肯定就是第五排，那个d，就是a、b、c、d的d，第四个的意思呀！

师：真聪明！有时，我们也用英文字母来表示个数。

生：到电影院看电影也要找座位。

师：是的，下面我们一起去电影院。

（显示电影院图片）

师：一般的电影院在进门的地方有几扇门？有什么区别？

生：有两扇门，一个是单号，一个是双号。

师：哪些座位号是单号，哪些是双号？

生：单号是1、3、5、7，双号是2、4、6、8。

师：有两个小朋友去看电影。你能告诉他们该从哪扇门进去比较方便找座位吗？

（显示两个小朋友和他们的电影票"5排8座"和"10排13座"）

生：男孩从双号门进，女孩从单号门进。

师：他们进去后又该怎样找座位呢？我们看看这个电影院的座位是怎样排列的。

（显示电影院座位排列图）

生：双号在左边，单号在右边。

生：我发现，单号的"1"和双号的"2"在中间。

师：你能帮助他们找到座位吗？

（同桌互相商量后汇报。师选两名学生上台并移动鼠标找位置）

师：大家找得很好！我代表两个小朋友谢谢大家！

师：你能知道5排8座的前、后两个座位各是几排几座吗？

生：分别是4排8座和6排8座。

师：你知道10排13座的左、右两个座位分别是几排几座吗？

生：是10排11座和10排15座。

师：有一个小朋友和爸爸妈妈去看电影，小朋友坐在这儿（显示9排2座），你知道是几排几座吗？

生：是9排2座。

师：你知道小朋友的爸爸妈妈可能坐在几排几座？

生：我想，可能一个坐在9排1座，一个坐在9排4座，小朋友坐在中间。

生：我想，可能一个坐在9排1座，一个坐在9排3座，小朋友在边上，爸爸和妈妈说话方便。

生：我和爸爸妈妈上次去看电影买票时，发现单号都是一起卖的，双号也是一起卖的。我想，爸爸妈妈应该坐在9排4座和9排6座。

师：你能联系自己的生活经验，说得很有道理！

生：我的想法和他们不一样。我想爸爸妈妈可能不坐在小朋友旁边，而是坐在9排的10座和12座，或者坐在第10排。因为小朋友已经长大了，而且爸爸妈妈也可以在离得不太远的地方看着小朋友。

师：你的想法真好！我想你一定是个胆大、心细、懂事的好孩子！

（大家一起鼓掌）

师：下面我们来做一个涂色游戏。

（学生拿出蜡笔和事先发的纸，按照纸上注明的第几排第几个，在相应的方格内涂色。教师巡视、指导并将学生的作品展示，让学生发挥想象……）

教学反思与评析

数学课堂是学生发展的天地，数学学习的过程是学生享受教师服务的过程。理想的课堂是在价值引导下学生自主建构的过程，是真实自然的师生互动过程，是以动态生成的方式推进教学活动的过程。在进行这节课的教学时，我本着"为学生的数学学习服务"的宗旨，按照"引入—展开—应用—拓展"的程序组织学习活动，取得了较好的教学效果。在教学设计与执行的过程中，我一直在思考如何处理好以下几对关系：

1. 教材与课程。尽管我们的教材为学生提供了精心选择的课程资源，但课程不仅仅是指教材，学生的生活经验、教师的教学经验也是课程资源，学生的学习差异、师生的交流启发也是有效的课程资源。如何整合课程资源呢？在细心领会教材的编排意图后，我对教材做了二次加工，使"教材"成为"学材"：首先，对教材中题材呈现的顺序进行了适当调换，例如把"试一试"即描述学生的座位移到课始，把到电影院找座位移到游戏之后等；其次，对教材中的题材进行重组，例如把书架的第1层书增加了本数并做了模糊处理，把摆图形活动改成"找地雷"游戏等；此外，根据学生的生活经验补充了一些备用题材，如火车票、登机牌、旅馆房卡、象棋棋盘等。

2. 生活与数学。生活是数学的源泉，数学离不开生活。生活是丰富多彩、变幻莫测的，而数学有着自己的严谨性和确定性。在生活中，确定位置的方法一般都是约定俗成的，也有随机而定的，更多的是根据个人的喜好和需要自己规定的。不管是约定俗成还是个人规定，都要首先确定第1排第1个，即坐标的原点，这是确定任何位置的前提。教学过程中，我按照"发现生活问题—提炼数学问题—建立数学模型—解决实际问题"的过程展开教学，让学生在不同的生活情景中不断经历数学化的过程。

3. 数学与活动。《数学课程标准（实验稿）》在"课程实施建议"中指出："数学教学是数学活动的教学，是师生之间、学生之间交往互动与共同发展的过程。"数学活动不同于一般的活动，在开展数学活动时应有很强的目标意识，不能只图表面的热闹。本课的四次活动各有不同的目标追求：排座位活动，用学生生活中常见的现象，让学生再次体验找座位的过程，唤醒学生的生活经验，激发学生的学习需要；观看动物做操，学习确定位置的一般方法——从左往右数与从前往后数；拜访小动物与书架取书，让学生面对实际问题，运用推理的方法确定位置，学会用多种方法描述位置，培养解决问题的策略；旅馆、火车、飞机、电影院找座位等，让学生面对不同的生活情景，探索解决简单实际问题的方法。

4. 预设与生成。教案是预设的，课堂是生成的。如果说教学设计是把学术形态的数学转化为教育形态的数学，那么，课堂教学就应该把教师设想中的数学转化为学生现实中的数学。尽管如此，我仍觉得教学设计是十分重要的。曾有人错误地认为，既然课堂是生成的，课程改革后应该简化备课，甚至不要备课。殊不知，没有备课时的全面考虑与周密设计，哪有课堂上的有效引导与动态生成，没有上课前的胸有成竹，哪有课堂中的游刃有余。正所谓"不经历风雨，哪见得彩虹"。比如，现在不少学生的家庭经济条件都提高了，不少学生都有坐火车、飞机的经历，而教材中又没有做这方面内容的编排。由于我备课时有所准备，让学生联系生活确定位置时，有学生说到"飞机票上是没有座位号的"，我顺水推舟，出示登机牌，既充分肯定了这个学生的观察细致，也让其他学生增长了见识。

当然，课堂教学的魅力就在于它永远是一门遗憾的艺术。反思这节课的教学，我觉得至少有以下几点需要改进：生活中学生到电影院看电影的经历其实很少，即使去看电影，要么是家长替学生找座位，要么就随意坐（电影院不景气时是普遍现象），这样就增加了教学过程中电影院找座位的难度；生活中确定楼房（特别是居民住宅小区）房间的方法一般不说"第几层第几号"，而是直接说"几零几"，在教学中我没有适时进行有效沟通；由于是借班上课，在指定学生答问时如果能突出采用"第几组第几个""第几组倒数第几个"等方法，既可避免教师的指向不清，又可体现灵活运用这种确定位置的方法，可谓一举两得。

（徐　斌）

教学案例二

执教：许卫兵

课堂实录

师：孩子们对教室里的座位确定已经很熟悉了。下面，许老师和大家一起坐着汽车到生活中去找一找还有哪些与确定位置有关的问题，好吗？

生：好！

（课件显示：一辆大客车停在马路边。随着"嘟、嘟、嘟"几声喇叭响，汽车开动了，沿途的美丽风景一幕一幕从眼前闪过。几秒钟后，汽车停在光明小学校门前。见图5—1）

图5—1

图5—2

师：孩子们，我们到哪儿了？

生：光明小学。

师：光明小学里正在发生着什么与确定位置有关的事呢？

（显示图5—2）

生：是小朋友们正在拍照片呢！

师：是啊，他们已经排好了座位正在拍照呢！（点击最后1排第1个同学，屏幕显示：我站在最后1排第1个）根据这位小朋友的提示，你能找到这两个人的位置吗？

（投影显示图片右边的两个问题。生逐一讲述自己的观察思考后，屏幕画面返回到汽车停靠在光明小学校门口图）

师：看完了光明小学的小朋友拍照片，我们上车继续前行。

（汽车行一程后停在东方商场门前。见图5—3）

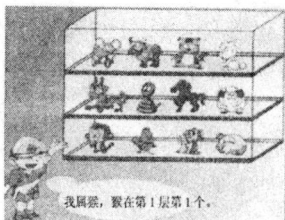

图5—3   图5—4

师：孩子们，我们现在到哪儿啦？

生：东方商场。

师：商场里有什么与确定位置有关的呢？大家赶快下车进去瞧一瞧吧！

（屏幕显示生肖玩具图，见图5—4）

师：呀，柜台里有什么商品？

生：十二生肖玩具。

师：来，我们依次数一数。

生：鼠、牛、虎、兔……

师：小明一下子就看出了他的生肖玩具放在什么位置。（课件显示：我属猴，猴在第1层第1个）小朋友，你属什么呢？你的生肖玩具放在什么位置？除了自己，你还知道谁的生肖？他的生肖玩具摆放在什么位置呢？

（生畅所欲言，讲述自己以及爷爷、奶奶、爸爸、妈妈等家人的生肖玩具在图中第几层第几个。教师一一表扬后，汽车又行一程，在邮政局门前停下）

图5—5   图5—6

师：邮政局发生什么与确定位置有关的事儿呢？原来呀，邮递员老熊正要把4份快件送到这幢楼上的几户人家。你们能帮帮老熊吗？

（生积极性非常高，一个个跃跃欲试）

师：大家都很乐于助人，不过，送信可不是儿戏，一旦送错地方可就误事了。同桌的小朋友们先研究一下，然后再向大家汇报你们的研究结果。

（完成了上述练习后，最后汽车行驶到了电影院，电影院里正在放电影）

师：电影院正在放什么电影呢？小朋友们一定很想知道吧！你们看，屏幕上有16个方格，只有4个方格有了画面，还有12个方格里的画面，在老师发给你们的贴画纸上。每一个小贴画的旁边都有"第几行第几格"的位置提示，只要你按照位置提示将每张贴画都准确地贴到图中，屏幕上放的什么电影就能看出来了。

（同桌两人合作贴画，最后拼成"齐天大圣"的画面。老师表扬学生都像孙悟空一样本领大）

图5—7 图5—8 图5—9

师：老师和小朋友们坐车在生活中转悠了一大圈，你有什么感受呀？

生：我发现生活中处处有确定位置的例子。

生：今天学得真轻松，学了确定位置可以帮助我们在生活中做好多事呢！

师：是啊，只要我们动脑筋，仔细观察，生活中处处有数学。今天我们只是学习了简单的确定位置的方法，到了三年级我们还要学习更有趣的确定位置的数学知识呢！

教学反思与评析

1. 情境的贴切性

数学教学中的情境可以分为真实情境和虚拟情境。就"确定位置"的教学而言，利用教室里学生的具体座位（第几排第几个，第几行第几个）来组织教学，就是一种真实情境。本片段中老师带领学生乘车游览去发现、解决生活中的数学问题，就是在虚拟的情境中进行的。不管是真实情境还是虚拟情境，只要服务于教学中心，贴近生活的真实原型，尤其要贴近儿童数学学习的实际，都可以成为我们教学时的选择方法。当然，对二年级学生来说，虽然拍照片、购物、当邮递员、看电影都是他们比较熟悉、具备生活经验基础的活动，但大多数活动都是在日常生活中无意发生的，包含其中的数学信息也很繁杂。相对于真实情境而言，虚拟的乘车游览的情境链更容易把学生的参与热情和学习主动性激发出来，课堂教学的组织和实施也很活泼有序，具有明确的针对性。可见，情境的贴切性是其教学功效得以充分实现的前提和基础。

2. 情境的高效性

真正意义上的教学情境不仅能激发学生乐于参与、关注活动之情，更要引导学生浸润于探索、思维和发现之境。它固然需要以具体的场景做背景与载体，然而，情景的呈现能否有效唤起学生的认识不平衡感、问题意识以及激发认知冲突，情境是否能吸引学生主动投身于问题的探究思索，这些都应该成为数学课堂情境创设的价值之魂。对二年级的学生来说，第一次学习用"第几（ ）第几个"的数学评议来描述一个物体的位置，教师是要把握分寸的。因为在现实生活中对一个物体位置的描述太多会比较复杂。比如，在教室里要准确表达一个座位，如果不是众所周知或约定俗成，在"第几组""第几个"前面往往还要再加上一定的限制语——"从左往右数""从前往后数"。因此，在本课的情境链中，每一情境均给出一定的提示语（即每一练习题中最先给出的一个位置）来暗含某种约定的观察角度是很有必要的。这样的提示语一方面给学生的思考提供了依据和方向，另一方面也为解决问题减缓了坡度、搭建了平台。此外，本课练习中连起来的几个环节看似很随意，其实它们的要求和难度是由低到高逐步提升的。由拍照时人员的前后排列，到十二生肖玩具的上下排列，再到邮政局、电影院从行、列两个方面来综合练习，都在一定程度上体现了对确定位置的深层渗透。可以说，情境的高效性是教学有序、高效的动力和保障。

3. 情境的简约性

情境在儿童数学教学中的作用是无可争议的，但是，在有限的教学过程中，情境设置和安排的量很值得研究。过于花哨的情境很容易给人以繁杂、凌乱的感觉，给学生学习带来消极影响。相反，如果将一个个相关联的生活情境有机连成连续的情境链，不仅可以带来教学活动整体的协调感，增强情境的真实性，而且可以在结构的、流动的、层层递进的教学中给学生以美的享受和心灵的震撼。尤其是在练习时间较长的新授课、纯粹的练习或复习课中，"情境链"可以寓丰富于简单之中，让课堂多个环节变得简约而不简单。因此，情境的简约性是魅力课堂的艺术追求。

现实生活是数学的源泉，也是儿童数学学习的资源宝库。虚拟情境是对现实生活的衬托与提升，也是儿童数学学习走向凝练、深刻的高度概括，其根本的指向还是为了儿童的真实生活和本真学习。数学教学情境穿行在真实和虚拟之间，耐人寻味，饶有兴趣！

（选自《小学数学》2008 年第 7~8 期）

异教解析

我们知道，本节课是苏教版课程标准数学实验教材二年级上册"确定位置"的内容，教材提示的教学目标是"使学生在具体情境中学会用第几排第几座、第几层第几号、第几组第几个等方式描述物体所在的位置，或根据位置确定物体"。

叶澜在《"新基础教育"论》中提出："把课堂还给学生，让课堂充满生命活力；把班级还给学生，让班级充满成长气息；把创造还给教师，让教育充满智慧挑战；把精神发展主动权还给学生，让学生充满勃勃生机。"重温叶老这句关于基础教育改革的经典名言，让我们回过头来，认真回味两位大师精彩的同课异教课堂，体验他们是运用怎样的手段来实现课堂教学目标的。

上课伊始，徐老师设计了一个找座位的游戏，让学生根据老师发的座位卡找座位，看哪些同学能正确、快速地找到自己的座位。他的这种课的开场白，在游戏中，为同学们提供了思维之源，引起了学生的思维冲突。在学生产生疑虑之际，教师适时启发引导学生："看来，要正确地找到座位，就应该写明白是第几组第几个。"聊聊数语，教师自然地将学生引入本节课的教学重点，学生感到学习内容在实际中是需要的。而许老师则利用的是虚拟的情境——把教学目标分解成为一个又一个的情境链。

心理学的研究也表明，学习内容和学生的生活背景越接近，学生自觉接纳知识的程度就越高。用心倾听两位老师的这一节数学课，他们在课堂中，都能够利用孩子们生活中已有的经验作为有效的数学学习资源。你会发现他们都在尽量挖掘生活中的数学"因子"，数学生活化、生活数学化的味道很浓：孩子们熟悉的找座位游戏、孩子们喜闻乐见的动物做操情境、动物拍照情境、"地雷阵"游戏、十二生肖玩具、合作贴"齐天大圣"的画面……一个个孩子们熟悉的生活画面，一幅幅鲜活的数学情景图，可谓是淋漓尽致的展示。

数学新课标提倡"静态的被动接受学习"转变为"动态的探究式学习"，提倡将"关注学习结果"转变为"关注学习过程"。纵观徐斌和许卫兵两位大师的课，他们对本节课进行的教材处理和现场处理，显示出了深厚的教学基本功。他们都能对教材进行细致深入的整合重组，在设置的真实或虚拟的情境中，通过或活动或游戏进行教学，学生完全沉浸在动手操作体验中，始终把学生推在思维的前沿，把学生摆在课堂的主体地位，简约高效地完成了教学目标。在课堂上，他们可谓是：把"学术形态"上"冰冷的美丽"的数学，转化为"教育形态"上"火热的思考"——鲜活的数学。

仔细分析徐斌老师的课堂，有一下一些特点：

(1) 高超的学习资源挖掘能力

教与学之间的差距大多数是由于教师的教学严重脱离学生的实际造成的，只要教师在教学目标、教学起点、教学实例、教学方法等方面贴近学生的认知规律、知识实际、心智实际，就会缩小彼此心理上的差距，就会激发学生学习数学的兴趣,就会引发学生积极创造,进而取得理想的教学效果。

在本节课中,我们发现,徐斌老师很熟悉教材,教学资源信手拈来,通过现场的"找座位"游戏,让学生在生活中一下子找到了生活中的"确定位置"原型。这种充分利用学生已有的生活经验,让学生贴近生活学习数学,教师贴近生活教数学,引导学生把数学问题带到生活中来,在生活中"学有用的数学,学有价值的数学",增强了学生的数学素养。

(2)让学习活动变得有趣可信

山东大学校长展涛先生在谈到数学课程改革时曾说:"应该让学生学简单的数学,学有趣的数学,学鲜活的数学。""课堂说白了,就是教师自身生命实践的舞台。"(刘铁芳)

是的,只有把生命投入到教学实践中去,教师才能走进学生,和学生情感互通,才能把数学上得鲜活有趣。课堂开始,徐老师设置的"找座位"游戏,活动符合学生的童心,又直奔本节课的教学目标,趣味性十足,这和徐斌老师的上课"教学三宝"(趣味教学、电化教学与启发教学)的一贯风格非常吻合。我们再细察徐老师在课堂中的有趣引导:"我们请胡怡然站起来朝老师笑一笑。"找到了第1组第1个的胡怡然。"请你看一看,你的好朋友坐在第几组第几个?""请大家猜猜我最喜欢的动物是谁?"……徐老师把一个个的教学细节转化成一个个鲜活的体验,怎能不让数学有趣起来,难怪北京师范大学裴娣娜教授说,徐斌的课"把孩子带入了数学乐园"。

徐斌老师的课,注重孩子对数学的感性,在一个有趣的数学活动中,他按照"引入——展开——应用——拓展"的步骤,实践、操作、动手、动脑,逐层深入,让学生在不同的生活情境中不断经历数学化的过程。

而许卫兵老师的本节课,似乎更加理性。他用"串教学情境"的方式组织教学,"一辆大客车"承载了整节课堂的组织,而许老师就是一个最好的导游。"几秒种后,汽车停在光明小学校门前。""我们上车继续前行。""汽车行驶到了电影院。"……他带领着孩子们进入数学王国,上课就像旅游,数学知识更是奥妙无穷的景点,在贴切的虚拟情境中,简单而又高效,整体教学活动协调,在层层递进的结构中,把教学活动逐步推向高潮。

(黄崇波)

三角形内角和

教学案例一

执教：朱德江

课堂实录

一、拓宽知识背景，渗透数学联系

师：我们已经学习了哪些平面图形？

（学生回答后，教师呈现多个已学的平面图形略）

师：这些平面图形中都有角，我们把图形中相邻两边的夹角称为内角。那么，长方形有几个内角？它的内角有什么特点？

生：长方形有四个内角，它们都是直角。

师：这四个内角的和是多少呢？

生：360°。

师：你是怎么想到的呢？

生：长方形每个内角都是 90°，所以四个内角的和就是 360°。

师：（指着黑板上两个大小不同的长方形）所有长方形的内角和都是 360°吗？

生：所有长方形的四个内角都是直角，所以四个内角的和都是 360°。

师：（出示一个三角形）三角形有几个内角呢？今天我们就来研究三角形的内角和。

……

（评析：为了使学生整体感知三角形内角和的知识，本片段先从已学的一些平面图形引入，引导学生认识内角，并从长方形的内角和切入，引出三角形的内角和问题。这样的教学，将三角形内角和置于平面图形内角和的大背景中，拓展了三角形内角和的数学知识背景，渗透数学知识之间的联系，有效地避免了新知识的"横空出世"。）

二、利用知识联系，探索验证规律

师：三角形的内角和是多少呢？

生：180°。

师：其他同学有不同的想法吗？我们用什么办法才能知道三角形的内角和呢？

生：先量出三个角的度数，再加一加。

师：好，那么我们一起来量一量。请每个小组量一个三角形，然后把量得的角的度数相加，看看结果等于多少。教师呈现 12 个大小不同的三角形，其中有两对形状分别相同、大小不同的三角形。每组学生一个三角形，学生用量角器量出三个角的度数，并把度数直接用水彩笔写在三角形上，算出的度数和也写在三角形上，然后再贴到黑板上共同观察讨论。

师：（指着黑板上的三角形）我们发现有的三角形的三个内角相加后，正好是 180°，但有的是 179°，还有 181°的。为什么有的不正好等于 180°呢？

生：因为有时候量得不准。

师：在度量的时候，由于测量的误差以及我们视力的限制，经常会出现一些小误差。那么，除了用量的方法，你还能用什么方法验证或说明三角形的内角和是 180°呢？

（每组发一份操作材料，里面有各种形状的三角形，学生尝试操作，小组讨论交流，然后再全班交流）

生：我用撕和拼的方法，先把三个内角撕下来，再拼在一起，拼成了一个平角。所以三个内角的和是 180°。

师：这位同学真厉害！他利用了什么知识来说明三角形的内角和是 180°呢？

生：他用了平角是 180°的知识。

师：这确实是一种很好的办法，大家用一个三角形试一试，看能不能拼成平角。还有其他方法吗？

生：老师，我是用折纸的方法。我拿一个三角形，（边说边演示）把上面的角沿虚线横折，顶点落在底边上，再将剩下的两个角横折过来，使三个角正好拼在一起，这三个角组成了一个平角。接着，我还找了另外几个三角形来折，都能拼成一个平角。所以，三角形内角和是 180°。

师：他还是利用了平角的知识，只是方法上略有区别。

生：利用长方形也可以说明。连接长方形的一条对角线，得到两个直角三角形，这两个直角三角形完全相同，并且两个直角三角形的六个角正好组成了长方形的四个内角。而长方形的内角和是 360°，所以每个直角三角形的内角和等于 $360° \div 2 = 180°$。

师：这又是一种独特的方法。她利用了什么知识来说明的呢？

生：她利用了长方形的四个内角的和是360°。

生：还有，因为长方形正好可以分为两个一样的直角三角形。

师：看来，我们在遇到一个新的问题时，可以联系已学过的知识来思考，这样往往能较快地找到解决问题的方法。

（评析：利用已经学过的知识构建新的数学知识，这不仅有助于学生理解新的知识，而且也是一种非常重要的学习方法。在探索三角形内角和规律的教学中，教师应注意引导学生将三角形内角和与平角、长方形四个内角的和等知识联系起来，使学生在新旧知识的连接点和新知识的生长点上把握好它们之间的内在联系。首先，学生用度量的方法探索三角形内角和，初步得出了三角形内角和是180°的结论，并发现了直接度量的局限性。其次，学生又创造性地与平角知识联系起来，用"撕——拼""折——拼"等方法，把三角形的三个内角转化成一个平角，利用平角知识得出三角形内角和是180°的结论。最后，由于教师提供的学具有长方形的，课始又是从长方形四个内角的和是360°引入的，又有学生利用长方形与三角形的关系推导出了结论。在整个探索过程中，学生积极思考并大胆发言，他们的创造性思维得到了充分发挥。）

三、在运动变化中感悟数学知识的联系，深化知识理解

师：对于三角形的内角和，你们还有什么问题吗？

生：大小不同的三角形，它们的内角和怎么会是一样的呢？

师：（指着黑板上两个大小不同但三个角对应相等的三角形）请大家观察这两个三角形，想一想，这是什么原因呢？

生：三角形变大了，但角的大小没有变。

生：角的两条边长了，但角的大小不变。因为角的大小与边的长短无关。

师：你们分析得很有道理。老师这里给大家做一个小小的演示，请大家边观察边思考：三角形的形状变了，可是内角和怎么会不变呢？

（教师先在黑板上固定小棒，然后用活动角与小棒组成一个三角形，教师手拿活动角的顶点处，往下压，形成一个新的三角形，）学生观察发现：活动角在变大，而另外两个角在变小。这样多次变化，学生逐步发现：活动角越来越大，而另外两个角越来越小。最后，当活动角的两条边与小棒重合时，活动角就是一个平角180°，另外两个角都是0°。

（评析：小学生由于年龄小，容易受图形或物体的外在形式的影响。如本片段中的两个问题，"大小不同的三角形，它们的内角和怎么会是一样的呢？""三角形的形状变了，可是内角和怎么会不变呢？"很多学生难以理解。教学中，教师要充分利用学具引导学生思考，促进学生对三角形内角和知识的理解

和内化。对于第一个问题，教师主要是引导学生把角的有关知识联系起来，通过让学生观察两个大小不同但三个角的度数对应相等的三角形，引导学生利用"角的大小与边的长短无关"的旧知识来理解说明。对于第二个问题，主要运用数学本身内在的思想性，如变化、运动、联系等观点，利用了一个精巧的小教具的演示，让学生通过观察、交流、想象，充分感受三角形三个角之间的联系和变化，感悟三角形内角和不变的原因。）

四、综合运用知识，沟通知识联系

教学中安排多层次的练习，引导学生综合运用所学知识，体会知识之间的联系。为简洁、清楚地说明问题，下面罗列四道习题的内容，具体教学过程略去。

1. 求出三角形各个角的度数。

2. 一个三角形可能有两个直角吗？一个三角形可能有两个钝角吗？你能用今天所学的知识说明吗？

3. （1）将两个完全一样的直角三角形拼成一个大三角形，这个大三角形的内角和是多少？（多媒体呈现拼的过程）

（2）将一个大三角形分成两个小三角形，这两个小三角形的内角和分别是多少？（多媒体呈现分的过程）

4. 智力大冲浪：你能求出下面图形的内角和吗？

（评析：习题是沟通知识的有效手段。在本节课的四个层次的练习中，能充分注意沟通知识之间的内在联系，使学生从整体上把握知识的来龙去脉和纵横联系，逐步形成对知识的整体认知，构建自己的认知结构，从而发展思维，提高综合运用知识解决问题的能力。第一题将三角形内角和知识与三角形特征结合起来，引导学生综合运用内角和知识和直角三角形、等边三角形等图形特征求三角形内角的度数。第二题将三角形内角和知识与三角形的分类知识结合起来，引导学生运用三角形内角和的知识去解释直角三角形、钝角三角形中角的特征，较好地沟通了知识之间的联系。第三题通过两个三角形的分与合的过程，使学生感受此过程中三角形内角的变化情况，进一步理解三角形内角和的知识。第四题是对三角形内角和知识的进一步拓展，引导学生进一步研究多边形的内角和。教学中，学生能把这些多边形分成几个三角形，将多边形内角和与三角形内角和联系起来，并逐步发现多边形内角和的规律，以此促进学生对多边形内角和知识的整体构建。）

教学案例二

执教：陈庆宪

课堂实录

一、复习引入，提出猜想

1. 观察、分类

（投影呈现长方形和平行四边形，并在每个图上添上对角线，接着把每个图上的一个三角形平移到下方）

师：这三个三角形按角来分，分别叫做什么三角形？

生：它们分别是直角三角形、锐角三角形和钝角三角形。

（教师根据学生的回答，相应贴出写有三角形名称的纸片，同时让学生拿出预先准备的三种三角形的纸片）

2. 猜想，并提出探究方法

师：请同学们把每个三角形的三个内角分别标上∠1、∠2、∠3，并想一想每个三角形三个内角度数的和是多少。

（师让学生观察投影和三角形纸片，思考片刻）

生：第一个直角三角形的内角和一定是180°。

师：为什么呢？

生：因为长方形的四个角都是直角，四个内角加起来是360°，把这个四边形分成两个完全一样的三角形，所以一个三角形的内角和是180°。

（教师利用两个完全一样的直角三角形，重新拼成长方形让学生观察，从而肯定了这位同学的猜想是正确的）

师：那另外两个三角形的内角和应是多少度呢？

（这时大部分学生猜测是180°，有一部分学生猜测大于180°或小于180°，教师同时板书：三角形内角和：180°、大于180°、小于180°）

师：有什么方法能证实三角形内角之和是多少度呢？

（师先引导学生围绕这个问题讨论探究的方法，然后再组织学生集体交流）

生：可以用量角器把三个内角的度数量出来，算一算就知道了。

师：这是一个好方法。（板书：量一量、算一算）180°的角叫做什么角呢？

生：（齐）平角。

师：那还有什么好方法呢？

生：可以把三个内角剪下来拼在一起，再量一量是不是平角。

（师板书：拼一拼）

二、实验探究，组织概括

1. 先让学生独立探究，再分组交流
2. 组织集体反馈

（教师根据学生的汇报，随手板书如下）

量一量   算一算

$45°+60°+75°=180°$

$90°+60°+30°=180°$

$120°+25°+35°=180°$

拼一拼

把一个三角形分成两个直角三角形，再把每个直角三角形的两个锐角折拼成直角，这四个锐角的和就是原来三角形的三个内角的和，刚好是180°。

三、巩固练习，拓展想象

1. 看图算出每个三角形中未知角的度数
2. 想象练习

教师多媒体呈现直角三角形，并向学生提出：如果这个直角三角形 A 点沿着斜边 BA 的延长线向外移动一些，所得新三角形的∠A₁比原来三角形的∠A 是大还是小？让学生回答出：∠A₁比原来的∠A 要小。因为从图上观察∠C＞90°，它变成了钝角三角形了，∠A₁就小于50°。

然后，教师继续提出：如果 A 点继续沿着斜边的延长线向外移动，则∠A₁还会发生怎么样的变化？学生先想象后回答：∠A₁越来越小了。然后教师演示动态课件，使学生感悟到角的变化。

接着，教师将三角形恢复到原来的直角三角形，并向学生提出：如果 A 点沿着斜边向内移动，上方的∠A 的大小又会怎样变化呢？学生先想象后回答：∠A 应该是越来越大，且∠A＜50°。多媒体又呈现以上练习中的等腰三角形，并添上对称轴。

教师提出：如果顶点 A 沿着对称轴向上移动，所得新三角形的顶角会发生怎样的变化？两个底角又有怎样的变化？学生先想象后回答：顶角越来越小，底角越来越大。教师演示动态课件，让学生观察，证实自己的想象。接着，画面又恢复到原来的等腰三角形，教师又向学生提出：如果这个三角形的顶点沿着对称轴向下移动，顶角又会发生怎样的变化？底角又会发生怎样的变化？

……

3. 判断练习

教师呈现一个信封，每次从信封里露出三角形的一个角，引发学生想象，判断藏在信封中的三角形是什么三角形。学生判断后教师质疑：为什么当露出是直角或钝角时，能很快地猜出它是直角三角形呢？你能根据今天所说的知识说一说道理吗？先让学生分小组对这个问题进行讨论交流，然后组织集体交流。

4. 延伸思考

教师继续呈现一个信封，先出示一个锐角，向学生提出：信封里还藏着一个图形，你们猜这是什么图形呢？在学生一时趋于疑惑时，教师从信封中抽出了一个四边形。接着教师又从信封里露出一个直角，并提出：这个图形又是什么图形呢？

这时，有些学生猜它是一个直角三角形，有的猜它是一个长方形，有的猜它是一个四边形。正当学生猜得热烈时，教师从信封中抽出了一个五边形。教师说道："今天我们研究了三角形内角和是180°，你们想知道四边形、五边形的内角和吗？"这时学生跃跃欲试，教师提出：想一想用什么方法探究，请同学们在课后自己去试一试吧！

教学反思与评析

本课教学，一般教师都会给学生提供一些三角形的纸片，让学生从中选出一个三角形，量一量三个内角，再猜一猜每个三角形内角和大概是多少度。也有一些教师直接让学生猜想三角形内角和是多少度，然后会让学生采用不同的方法去验证。而在以上教学中，我先让学生观察一个长方形、平行四边形，再从中分出直角三角形、锐角三角形。通过观察，学生就很快地确定直角三角形的内角和是180°。这样的猜想，学生是基于对"长方形的四个角都是直角"的认识之上的。接着借助于前面对直角三角形内角和的猜想，大部分学生会猜到锐角三角形和钝角三角形的内角和分别都是180°。也有部分学生有不同意见。这种引发学生猜想的做法，与以往的教法相比，我们试图寻找和把握一个猜想的支点，使学生的猜想不至于是无依据的乱想，能在联想的基础上去猜，从而达到有意义的猜想。

让学生充分展开想象的空间，是图形教学的主要任务之一。本课创设想象的素材可分为两类：一类是"动态想象"。比如，在把等腰三角形的顶角的顶点沿着对称轴上、下移动时，同样引发了学生在想象中观察、在观察中想象，使学生感受到等腰三角形顶角越来越大（小），而底角越来越小（大）。同时，让学生进一步感受到三角形的形状虽然发生了变化，但它的内角和始终是不变的。另一类想象素材是"猜测想象"。我创设了从信封中露出一个角让学生猜测信封中应该藏着什么图形的情境。这里的猜测虽然只是一种手段，但起到了引发学生对三角形的再次想象、再次质疑，质疑中再次运用三角形内角和的知识进行推理。无疑，这样的教法对学生掌握这一数学知识是相当有益的。

（陈庆宪）

异教解析

让学生了解三角形的内角和是180°是《数学课程标准》规定的教学内容和教学要求。这里讲的"了解"不是接受和知道，而是发现并简单应用。如何引导学生去发现这一结论？

两位名师在充分解读教材的基础上，放手让学生自主实验探究，概念的形成没有直接给出结论，而是通过量、算、拼等活动，让学生探索、实验、发现、讨论交流，推理归纳出三角形的内角和是180°，正如新课标所提出的"数学活动必须建立在学生的认知发展水平和已有的知识经验基础之上"。这就是说数学教学活动要给学生创造一个实际操作的环境，学生可以在观察、探索、发现的过程中增加对数学知识的感性认识，形成丰富的数学活动经验，从而更有助于学生对数学的学习和理解，同时还要为学生创造一个进行交流和探讨的环境，有助于发挥学生的主体性、积极性和创造性。给学生探索的机会，也是给课堂生成的机会。教师设计的教学活动充分激发了学生积极主动的学习热情，让学生参与新知的探究过程，在猜想、验证、思考、操作、交流与反思的过程中获取知识，发展智力，培养能力，从而把枯燥的概念知识教学演绎得生动而充满灵气。

数学教学应注意将联系的观点贯穿教学的全过程，引导学生把握数学知识的内在联系，有效促进学生把数学知识结构内化为自己的认知结构，提高对数学整体性的认识，这是朱德江老师所上的"三角形的内角和"一节课给我们的最大的启示。课始，教师采用"先行组织者"的策略，从已学的一些平面图形引入，引导学生认识内角，并从长方形的内角和切入，引出三角形的内角和问题。每个人的学习都建立在自己经验的基础上，教学就是基于经验、改组经验、提升经验。没有经验的基础，学生很难完成建构。在学习这个新知之前，学生原有认知结构中已有可以利用的"正方形和长方形的内角和是360°"的旧知经验。在引入新知环节，教师紧紧扣住与新知学习最密切的旧知加以回忆和复习，就为新的学习提供了经济而必要的固定点，同时也为学习新知找准了生长点，这是有意义学习赖以成功起步的充分条件。教学能否找到原有经验的起点，是教学能否成功的关键。正如奥苏贝尔所说："影响学习的最主要因素是学生已经知道了什么，根据学生原有的知识状况进行教学。"朱老师以"长方形的内角和"做为学生探究新知的起点，搭建了一个以学生已有的数学现实为背景的舞台，拓宽新知背景，渗透数学联系。在探究新知的过程中，学生在用量一量、拼一拼等方法之后，联想到长方形内角和的知识，通过算一算的方法，得出直角三角形的内角和是180度这一结论，引导学生利用知识的内在联系，探索验证规律。很显然知道"三角形的内角和是180度"这一结论并不难，难的是对这一结论的灵活运用，并从数学的高度再次提升学生的认识。因此，教师在得出结论之后，引导学生提出问题，接着聚集"大小不同的三角形，它们的内角和怎么会是一样的呢"这个问题，引导学生联系"角的大小与边的长短没有关系"这一旧知，并通过活动角等形式，让学生在运动变化中感悟数学知识的联系，深化对知识的理解，学生对概念的本质的理解经历了从一般到特殊再到一般的过程。在这一过程中，学生得到的不仅仅是结论，更有数学思维方式的锤炼、数学思想方法的浸润。

推导三角形的内角和，是把直角三角形、锐角三角形和钝角三角形的三种情形通过归纳而得到的。引导学生从特殊到一般，通过实验得出三角形的内角和是180°是陈老师设计这节课的主线。本节课沿着这条主线，围绕两个关键词——"猜想"和"想象"，拉开了学生探究活动的序幕。

1. 猜想

猜想是展开数学思维过程的重要方法，猜想和尝试都是数学思维的生命线。先从直角三角形内角和的探究开始，教师引导学生从长方形可以分割成任意直角三角形的分与拼的直观演示中，直接获得了"直角三角形的内角和等于180°"的结论。这一结论的得到，为后面学习锐角三角形、钝角三角形的内角和既提供了条件又形成了思维定势，为暴露学生对于锐角三角形的内角和小于180°、钝角三角形的内角和大于180°埋下了伏笔。学生通过动手操作和计算，对"直角三角形的内角和等于180°"的结论印象越是深刻和牢固，就越是对后面形成更大的思维定势，从而也就产生了思维疑点，学生的猜想有对有错，问题在于真实地暴露他们的疑点和难点，这就需要教师懂得儿童心理学和小学生思维规律，从而设计出充分暴露数学思维过程的生动场面。显而易见，学生的两个猜想都是错误的，但又是合情的，这对于知识本身是一种错觉，但对于发展小学生的数学思维而言却不失为灵丹妙药。对猜想必须通过验证加以证实。由于小学生思维抽象度的限制，教师通过让学生操作、画图、计算等方法进行验证。教师先让学生动手测量，再凭借计算作出推理，从而使猜想中的疑点清晰起来，初步掌握了"三角形的内角和是180°"这一结论。

2. 想象

想象活动是培养学生空间观念的重要策略，因此教师匠心独运地安排了"想象练习"，精心创设了"动态想象"和"猜测想象"两类教学素材。一类是"动态想象"。比如，在把等腰三角形的顶角的顶点沿着对称轴上、下移动时，同样引发了学生在想象中观察、在观察中想象，使学生感受到等腰三角形顶角越来越大（小），而底角越来越小（大）。同时，让学生进一步感受到三角形的形状虽然发生了变化，但它的内角和始终是不变的。另一类想象素材是"猜测想象"。教师创设了从信封中露出一个角让学生猜测信封中应该藏着什么图形的情境。这里的猜测虽然只是一种手段，但起到了引发学生对三角形的再次想象、再次质疑，质疑中再次运用三角形内角和的知识进行推理。想象力也是重要的思维能力，在想象练习中，学生对知识的学习不断内化，对概念的理解不断深化，更把学生空间观念的培养落到实处。

分数的认识

教学案例一

执教：吴正宪

一、创设情境

吴老师从孩子们熟悉的生活中单刀直入开始了知识的学习。

"有4个桃子，平均分2个人，每人得到几个？"

"啪——啪"学生用两下整齐的掌声回答了问题。

"有2个桃子，平均分2个人，每人得到几个？"

"啪——"

吴老师不紧不慢地说："只有一个桃子，平均分2个人，每人得到几个？"同学们你看看我，我看看你，面面相觑。突然有几个同学用右手尖点了一下右手心，"半个"，还有的同学两手心相对并不合上，表示"半个"。熟悉的生活一下子吸引了孩子们的注意力，有的同学不由自主地说："半个"。

吴老师继续说："对，半个。半个该怎么写呢？小朋友们，能用你喜欢的方法来表示一个桃子的一半吗？"

教室里立刻热闹起来，有的同学接过老师手中的粉笔，跑到黑板前画图、写汉字。吴老师认真地看着同学们的板书，孩子们用不同的方式表示着自己心中的"一半"。接着，吴老师请这些同学一一介绍自己的表示方法，解释每种表示方法的含义。只见吴老师停在了 $\frac{2}{1}$、$\frac{1}{2}$ 前，疑惑地问这两位同学："这是什么意思？"

两位同学分别说出："这是二分之一，表示把一个桃子平均分成两份。每份是相等的。"

"你们在哪里见过二分之一？"

写 $\frac{1}{2}$ 的同学想了想回答说："我在一本数学书上见过。"

写 $\frac{2}{1}$ 的同学则很自豪地说："我没有见过，是我自己想的。"

吴老师笑着说："挺好嘛，自己创造的。"

伴着老师的声声赞许，同学们感受到了创造的快乐。

吴老师示意大家坐下，不紧不慢地说："小朋友们，你们用自己喜欢的方式表示了桃子的一半，说明你们很有办法。不过，我向大家介绍一种更科学、更简便的表示方法。当把一个桃子平均分成两份，表示这样的一份时，可以像这位同学一样用这个数——$\frac{1}{2}$ 来表示。"

她边说边走到黑板前，用红粉笔框住了 $\frac{1}{2}$。

"你们知道这个数叫什么名字吗？"

同学们不敢肯定地回答：分数。

吴老师边出课题边肯定大家的答案："对啦，叫做分数。"接着，吴老师又一次回到 $\frac{1}{2}$ 前，给同学们引荐这位数的大家族中的新朋友——"分数"。

孩子们在吴老师的带领下自然而然地进入了新知识的学习。

二、指导探索

新课的学习开始了，吴老师举起一块大月饼，请一个同学从中间切开，然后问："这个同学是怎么分月饼的？"

待同学们明确了"平均分"后，吴老师带领同学们边比画边说："把一个月饼平均分成两份，每份就是这个月饼的二分之一。"小伙伴之间互相讲述着自己对 $\frac{1}{2}$ 的理解。这时，吴老师神秘地问："哎，你还能在这块月饼中找到另外一个二分之一吗？"一个同学很快地跑到前面，在月饼的另一半写上了 $\frac{1}{2}$。在老师的示范下，同学们又很快掌握了 $\frac{1}{2}$ 的读法、写法并知道了这个分数表示的含义。

这时，吴老师看着一开始到黑板上表示"一半"的同学们，用商量的口吻说："我想和你们商量一下，刚才你们画的图、线段和文字都表示把这个物体平均分成两份，表示这样的一份。如果你认为 $\frac{1}{2}$ 这个分数能表示你的意思，就可以擦掉你写的；如果你认为你的表现方法更好，也可以保留意见。"很多同学纷纷跑上去擦掉自己画的图、文字、线段。只有一位同学坚持认为自己画的图更好，执意不擦，吴老师尊重了他的意见，并把这幅桃子图框起来保留在黑板上。大屏幕上出现了各种彩色图形，同学们兴奋地议论着，丰富了对 $\frac{1}{2}$ 的认识。

接下来，老师请同学们拿出准备好的长方形、正方形、圆形纸片，折出自己喜欢的图形的二分之一，同时与小伙伴交流。

孩子们的指尖上跳动着智慧，他们用不同的折法表现着 $\frac{1}{2}$。不知谁喊了一声："我折出了圆的四分之一！"同学们把惊奇的目光投射过去，此时的吴老师显得有些激动："什么，你折出了圆的四分之一，能把你的折法介绍给小朋友吗？"这位同学高高举起手中的圆形纸片，说："我把它对折，再对折就得到了四分之一。"

吴老师满腔热情地鼓励了他："很有创造！同学们折出圆形的二分之一，你却大胆地折出了它的四分之一。你能说说四分之一是什么意思吗？"这位同学兴致勃勃地讲出了四分之一表示的意思。同学们不约而同地鼓起掌来。吴老师趁机问了一句："你们还有别的折法吗？试试看！"教室里热闹起来，同学们认真地折着、说着，每张小脸上都洋溢着参与的快乐，创造的愉悦。

没多久，学生折出了三分之一、六分之一、十二分之一、十六分之一……吴老师真诚地欣赏着孩子们，热情地请孩子们把折成的不同图形的纸片贴在黑板上展示。同学们七嘴八舌地说着各自得到的新分数的含义，不断地加深着对分数的理解。探索的成功给同学们带来了美好的感受，同学们爱学的兴趣在升华，会学的技能在提高。

接着，吴老师走到一幅图形跟前，抛出了一个问题："看到这幅图，你都想到了什么？"片刻的议论之后，又是一次有趣的发散："我想到其中的一部分可以用 $\frac{1}{3}$ 来表示。"

"我还可以在这个圆中找到另外两个 $\frac{1}{3}$。"

"1 个 $\frac{1}{3}$ 是 $\frac{1}{3}$，2 个 $\frac{1}{3}$ 是几？"

"3 个 $\frac{1}{3}$ 是不是就是整个圆？"

"从 2 个 $\frac{1}{3}$ 中去掉 1 个 $\frac{1}{3}$，是不是还剩 1 个 $\frac{1}{3}$？"

听了同学们的回答，吴老师脸上露出惊喜的神情，真诚地赞叹道："同学们了不起，你们的联想真丰富呀！"

下面的活动更精彩了。银幕上出现了一个智慧人，眨着双眼向小朋友们提出一个问题，请大家判断。"把一个圆分成两份，每份一定是这个圆的二分之一。对吗？"话音刚落，全班同学已经分成两个阵营，有举"√"的，有举

"×"的。面对学生的不同答案，吴老师没有裁决，而让持不同意见的双方各推荐两名代表与同学商量后再发表意见。双方代表各手持一个圆形纸片讨论着，都下定决心要把对方说服。经过讨论准备，小小辩论会开始了。

正方代表把手中的圆平均分成两份，问道："我是不是把这个圆分成了两份？"

反方代表点头应答："是，是。"

正方举起其中的半个圆，问："这份是不是这个圆的二分之一？"

反方："是，是啊。"

正方当仁不让："既然是二分之一，为什么不同意这种说法？"

此时，反方同学虽然口称"是，是"，心里却很不服气，该是他们反驳的时候了。只见，反方一个代表顺手从圆形纸片上撕下一块纸片，高举着分得的两部分大声问："这是分成两份吗？"

正方连忙回答："是。"

反方接着把小小的一份举在面前，用挑战的口吻问道："这是圆的二分之一吗？"

正方的底气已经不那么足了，小声说了声："不是。"

反方咄咄逼人："既然不是二分之一，为什么你要同意这种说法呢？"

正方服气地点了点头，不好意思地站到了反方的队伍中。

一场别开生面的辩论会到此告一段落，吴老师紧紧握着反方同学的手，说："祝贺你们，是你们精彩的发言给大家留下了深刻的印象。"这时吴老师并没有忘记身边的正方同学，仍然深情地握了他们的手："谢谢你们，正是因为你们问题的出现，才给咱们全班带来一次有意义的讨论！"老师彬彬有礼地向他们深深鞠了一躬后，说"谢谢"，孩子们笑了。别小看了这一次握手、一声感谢，它使成功者体会到快乐，使暂时的失败者找回了面子，这无不表现着吴老师对孩子们的热爱与尊重，体现着吴老师以学生发展为本的教育思想。

小小辩论会结束了，折绳比赛又开始了。同学们边动手边讨论如何准确快捷地折出它的八分之一。同学们跃跃欲试，不由自主地站起来，举着他们的"研究成果"给大家看。

"小朋友们请看，像$\frac{1}{2}$、$\frac{1}{3}$、$\frac{1}{4}$、$\frac{1}{5}$、$\frac{1}{8}$这样的数都叫做分数。你还能举出几个分数来吗？"吴老师的话音刚落，同学们积极地举起手来，一个接一个地说着：$\frac{1}{7}$、$\frac{2}{2}$、$\frac{1}{10}$，吴老师轻声问大家："我们这样说下去，能把分数说完吗？"一个小伙子迫不及待地说："我知道了，分数有无数个"。"对，分数的个数是无限的。"

接下来，是分数各部分名称的介绍。吴老师先请同学们命名。孩子们把分数线命名为"平均分线"，突出了分数线的本质含义，大概是受了"分母"的影响，孩子们把"分子"起名为"分父""分公"，体现了分母与分子的密切关系。在笑声中，同学们用自己喜欢的方法记住了分数各部分的名称。

三、反馈练习

巩固练习开始了，同学们兴奋地用分数表示着各图的阴影部分。接着，判断练习开始了，大屏幕上出现了各种图形，请同学们判断各图中的涂色部分能否用下面的分数表示。当同学们判断到最后一幅图形时，意见发生了分歧，他们用自己的理解表述着、争论着，进一步加深了对分数含义的理解。在愉悦气氛中，同学们完成了读分数、写分数的练习。

四、总结提高

吴老师请同学们结合生活实际，用分数说一句话。

学生甲："我家有 3 口人，我占全家人口的 $\frac{1}{3}$。"

学生乙："我们组有 7 个人，我们组的人数占全班人数的 $\frac{7}{50}$。"

当一个学生说到"我爸爸买了 100 个鸡蛋，打碎了一个，打碎的正好占这些鸡蛋的 $\frac{1}{100}$"时，吴老师顺手将 $\frac{1}{100}$ 写到了黑板上。并特意把开始上课时坚持用画图方法表示分数的那位同学请上来，"$\frac{1}{100}$ 该怎样用你喜欢的画图方法表示呢？请你试试看！"只见这位同学认真地画着，画着画着停住了，他仰着小脸说道："老师，这种方法太麻烦了，还是分数表示好。"边说边使劲把开始画在黑板上的桃子图擦掉，这位个性极强的孩子此时心服口服地接纳了分数这个新朋友。

最后一个练习是"猜一猜"。银幕上出现了两条被遮挡起来的线段，只露出其中相等的一部分，请同学们猜猜哪条线段比较长。

同学们互相猜测和议论着，各自申明自己的理由。过了一会儿，谜底就要揭开了，同学们屏住了呼吸，教室里安静极了。吴老师煞有介事地说："谁对谁错呢？请——看——这——里！"故意把话一字一字地断开，引起孩子们高度的注意。突然，吴老师轻轻按动鼠标，遮盖在线段图上的蓝色纸片不翼而飞，两条线段赤裸裸地展现在孩子们面前。

"耶！——"孩子们欢呼起来，猜对了的同学高高举起小拳头，猛劲地向空中挥动。教室里沸腾了！《分数的初步认识》这节课，就在同学们高昂的情绪中结束了。

教学反思与评析

整节课中，学生学得很愉快，收获多多，这源于吴老师的教学艺术。吴老师的态度、语言、动作、提问与课堂设计，无不显示出她数学课堂的魅力。她的语言、动作很有亲和力，看得出她很尊重孩子们。她的设计与提问，是一个个美丽的"陷阱"，是一首首美丽的诗，学生听了，不由自主"深陷"其中，教师听了也不禁流连忘返。这节课的重点、难点在学生的动手操作中、交流表达中、争吵辩论中迎刃而解，并把这节课推上了一次又一次的高潮，学生乐此不疲。通过这节课，我有一点自己的想法：没有必要让学生去创造分数的表示方法，也没有必要让学生去给分数的各部分取名字。这些都是约定俗成、规定好的。

教学案例二

执教：朱乐平

课堂实录

一、过渡

（上课时，教师手里拿着两个大小有明显差异的苹果，问学生两个苹果用什么数表示。学生回答用 2 后，教师把其中的一个苹果分给前排的两个同学，手里还有一个苹果，继续让学生回答用 1 表示。教师再把手上的这个苹果又分给另外两个学生，手里已没有苹果，这时再让学生用数表示。教师指着有一个苹果的那两个学生说，如果这两个同学都想吃这个苹果，那么怎样分比较合理？进而复习平均分的知识，教师把两个苹果都用刀切开，使每一个苹果都变成两个半个的苹果后，让学生用数表示，引出分数，回归课题。）

师：如果他们两个人都想吃这个苹果，怎么分比较好？

生：一人一半。

生：都给一个人吃，其他 3 个人不吃。（笑）

生：榨成苹果汁分。

生：一个苹果，轮流一人吃一口。（笑）

师：现在有很多种分法，特别是有个同学说榨成苹果汁分着喝，是个好办法！可我们现在不方便，现在用什么办法分给他们比较方便呢？刚才谁说得好？

生：切开一人一半。

师：（切开两个苹果举起来）现在我已经切开了，每人一样多，这样的分法叫做什么分？

生：平均分。

师：我们知道，一个苹果可以用 1 表示，现在半个苹果怎样表示？

生：零点五。（板书：0.5）

生：一半。（板书：一半）

生：半边。

生：二分之一。

师：二分之一。（板书：二分之一）

师：二分之一可以表示这样的一半，零点五也可以表示一半，这个我们都明白，就像分西瓜，你一半，我一半。

生：还有，那个棒棒冰可以弄成两半。

师：棒棒冰什么意思啊？

生：就是像棍子一样的冰棒。一头有一个尖尖的，不是二分之一，是三分之一。

师：一头有一个尖尖的？（师不明白，尝试按照学生的想法画图）是这样吗？说得好，把它平均分成两半，一半也是二分之一。

生：以前见到过一根"/"，左边一个 0，右边一个 0。

师：我们能用这个数表示半个苹果吗？

生：能！50%。

师：这是一个问题。用 50% 可不可以表示半个苹果？大家可以课外去查一查，老师也不是很清楚。好了，对于这样的一个数（$\frac{1}{2}$），你知道它叫什么数？

生：它的名字叫做二分之一。

师：它是叫二分之一。它是一个分数。（板书：分数）

二、着力

师：现在大家对 $\frac{1}{2}$ 有一点了解了。它是一个数，一个分数，把一个东西平均分成 2 份，表示这样的一份的数。

（生齐读）

师：里面的 2 和 1 各表示什么意思？安静地想一想。（重复一次问题）

生：1 表示一个东西，2 表示把这个东西平均分成 2 份。

师：有谁听清了他的意见的？简直棒极了！

生：他说的是，1 表示原来的一个苹果，2 表示把这个苹果平均分成 2 份。

师：还有别的理解吗？

生：2 表示两个一样大的东西，两个半个。1 代表两个东西中的一个。

师：（重复学生的回答）回顾一下，现在 1 有两种意思了。1 表示 1 个或 1 份，2 表示 2 份或 2 个半个。

师：先不急，听懂他说。

生：把一个苹果平均分成 2 份，加起来是一个苹果。

师：现在有三个同学解释了，再请一个同学说一说意思。

生：先把一个东西平均分成两半就是 2，再把两半合成一个就是 1。

师：这是 $\frac{1}{2}$，这也是 $\frac{1}{2}$，$\frac{1}{2}$ 和 $\frac{1}{2}$ 合起来是多少？

生：$\frac{1}{2}$ 加 $\frac{1}{2}$ 等于 1。

生：是一半。

生：是 1。

师：我们现在是在理解 $\frac{1}{2}$ 里的 1 和 2 各是什么意思。刚才一个同学的解释非常有道理。（举着苹果）半个，半个，合起来是一个。这里没有什么问题了。

生：我有一个问题：$\frac{1}{2}$ 表示什么？

师：有谁能解释 $\frac{1}{2}$ 是什么意思？

师：（指板书）是一个数，说把一个东西平均分成两份，表示这样的一份。$\frac{1}{3}$ 呢？

生：3 份里面的一份，把一个东西平均分成 3 份，表示这样一份的数。

生：$\frac{2}{3}$ 是什么意思？

生：把两个东西平均分成三份。

师：两个也能这样分，对的，非常好！

生：老师，中间的横线表示什么意思？

师：有谁知道他的问题是什么？（师重复问题）

生：是分的意思。

生：平均分。

师：对，不是随便分，应怎样分？

生：平均分。

师：这些问题都解决了。还有什么？

生：$\frac{2}{3}$ 是什么意思？

师：你知道三分之二是什么意思吗？

生：3 个苹果拿掉 1 个，剩 3 个中的 2 个。

师：是这样的吗？如果三个苹果一样大，他的解释是非常正确的。

生：把 2 个苹果平均分成 3 份。

师：2 个苹果怎样分成 3 份。我们画个图形，这样可能就清楚一些。

生：$\frac{1}{4}$ 表示什么意思？

师：这些分数都可以像理解二分之一那样去理解。

……

三、迁移

师：请大家拿出纸和笔写出 $\frac{1}{4}$，想一想，它的意思是什么？

生：把一个东西平均分成 4 份，表示这样 1 份的数。

师：如果这个东西就是这张纸，请你折出 $\frac{1}{4}$，并用颜色涂出。

（学生动手折纸和涂色。教师多媒体展示四种结果，学生对比自己的方法。教师继续用多媒体展示田字格。分别涂色一格、两格和三格。请学生说出四分之一、四分之二、四分之三）

四、深化

教师出示第一个分成五等份、涂了一份阴影的长方形。要求学生并排地写两个数，左边的分数表示阴影部分，右边的分数表示空白部分。

学生独立完成后，教师问：现在这个长方形平均分成几份？阴影部分是几分之几？空白部分呢？学生回答正确后，教师继续出示第二个分成五等份、涂了两份阴影的长方形。要求学生写两个分数。学生独立完成并回答正确以后，再依次出示一个分成五等份的长方形，涂了三份、四份、五份阴影，要求学生写分数。教师出示五等份全涂满的长方形，提示："注意看，开始写。"个别学生一边写一边自语：五分之五，五分之零。较长时间后，教师问："阴影部分是多少？"学生回答："阴影部分是五分之五。""空白部分是五分之零。"

师：五份都拿出来了，空白部分还有吗？对了，大家回答正确。

师：现在我们由下往上看，（出示空白长方条）先写阴影部分，再写空白部分，看它们各是几分之几？想一想，两个分数合起来表示什么？

（学生独立做完后，师生核对答案）

五、提炼

师：（出示图片）这个能用分数表示吗？

生：错了，它在上面没有平均分。

师：为什么错了呢？要等分，或者说平均分。

师：（出示图片），这个用分数表示对了吗？

生：错了。

生：应该是三分之一，因为是平均分成三分。

师：对，一看是不是平均分，二看等分成几份。（出示图片）这个分数表示对了吗？

生：错了。

师：对，这个要看清表示的是几份。判断一个分数表示是否正确，我们要看这个图形分成几份，是不是平均分，然后看表示几份。

六、小结

师：今天我们学习了什么内容？我们懂得了什么？我们是怎样学习分数的？

（学生按照学习的线索作了回答。接着请学生提出问题：50％是什么意思？怎么表示？$\frac{1}{2}$是什么意思？）

师：有人还说过"$\frac{1}{2}$加上$\frac{1}{2}$等于1"，是吗？这节课我们不解决这些问题，如果想知道，可以查资料，也可以看书，以后会明白的。

教学反思与评析

1. 和谐的课堂，源自教师对学生的尊重

"请你再说一遍好吗?""有谁听明白了这位同学的问题?""同学还有别的理解吗?"当老师问"半个苹果怎样表示"时，学生可以回答"0.5""一半""半边""50％""$\frac{1}{2}$"……这样的学习无拘无束、兴致勃勃。超出概念的问题，被给予一席之地——放在新问题库中；没有理解的问题，学生可以思考、讨论。在这种和谐、民主、宽松的课堂环境中，学生数学学习过程中的真实想法被充分地表达出来了，分数学习过程中的问题也暴露出来了，成为一种学生学习和教师教学的重要资源。

2. 活动的课堂，源自对学生心智的启迪

从知识展开的角度看，朱老师从用整数表达的量谈起，通过研究苹果一半的表示方法引入分数，进而研究分数的含义、分数表示的整体与部分关系，再通过写分数并用语言解释含义、折纸、涂画、辨析等练习形式，巩固知识，可谓层层深入。而知识展开的每一个环节，朱老师都用问题引领，把学生引进思维的大门——"半个苹果怎么表示?""$\frac{1}{2}$ 表示什么意思?""$\frac{1}{2}$ 中的1和2表示什么意思?""为什么都用 $\frac{1}{2}$ 表示，可苹果不一样大?"老师始终让学生保持启用相关知识和经验理解数学概念的欲望，让学生保持解释问题的动力，让学生运用多种思维技巧思考问题。学生在老师的启迪下，不断地思考问题、提出问题、追问问题。

3. 生成的课堂，源自师生的自我超越

在这节课里处处闪现出学生直觉思维的火花。在回答"苹果的一半如何表示"时，有学生说"0.5"，更有学生用"50％"来表示。在这里，学生显然不知道百分数的意义，可是却用来表示苹果的一半。在回答"$\frac{1}{2}$ 表示什么意思"时，有学生认为是"把2个苹果平均分成2份，表示这样的一份"，这并不是基于对分数的另一层含义的了解，是否也可以解释成直觉思维的结果? 在提出"$\frac{1}{2}$ 和 $\frac{1}{2}$ 合起来是多少"的问题后，很多学生回答"1"，这似乎也是凭借一种直觉。学生的直觉思维能力，是数学教学值得关注的内容。课堂上，只有打破思维的禁锢，才能实现学生的自我超越。学生大胆的思考、自我超越，离不开老师的智慧的启迪、包容和引领。

（张晓霞）

异教解析

《分数的认识》是认识分数的起始课，学生从自然数的认识到分数的认识，是对数的认识的一次拓展和飞跃。两位教师对教材进行了深入的研究，并给人留下了深刻的印象。

1. 创设情境，激发兴趣

数学教学以生活为出发点，让数学贴近学生生活，让学生发现数学就在身边，让学生在学习中体会数学与生活的联系，让学生懂得生活中充满了数学。两节课都从学生熟悉的生活情境出发，充分体现了由整数过渡到分数的认知过程，教师的巧妙设计使学生感受到数学就在我们身边，体现了"数学来源于生活，生活离不开数学"。吴老师从把4个桃子平均分给2个同学过渡到把1个桃子平均分给2个同学，在学生无法用整数表示分得的结果时，教师鼓励学生，放手让学生自己去创造新的方法来表示这半个桃子，这就给学生提供了广阔的创造空间，感受分数在生活中出现的必要性，引出分数，研究分数。朱老师让学生用熟悉的整数来表示事物的量开始（用"2"表示两个苹果，用"1"表示一个苹果），过渡到当整数不能表示一些事物的量时（半个苹果要用什么数表示），引入必须要有一种新的数表示事物的量，让学生感知分数产生的实际意义。

2. 借助经验，自主探究

分数对于学生来讲是陌生的，但"物体或图形的一半"却是学生熟悉的，因此，老师充分借助学生的已有经验，引导学生在真实的情境中通过动手、动脑、动口等活动，亲自经历知识形成的过程。两位老师都让学生通过折一折、画一画、说一说等活动，亲身感受物体或图形的一半都可以分数来表示，加深了对分数的认识，为继续探究分数知识奠定了坚实的基础，提高了学生自主探索的热情。吴老师让学生拿出准备好的长方形、正方形、圆形纸片，折出自己喜欢的图形的二分之一，一生折出图形的四分之一，吴老师大大加以赞赏，其余同学也不甘示弱，折出图形的三分之一，六分之一，八分之一……整个课堂热闹非凡，学生脸上都洋溢着参与的快乐、创造的愉悦。同学们七嘴八舌地说着各自得到的新分数的含义，不断加深着对分数的理解。探索的成功给同学们带来了美好的感受，同学们爱学的兴趣在升华，会学的技能在提高。

朱老师出示三个图形，把它们都平均分成两份，每一份都可以用二分之一表示，一方面为学生初步理解二分之一提供直观的帮助，另一方面也使学生初步地感受到两个二分之一合起来就是一个整体，就是"1"。教师让学生由两个不同苹果的二分之一去推断原来苹果的大小，使学生能够根据分数推断整体与部分之间的大小关系。朱老师利用直观的两半大小明显不同的苹果提出：这是二分之一，这也是二分之一，为什么不一样大呢？让学生静静地想一想，学生根据已有经验去推断整体的大小。再利用图形的直观性，认识四分之几等分数，在一个图中阴影部分和空白部分同时用分数表示。一方面能更好地理解分数的意义，另一方面也使学生直观感知阴影与空白所对应的部分与整体之间的关系。

3. 关注学生，尽显魅力

课上，我们都看到两位老师和学生之间心与心、情与情真诚地交流，让学生真正成为学习的主人。吴老师对于学生出现很多方法来表示"二分之一"时，她不急着告诉学生用分数表示更简洁更方便，而是让学生自己去比较——"如果你认为 $\frac{1}{2}$ 这个分数能表示你的意思，就可以擦掉你写的；如果你认为你的表现方法更好，也可以保留意见。"而有一位同学坚持认为自己画的图更好执意不擦，吴老师尊重了他的意见，并把这幅桃子图框起来保留在黑板上。" $\frac{1}{100}$ 该怎样用你喜欢的画图方法表示呢？请你试试看！"这位个性极强的孩子此时才发现用画图的方法太麻烦了，心服口服地接纳了分数这个新朋友。吴老师传递给学生的不仅是数学知识，而且还用自己的实际行动告诉学生：我们要学会尊重别人。如果一个孩子从小就受到尊重，感受到被人尊重的快乐和幸福，那么他们也会学着去尊重他人。"把一个圆分成两份，每份一定是这个圆的二分之一。对吗？"吴老师打破了原来分组交流的局限，让学生展开辩论，学生的思维迅速活跃起来，辩论过程中，老师并不急于把正确的答案给学生，而是完全放开，他们各抒己见，教师适时激励性的评价（一次握手、一声感谢）不仅使成功者体会到快乐，而且也使失败者找回了面子，这无不表现着吴老师对孩子们的热爱与尊重，体现着吴老师以学生发展为本的教育思想。

朱老师每当抛出关键问题时总是会停顿十余秒，给学生留足思考的时间，让学生静静地思考。而当学生回答了关键的问题后，朱老师也不急于加以赞赏或肯定，而是提出一些小要求——"请你再说一遍好吗？""有谁听清了他的意见？""先不急，听懂他说的""有谁知道他提的是什么问题？""还有别的理解吗？"朱老师有意识地在关键之处引导学生停留、思考、回味，在这种和谐的、民主的、宽松的课堂环境下，学生数学学习过程中的真实想法被充分地表达出来了，分数学习过程中的问题也暴露出来，让学生之间互动起来。

两位名师的课朴实而生动，朴素而深刻，让我们回味无穷！

用字母表示数

教学案例一

执教：牛献礼

课堂实录

一、在"魔盒游戏"情境中初步感受新知

师：大家喜欢魔术吗？今天我们来玩个魔术，我这里有一个神奇的数学魔盒。（多媒体显示一个金光闪闪的魔盒）这个魔盒神奇在哪儿呢？你随便说一个数，我把它输入进去，经过魔盒的加工，出来的就会是一个新的数。大家想不想试一试？

（生报数，师随机输入，经过魔盒加工后，果然变成了一个新的数）

（师板书如下）

进去的数	出来的数
2	12
18	28
320	330

（输入 320 时，部分学生已经情不自禁地说出了答案——330）

师：好像已经有人发现了魔盒的秘密。你怎么知道出来的是 330 呢？

生：进去的数和出来的数相差 10。

生：我补充，应该是出来的数比进去的数多 10。

（其他学生点头赞同，师点击鼠标，输出的果然是 330。生脸上都露出了兴奋的神情）

师：不过，刚才我们输入的都是整数，输入小数行不行？

生：行！

师：好，咱们再试几次。如果我们一直这样下去，写得完吗？

生：写不完。

师：那大家能不能想个办法，把复杂的问题变简单？把进去的数用一个比较简明的方式写出来，能把所有同学想说的数都包含进去，然后再把跟它对应

的数也写出来。

（生独立思考，尝试写出。师巡视并挑选有代表性的表达方式逐个展示，师生共同评议。教师展示学生的作品：进去一个数，出来的数比进去的数大10）

师：大家觉得这种方法怎么样？

生：太麻烦了，要写那么多字。

（学生思考并回答，教师展示学生设想的字母：1190，1200）

师：她是用具体的数来表示，大家觉得这种方式好不好呢？

生：要是别人想的不是这个数呢？这种方法不能代表所有的数。

师：对，用具体的数只能说明一种情况，不能代表所有的数。

（教师展示学生的作品：A，B）

师：这里的 A 和 B 分别代表什么？

生：A 能代表所有进去的数，B 能代表所有出来的数。

师：能表示所有的数，字母作用大。对于这种写法，大家还有什么评价？

生：A 和 B 不合理，不能反映出进去的数和出来的数之间相差 10 的关系。

师：那用什么方法可以解决呢？

生：可以用 A＋10 代替 B。

师：大家的意思是这样吗？

（教师展示学生的写法：A，A＋10）

生：对，是这样的。

师：怎样来理解 A＋10 这个式子呢？

生：表示任意一个进去的数，10 是进去的数和出来的数之间的相差的数，A＋10 就表示出来的数。

师：对啊，进去的数在变，出来的数也在变，但是进去的数与出来的数之间相差 10 的关系是不变的。A＋10 这个式子就能表示出与 A 对应的出来的数。而且还能看出两个数之间相差 10 的关系。

（师板书：A，A＋10）

师：还能用别的字母表示吗？

生：可以。

师：如果用字母 N 表示出来的数，那么与它对应的进去的数可以怎样表示？

生：N－10。

师：说说你的想法。

生：字母 N 表示出来的数，进去的数比它小 10，所以用 N－10 表示进去的数。

师：N-10 这个式子也表示出了进去的数与出来的数相差 10 的关系。

（师揭示课题：用字母表示数）

（评析：对于 10 岁左右的儿童来说，由具体的数过渡到用字母表示数是认识上的一次飞跃，多数学生会感到比较困难。这就要求教师应充分利用学生已有的知识经验，让学生结合具体情境逐步感悟。为此，我根据学生的年龄特征创设了"神奇的数学魔盒"这一游戏情境。在游戏中学习数学，对学生而言，是一件很有吸引力的事情。这样的活动充分体现了学生对数学的初步探究意识，使学生产生了用字母表示数的需要。学生真切地经历了"具体事物——个性化地用符号表示——学会数学地表示"这一逐步符号化、形式化的过程，体现了用字母表示数的概括性。）

二、在"编创儿歌"情境中进一步体验新知

1. 探索规律

师：大家很了不起，老师送大家一首好听的儿歌，大家可以跟着大声读一读。

（多媒体出示：儿歌《数青蛙》，生拍手唱）

生：（齐）1 只青蛙 1 张嘴，2 只眼睛 4 条腿；2 只青蛙 2 张嘴，2 只眼睛 8 条腿；3 只青蛙 3 张嘴，6 只眼睛 12 条腿。

师：还能往下编吗？大家一起再编一句。

生：（齐）4 只青蛙 4 张嘴，8 只眼睛 16 条腿。

师：你们根据什么这样编的呢？

生：因为我发现青蛙的只数和嘴的张数一样，眼睛的只数是嘴的 2 倍，腿的条数是眼睛的 2 倍。

生：我发现眼睛只数是青蛙只数的 2 倍，腿的条数是青蛙只数的 4 倍。

师：哦，同学们用数字的眼光发现了这首儿歌中还有数学的规律。好，我们就按这样的规律再编一句。

生：（齐）5 只青蛙 5 张嘴，10 只眼睛 20 条腿。

师：这样的儿歌你们可以说多少句？

生：无数句。

师：这首儿歌我唱了 30 多年也没唱完，你们能不能运用刚才学到的本领，只用一句话就能把这首儿歌唱完？

（生独立思考，尝试写出自己的想法）

2. 展示交流

教师同时呈现 5 种答案，师生集体评议。

(1) A　　　　B　　　　C　　　　D

(2) 无数　　无数　　无数　　无数

(3) A　　　　A　　　A+1　　　A+2

(4) a　　　　a　　　$a×2$　　　$a×4$

(5) y　　　　y　　　$y×2$　　　$y×4$

（评析："学生要想牢固地掌握数学，就必须用内心创造与体验的方法学习数学。"产生解决问题的需要，是学生自主探究的最大动力。通过出示学生感兴趣的儿歌，让学生不知不觉地进入学习状态。由于青蛙的只数、嘴巴的张数、眼睛的只数和腿的条数可以一直不停地数下去，学生自然会产生追求简约的需要。此时，教师提出挑战性的问题：能不能只用一句话就能把这首儿歌唱完？学生创造了多种表示的方法。在创造的过程中，学生再次体会到了用字母表示数的必要性和概括性。）

师：大家觉得哪种方法既简洁又合理？

师：对（1）有什么认识？

生：用 A、B、C、D 表示，看不出它们与青蛙只数之间的关系。

师：你是说这样的写法没有反映出儿歌中的数量的关系，所以不太好。写（1）这种方法的同学同意这种观点吗？其实这里的 B、C、D 分别表示了什么？

生：B 表示 A，C 表示 A×2，D 表示 A×4。

师：对（2）有什么意见？

生：他写的全是"无数"，更看不出它们的数量关系了。

师：第（3）种呢？

生：数量关系搞错了，如果 A 是 2，A+1 就等于 3，2 只青蛙怎么会是 3只眼睛呢？（生都笑了起来）

师：这提醒我们在用字母表示数时，一定要准确反映数量之间的关系。其实 $a×2$ 还可以写成更简单的形式。

（多媒体显示：数和字母、字母和字母相乘时，乘号可以记作"·"，或者省略不写，数要写在字母的前面）

师：大家试一试把 $a×4$ 写成简便的形式。

（生试写，师请个别学生板演）

师：现在如果让你来编这首儿歌，你会怎样编？

生：a 只青蛙 a 张嘴，$2a$ 只眼眼 $4a$ 条腿。

师：我真为你们感到自豪！把一首唱不完的儿歌，通过用含有字母的式子表示其中的数量关系，结果一句话就可以读完了。你觉得用字母表示数好不好？好在哪儿？

生：它能够用一个式子就代表出许多具体的式子。

生：很简单。

师：用字母表示数，形式既简洁，又具有高度的概括性。

（评析：学生学习数学，既是一个生动活泼的、主动的和富有个性的过程，又是一个经验共享、相互启智的过程。教学中，在注重放手让学生独立思考、自主探究的同时，应多为学生创设合作、讨论和交流的机会，使学生在与老师和同学的互动对话中进行思维的碰撞和整合，不断修正和改进原先的想法，在整合的过程中使思维变得更加缜密与深刻。）

3. 介绍"用字母表示数"的发展历程

师：其实人们认识用字母表示数的过程，并不像我们这样一堂课这么短暂，而是经历了一个很长的过程。古代埃及的《蓝特纸草书》中，就出现用 X 代表数，这是目前已知的人类最古老的使用字母记载的历史。系统地使用字母表示数，这个功绩要首推法国 16 世纪最伟大的数学家韦达，他是世界上第一个有意识地和系统地使用字母来表示数的人。自从韦达系统地使用字母来表示数后，引出了大量的数学发现，解决了很多古代的数学问题。在西方，他被尊称为"代数学之父"。

三、在应用练习中深化和理解新知

练习题1：用含有字母的式子填空。

（1）我国发射的"嫦娥一号"探月卫星平均每秒飞行 v 千米，5 秒飞行（　　）千米，7 秒飞行（　　）千米。

（2）在数学上，通常用字母 c 表示周长，字母 s 表示面积，a 表示边长，那么正方形的周长公式可以写作（　　），面积公式可以写作（　　）。

（3）公交车上原有乘客36人，到西单站有一些人下车，又有一些人上车，现在车上有乘客（　　）人。

（教师让学生独立思考，写出自己的想法，然后全班交流）

生1：36−X+X。

生2：36−A+B。

师：谁写得更合理？

生：生2。因为下车的人和上车的人不一定一样多，用 A 表示上车的人，用 B 表示下车的人。

师：同一题中不同的数要用不同的字母表示。大家觉得这里的 A 可能是几？

生：A 可能是 1，也可能是 10、20，等等。

师：有没有可能是 40?

生：不可能，因为车上原来一共才有 36 人。

师：看来有时候用字母表示的数是有限的，它的取值是有一定范围的。

练习题 2：李明今年 X 岁，爸爸今年 3X+1 岁。

（1）3X+1 表示（   ）。

（2）猜猜李明今年可能几岁？

A. 5 岁　　　 B. 12 岁　　　 C. 50 岁

（结合学生回答，教师再次强调：在具体问题中，用字母表示的数的范围往往有一定的限制）

（评析：在练习应用环节中，精心设计了一系列有层次、有坡度、有新意的习题。虽然这些习题的题量不大，但却涵盖了本节课的所有知识点，并且都是以生活为素材，源于生活、高于生活、服务于生活，使学生在解决一个个现实问题的同时，体会到用字母可以表示数，可以表示数量之间的关系，用字母表示的数还往往有一定的限制。同时，体会到用字母表示数的简洁性和概括性，体验到数学的魅力与价值。）

四、谈收获

师：通过这节课的学习，大家都认识了字母这个好朋友，该下课了，你想对字母说些什么？

（师生交流后，师再次强调用字母表示数的优点：简洁、概括）

教学反思与评析

《用字母表示数》安排在北师大版（四）下、人教版（五）上，这一课是代数学习的首要环节。课改以前，这一内容就属于小学数学的重点内容，课改后，考虑到中小学的衔接等问题，更加重视方程思想的学习，所以，这一内容的地位更加显得重要。由于以上原因，《用字母表示数》也成为课改后保留性的典型课，成为小学数学教学的重点教研内容之一。从算术思维过渡到代数思维，这是第一节，是学生认识上的一次飞跃。这个内容属于小学数学里的核心概念，地位重要，但学习难度大，学生理解起来有困难。英国关于儿童数学概念发展水平的研究表明，学生对字母表示数的理解方式有六个水平，只有少数学生把字母看作广义的数，把字母看作变量的就更少了。大多数学生把字母当做具体的对象。可见，字母表示数，是一个丰富而又难缠的概念。由此，学生经历从用数字表示数到用字母表示数的过程是一个漫长的过程，需要经历大量的活动，积累丰富的经验，要让学生在具体情境中反复体会用字母表示数的意义。

教学案例二

执教：林良富

一、课前谈话

师：今天林老师给同学们上课，大家想知道林老师的什么信息呢？

生：你从哪里来？喜欢什么？你的身高是多少？你的年龄是多大？

师：要知道我的年龄，我先猜猜大家的年龄。（学生大多数是 12 岁）同学们的岁数是 12 岁，林老师的年龄比大家大 24 岁。你们说我几岁？可以怎么表示？

（板书：同学们的岁数是 12，林老师的岁数是 12＋24）

师：今天我们来学习一节与字母有关的数学课，你在哪里看到过字母？

生：网上、衣服上……

师：课件出示车牌"浙 B32972""F4 图片""扑克 9、10、J、Q"。这里的字母表示什么意思？

生：B 表示宁波；F4 表示人；J、Q 分别表示 11、12。

（出示课件。"失物招领"：五（1）班李明同学在国旗杆台下捡到人民币 a 元，请丢失的同学马上到大队部认领。——校少先队大队部）

师："a"表示什么意思？

生：表示丢失的钱。

师：可能是几元？

生：2.5 元、10 元、100 元、7 元……

（引出课题：用字母表示数）

二、研究师生的岁数关系

师:我们来做一个游戏,进入时空隧道,回忆过去,展望未来,想想当你几岁时,老师几岁,用一个算式表示。

生:我 50 岁时,老师 74 岁。

师:74 可以怎么表示?

生:50+24。

师:这样下去,老师永远也写不完,能不能想一个算式,能表示出老师与学生的岁数关系。

生:$a+24$。

师:怎么想的?

生:用 a 表示学生的任意岁数,老师就是 $a+24$ 岁。

生:还可以是 $x+24$。

师:这些算式既表示出了老师和学生岁数的关系,又表示出了老师的岁数。那么,当林老师 a 岁时,同学们几岁?

生:$a-24$。

师:怎么想的?

生:老师 a 岁,减去老师比学生大的 24 岁,就是学生的岁数。

师:用 a 表示自己的岁数,那么爸爸、妈妈、弟弟、妹妹的岁数怎么表示?试一下。

生:爸爸 $a+29$ 岁,妹妹 $a-1$ 岁……

师:我们用含有字母的式子概括地表示出了岁数。

三、下面我们来看一首儿歌

(课件出示:一只青蛙一张嘴,两只眼睛四条腿;两只青蛙两张嘴,四只眼睛八条腿;三只青蛙三张嘴,六只眼睛十二条腿;四只青蛙四张嘴,八只眼睛十六条腿;……)

生:读儿歌。

师:同学们会编下去吗?有没有什么规律?五只青蛙呢?一百只、一万只呢?没完没了了……

师:能不能尝试用一句话概括这首儿歌,同桌交流。

生:a 只青蛙 a 张嘴,b 只眼睛 c 条腿。

生:a 只青蛙 a 张嘴,$a×2$ 只眼睛 $a×4$ 条腿。

生:x 只青蛙 x 张嘴,x 只眼睛 x 条腿。

师：你选择哪句话？为什么？小组交流。

生：还可以是 a 只青蛙 $a×1$ 张嘴，$a×2$ 只眼睛 $a×4$ 条腿。

师：举手表决哪种好，哪种不好，为什么？

生：都用 x，搞不清嘴、眼、腿有多少？

师：一般情况下，一种情境用一个字母表示一个数。

生：a 只青蛙 a 张嘴，b 只眼睛 c 条腿。没有清楚地表示出倍数关系。

师：为什么 a 只青蛙 $a×1$ 张嘴、$a×2$ 只眼睛、$a×4$ 条腿不好？

生：显得啰唆。

师：用"a 只青蛙 a 张嘴，$a×2$ 只眼睛、$a×4$ 条腿"读儿歌。

师：觉得有点拗口，$a×2$、$a×4$ 还可以有另外的写法、读法，自己看书。

（出示自学提纲：1. 含有字母的式子，在什么运算中可以简写？2. 怎样简写？）

生：1 和任何数相乘，1 可以不写。

生：字母乘字母，字母乘数时"×"可以不写。

四、判断

(1) $a×2.4$ 写作 $a2.4$。

(2) $1×t$ 等于 t。

(3) $12+x$ 等于 $12x$。

(4) $a×9×c$ 等于 $9ac$。

师：$a×2$、$a×4$ 可以简写成什么？（$2a$，$4a$）

生：用 a、a、$2a$、$4a$ 读儿歌。

……

教学反思与评析

特级教师林良富老师所教的数学课——《用字母表示数》，每每想起，总给人一种耳目一新的感觉。

《数学课程标准》明确提出："数学课程强调从学生已有的生活经验出发，让学生亲身经历将实际问题抽象成数学模型并进行解释和应用的过程，进而使学生获得对数学理解的同时，在思维能力、情感态度与价值观等方面都得到进步与发展。"

上课开始，林老师就巧妙设计师生的年龄问题，并以此贯穿教学的始终，使学生感到数学就在我们身边。"你们今年 12 岁，告诉你们一条信息：林老师比同学们大 24 岁。""当同学们 1 岁时老师多大？你是怎样想的？"学生一下子情绪高涨，纷纷拿起笔将想法写在了纸上，让学生从中感受到"老师比学生大24岁是永远不变的"。当黑板上写不下时，学生想到用一个算式把要表达的意思都说出来，从而自然过渡到用字母表示数。

"数学知识源于生活，又用于生活"，但是如何真正很好地体现在课堂教学中，一直是教师十分关注的内容，林老师的这节课非常成功地体现了新课标的这一理念。

异教解析

"用字母表示数"这节课的教学我们要明确的是，要让学生了解字母可以表示数，还应明确字母还可以表示数量关系。"用字母表示数"属于"数与代数"领域的教学内容，是代数学习的起始教学，是函数思想的初步感知，是常量教学到变量教学的开端，是算术到代数的重要转折点。鉴于中小学教学衔接问题，用字母表示数是学生的认识、思维由具体到抽象的一次飞跃，这一内容的地位显得尤为重要，成为小学数学的一个核心概念。

地位虽重要，但学生学习起来的难度相当大，理解知识点存在一定困难。英国关于儿童数学概念发展水平的研究表明，学生对字母表示数的理解方式有六个水平，只有少数学生把字母看作广义的数，把字母看作变量的就更少了，大多数学生把字母当作具体的对象。由此可见，字母表示数，是一个"丰满"而又"神秘"的概念，是比较抽象的，远不如其它知识那样具体、形象、容易理解。那么，我们如何突破瓶颈，实现学生认识和思维的飞跃呢？首先，应让学生经历从用数字表示数到用字母表示数的过程，其次，借助大量现实活动，积累丰富的经验，教学中，可以多提供一些用字母表示数的素材，引导学生从喜欢的、已知的、熟悉的现实生活入手，让学生在特定的环境下感知用字母表示数的实际意义，再通过一系列活动，体会含有字母的式子既可以表示数量，也表示数量关系，培养学生的数学符号感，发展学生的抽象概括能力。

纵观两位名师的课堂，我们可以发现：牛献礼老师的教学较倾向于数学自身的内在知识结构与层次，重视数学思想方法的渗透，其教学明线、暗线相互交织，渗透了由加减到乘、从简单到复杂的设计；林老师的教学较倾向于情境的创设，选材更贴近学生，趣味性也更浓些，借助生动、丰富的情境，体会用字母表示数的必要性、意义及作用。两人都在注意培养学生的数学符号感、给学生留出适当思考空间，给了我们很大的启迪。

1. 整体教学都遵循"用字母可以表示数——用字母可以表示简单的数量关系——用字母可以表示复杂的数量关系"这一主旨展开教学。教学思路主旨明确，给人一种豁然开朗的感觉。作为仰望名师者，我们完全可以利用这种感觉重新审视自己的课堂，在大师教学主旨的基础上整合出更为清晰的教学设计思路，例如有个老师就在此基础上寻求和细化出了"体会字母在生活中的作用——用字母可以表示数（包括固定数和不固定数）——用字母可以表示简单的数量关系——用字母可以表示复杂的数量关系（包括已经学过的字母公式）"的教学思路。

2. 所选用情境的现实生活性。数学来源于生活，应用于生活。从设计可以看出，两位老师透析本阶段儿童年龄心理特征，明了由具体的数过渡到用字母表示数是学生认识上的一次飞跃，多数学生会感到比较困难，遂精心创设开放互动、促进思维的现实问题情境，如牛老师成功创设"神奇的数学魔盒"游戏情境。爱玩游戏是孩子的天性，对学生而言，游戏是一件趣事，在快乐的游戏中引领学生产生用字母表示数的需要，并真实而真切地经历"具体事物——个性化符号表示——数学表示"这一逐步符号化、形式化的过程。而林老师则通过师生间年龄问题的开放交流，并以此贯穿教学的始终。"同学们的岁数是12岁，林老师比大家大24岁。""当林老师 a 岁时，同学们几岁？"相信这样亲密亲切的交流，能让学生学习情绪高涨、感受深刻。后面教学中，林老师追问："用 a 表示自己的岁数，那么爸爸、妈妈、弟弟、妹妹的岁数怎么表示？"让学生进一步理解用字母表示数的意义。林老师还以万里新校舍效果图、平面图这样离学生最近的现实生活为数学学习的问题情境原型，激发学生积极的探究欲望，成为整个教学过程推进和发展的重要动力。

贴近学生生活实际的情境创设，具体而有效地激发学习兴趣度，持续而生动地凸显教学兴奋点，使教学过程实实在在地活了起来，动了起来。

3. 练习的梯度设计体现教师读懂学生、读懂教材、读懂课堂的力度。牛老师在练习应用环节，精心设计了一系列有层次、有坡度、有新意的习题，从基本知识点应用到生活问题解释，题量不大，却涵盖了所有相关知识点，使学生在解决一个个现实问题的同时，体会到用字母可以表示数，可以表示数量之间的关系，用字母表示的数还往往有一定的限制。同时，练习的生活化也让学生感悟到用字母表示数的简洁和概括性，体验到了数学的魅力与价值。林老师的练习设计同样具有相似的魅力。

4. 两位名师都在"用字母表示数量关系"的教学中运用了儿歌，本教材运用儿歌的意图在哪里呢？其一，儿歌作为一种常见的童谣，学生耳熟能详，必能激发大部分学生学习的积极性和主动性。其二，儿歌素材中蕴含的数量关系（数学规律）便于学生概括含有字母的式子。其三，儿歌概括的字母式子便于学生进行自主检验，发现问题所在。通过学生感兴趣的儿歌，"青蛙的只数、嘴巴的张数、眼睛的只数和腿的条数"可以不停数下去的规律，学生产生追求简约的需要,教师适时提出挑战性问题——"能不能尝试用一句话概括这首儿歌?"以此勾起学生解决问题的需要,在这种情况下,学生创造多种表示方法。在创造过程中,学生再次体会到了用字母表示数的必要性和概括性。这也正印证了:学生自主学习的最大动力,是在具体情境中产生解决问题的迫切需要。

《数学课程标准》指出:"数学学习应该是一个生动活泼的、主动的和富有个性的过程。"两位名师都注重放手让学生独立思考、自主探究,给学生留出适当的思考空间,他们都尽可能地为学生创设合作、讨论和交流的机会,使得师生、生生在互动对话中迸发出深度、高度、立体的思维火花。在新课程背景下,教师在进行教学设计时,要与课程标准对话,与教材对话,与学生对话。两位名师课堂教学自然、大气、深远,源于他们的精心设计,源自以上三个对话的成功把握。是啊,当我们的课堂能真正地在三个对话展开教与学的活动时,我们一定会发现,数学教学原来可以如此生动,数学课堂原来可以如此有魅力!

角的度量

教学案例一

执教：潘小明

课堂实录

一、创设情境，激发求知

（屏幕出示图 9—1）

图 9—1

师：∠1 与∠2 相比，哪个角大一些？

生：∠1 大一些。

生：我想是∠2 大一些，因为∠2 的比例大一点。

师："∠2 的比例大一点"是什么意思？

生：就是∠2 占的地方比较大。

生：我不同意这种说法。因为它们都是由两条射线组成的，所以它们占的地方是一样大的。

师：什么叫角？从一点引出两条射线组成的图形叫做角。（用手比画，分别延长∠1 和∠2 的两条边）它们所占地方的大小是无法比较的。比较角的大小，到底看什么呢？

生：看角的两条边之间的距离。

师：你说的"两条边之间的距离"是不是指——

（师的手指顺着角内弧线移动，生点头表示同意）

师：但这不叫两条边之间的距离，而是角的两条边叉开的程度。角的大小就是指角的两条边叉开的程度，叉开得越大，角也就越大。

（评析：用旋转角的一边的方式，重新出示∠1 和∠2，让学生直观地感知角的两边叉开的大小，建立角的大小的正确概念。）

师：∠1 和∠2，哪个角叉开得大？

（众生回答∠1 叉开得大，所以一致认为∠1 大）

师：我们还可以用什么方法比较出它们的大小呢？

生：把两个角的顶点对准，一条边重叠，看另一条边。

师：如果另一条边也正好重合，说明——

生：一样大。

（师按照学生所说的方法，借助电脑进行演示，生发现∠1的另一条边在外面，得出∠1大）

师：用重叠的方法，我们比较出了两个角的大小，可是，有谁知道∠1比∠2大多少呢？

（生被问住了，有的学生估计着大20度，也有的说差不多大30度吧，更多的学生表示不知道）

师：同学们，要知道∠1比∠2到底大多少，凭眼睛观察是不行的，我们必须学会用工具来测量。今天这节课，我们就一起来学习"角的度量"。（板书课题）

（评析：原以为学生能直观地判断出∠1比∠2大，教师只要追问"到底大多少呢"就可以了。学生由于仅凭肉眼观察不出而形成困惑，产生认知需求。但实际教学中，我发现相当一部分学生对"角的大小"的含义并不清楚，而这恰是学习"角的度量"的一个不可缺少的知识基础。于是，让学生充分展示自己对"角的大小"的原始理解，在不同意见的碰撞中，形成正确的概念。另外，上述情境的设计，不仅是要激发学生的认知需求，而且也把重叠的数学方法有机地渗透其中，为学习角的度量方法作了数学思想方法上的准备。）

二、建立1度角的概念，理解量角器的构造原理

师：角的计量单位是"度"，用符号"°"表示。譬如1度，记作：1°。1度的角到底有多大呢？你能用手势比画一下吗？

（生纷纷用手比画）

师：怎样的角是1度角呢？

（师板书：把半圆分成180等份，每份所对应的角的大小是1度）

（师让学生闭目想象：半圆——从圆心出发——180等份——每份所对应的角——1度角。之后，找学生进行演示，有学生用两个指尖的距离来表示1度角的大小）

师：这位同学比画出来的是一个角吗？

（生从老师的提问中受到启发，重新用手势表示：从一点先引出一条射线，再引出另一条射线，两条射线叉开一点点，表示1度角的样子）

师：如果要量角的大小，需要工具。

（屏幕出示半圆如图9—2）

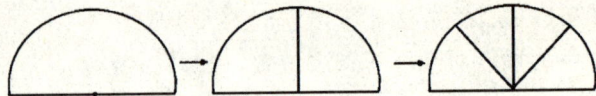

图 9—2　　　　　图 9—3　　　　　图 9—4

师：我们知道，把半圆分成 180 等份，每份对应的角是 1 度。（屏幕出示图 9—3）那么把半圆分成 2 等份，每份所对的角是多少度？

生：90 度。

师：（屏幕出示图 9—4）现在把半圆分成了几等份？每份所对应的角是多少度？

生：4 等份，每份所对应的角是 45 度。

师：如果用它（指着图 9—4）作为量角的工具，你们觉得如何？

（生思考着，并进行组内交流）

生：只能量出 10 个角，其他的没有度数的，它就没办法量出了。

师：大家听明白她的意思了吗？

生：听明白了。她是说可以量出 3 个直角、4 个锐角、2 个钝角、1 个平角等，这样的角一共是 10 个角。如果是比它们稍微小一点的角就量不出来了。

师：同学们，用这个工具到底能量出几种角？

生：可以量出 4 个锐角。

师：锐角可多着呢！到底是怎样的 4 个锐角？

生：4 个都是 45 度的锐角。

师：那就是说可以量出 45 度的角。为什么说能量出 45 度的角呢？

生：因为它是把 180 度分成了 4 等份，每份所对应的角是 45 度。

师：黑板上画有一个角，用我们这个工具去量，正好与工具上的 45 度角的顶点和两条边完全重合，说明黑板上的角也正好是 45 度；如果稍微小一点，不能完全重合，就不能知道黑板上的角到底是多少度了。想一想，还能量出多少度的角？

生：还能量出 90 度的角，135 度的角，还有 180 度的角。

（评析：在学生回答用图 4 作量角工具能量出 10 个角的度数时，教师当时追问：用这个工具到底能量出几种角？现在想想，如果改问"你能量出的是哪 10 个角"，那就好多了！其实，学生是经过有序思考得出 45 度的角、90 度的角、135 度的角和 180 度的角，一共有 10 个。如果教师耐心倾听，了解到学生的这一真实想法，便能因势利导，提高效率，同时又能提高学生的积极性。）

师：同学们，用这样的工具去量角有局限吧！它只能量出几个角，你能想出什么办法改进这个工具，使它能量出更多的角吗？

生：可以把半圆多分几份。

师：把半圆分成多少等份？

生：180 等份。

师：这样，我们就能量出哪些角？

生：180 度以内的角。（稍停一下）大概 350 度的角也能量。

（众生大笑。该生则将手中的量角器倒过来，边演示边解释着）

师：噢，我明白了，用两个量角器拼成一个圆，就有 360 等份，可以量出 350 度的角了。

生：我觉得，你刚才说把半圆分成 180 等份，每份是 1 度。像你这个工具每份才是 45 度，如果是 180 等份的话，就可以量很多的角。

师：我们经常是用这样的工具去量角的。

（屏幕出示只有内圈刻度的量角器，闪烁量角器的中心，显示 0 刻度线）

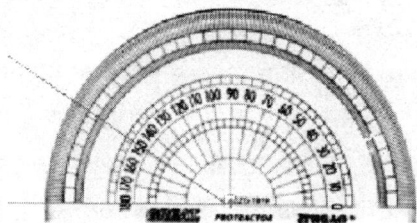

图 9—5

（教师让学生读出量角器上的角的度数：31 度、72 度、92 度、148 度、180 度等。接着，再输入 75 度，让学生想象并指出另一条边所在的位置。随后，出示了一个以量角器中心到 180 度刻度线为始边，另一边与 149 度刻度线重合的角，让学生读出这个角的度数，如图 9—5。结果，有许多学生读成 149 度，遭到另一部分学生的反对；有的从始边开始 10 度一格地数，再 1 度一格地数，得到 31 度；也有的用 180 减去 149，得到 31 度）

师：刚才怎么会读成 149 度呢？

生：0 刻度线在这一边了，应该这样看过去。

师：你们觉得——

生：缺东西。应把一圈度数倒过来。

（屏幕出示量角器的外圈刻度，见图 9—6，学生会意地笑了）

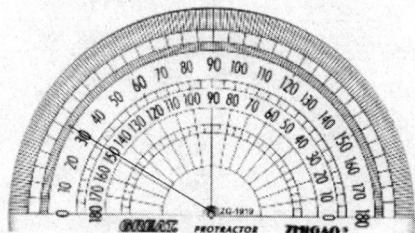

图 9—6

师：现在不用数那么多，也不用计算，我们马上就能看出是31度，对吗？

（仍然以左边的0刻度线作为角的始边，师输入80度的角，让学生思考，并指着量角器上的两条表示80度的刻度线让学生进行选择。然后，电脑再显示出该边，生都做出了正确的选择）

（评析：将半圆分成2等份、4等份，让学生从1度角的定义出发，计算出每份所对应的角，然后教师提问："如果用它作为量角的工具，你们觉得如何？"意在让学生自己发现该量角工具有一定的局限性。为了能量出更多的角，就会想到将半圆分成180等份，设计出了新的量角工具。考虑到学生在量角时容易将内外圈刻度混淆，所以，先出示只有内圈刻度的量角器，学生在读出角的度数时，自己发现问题并想到添上外圈的刻度，量角器就这样被学生自己"制造"出来了。量角器是现成的量角工具，学生只要认识它并会正确使用即可，为何要让学生去"制造"？我是出于这样的考虑：量角的基本思想方法是"用重叠的方法，利用已知角去量未知角"，在思考量角时遇到的问题并设法解决问题的过程中，学生对这一基本思想方法才会有切身的体会。而数学学习，不仅是让学生掌握知识技能，更重要的是掌握数学思想方法，更何况这种思想方法又直接影响着量角技能的掌握。）

三、学习量角的方法

师：如果现在有一个角，让你们去量出它的度数，行吗？

生：（非常自信地）行！

（教师出示练习纸，如图9—7）

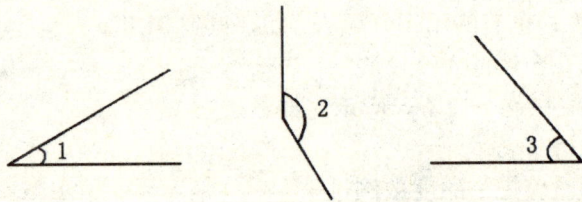

图9—7

1. 让学生独自尝试，测量∠1的度数并作记录

（尽管教师要求每个学生独立测量，但小组同学之间还是在进行交流。教师在巡视时发现有的学生量错了，有少数几个同学不知怎样摆放量角器，更多的学生量出了比较接近的度数。教师请学生在投影仪上演示，量得∠1是30度）

师：有没有量出的度数不是30度的？

生：我量出的是150度。

（许多学生表示错了。该生也发现自己是看反了）

生：我发现好像是 31 度。

（师也让生在投影仪上演示。该生可能想要证实 31 度是正确的，将一条边往 31 度刻度线靠，同学纷纷指出下面的边要对齐）

师：还有不同的答案吗？有没有 32 度的？

生：我开始量出的是 32 度，我想确认一下，再量了一次，发现刚才的一条边没有对齐，应该是 30 度。

师：刚才这位同学说，他开始量出的是 32 度，为了确认一下是否正确，他又量了一次，结果量得是 30 度。那我就不知道到底是第一次的 32 度对，还是第二次的 30 度对？

生：第二次的 30 度是对的。

（师让生在投影仪上演示）

生：我前面不小心，量成了 32 度，后来我再量时发现没对齐，应该是 30 度。

师：你说的对齐，是指要对齐哪些东西？

生：先要把这个孔与角的顶点重合。

师：这个孔就是量角器的什么？

生：是量角器的中心。还要把这条边与 0 度的这条边对齐。

师：既要将角的顶点与量角器的中心对齐，又要把角的一条边与 0 刻度线对齐，然后，看另一条边对准的刻度就是这个角的度数。我们怎样写呢？

（师板书：∠1＝30°）

师：同学们，现在会量角了吗？请量出∠2 的度数。

2. 学生各自测量∠2 度数，指名汇报测量结果

生：在 149 度到 150 度的中间，大概是 149.5 度。

生：是 150 度。

（有几个学生表示同意）

生：我量出的是 151 度。

生：我量出来的也是 150 度，但用他的量角器量就不是了，他的量角器有问题。

（其他的学生笑了，该生则坚持说是有质量问题的）

师：那我们想办法与厂方联系一下，按道理应该不能有质量问题的。全世界的量角器应该都是一样的。刚才有同学说 149 度多一些，有的说 150 度，有的说是 151 度，我觉得我们的同学已经相当不容易了！因为我们用手去测量、用肉眼去看，这肯定是有误差的。但是，如果我们把角的顶点对得更准，把角的一条边与 0 刻度线完全重合，我们在看度数时垂直地看下去，那样误差会更

小，得出的度数就会更准确。

3. 量∠3 的度数

（在测量之后，教师让量得的度数在 69 度到 71 度之间的同学举手，几乎全测量正确）

（评析：学习量角的方法，教师可以直接告诉学生。但是，我却是让学生独立尝试着量角，在反思寻找出现不同答案的原因的过程中，自己体会到"对准""重合"这两大关键点，归纳出量角的步骤和方法。）

4. 量钟表上的角

师：最后一题极具挑战性，看哪些同学能接受这一挑战？

（屏幕出示题目：你有办法知道钟面上时针与分针所夹的角的度数吗？如图 9—8）

图 9—8

（学生思考并操作）

师：同学们在量这个角的度数时，遇到了什么困难？

生：（指着钟面）这个针太短了，量角器量不出来。

师：这不能怪针太短呀，哪有针的长度超出钟面的？

（生都笑了）

师：针太短，给我们量角确实带来了困难。

生：我想到了办法，先把针延长，再用量角器就能量了。

师：延长了，角不就变大了吗？

生：角不会变大的，因为角的大小与边的长短无关。

师：有没有同学觉得困难？

生：我用量角器量出的度数与用数学方法计算的结果，相差了1度。

师：你用数学方法是怎么计算的？

生：钟面的角是 360 度，把它平均分成 12 份，每一份是 30 度，从"12"到"5"有 5 份，应该是 150 度。

生：我也用计算的方法，先把分针从中心向 6 时延长，5 时到 6 时的角是 30 度，用 180 度减去 30 度，就等于 150 度。

师：用这样的方法进行计算，得出的度数应该是绝对正确的。可有谁知道为什么我们在量的时候，有时会相差 5 度呢？

生：钟面不圆。

（生大笑）

师：角的顶点哪有这么大的？让我们很难对准。还有，针太短，延长中可能会有误差，使我们很难与刻度线重合。看来，在这里，用数学方法进行计算，是找到正确答案的最好办法。

（评析：这道题目的设计，出于以下几点考虑：针短造成量角时的困难，在有学生将针延长并量得度数后，教师给予充分肯定，再次强化角的大小的概念，同时也突出"重合"这一量角的关键。另外，让学生数形结合，通过数学计算获取正确的答案，培养学生思维的灵活性，使学生得到不同的发展。）

教学案例二

执教：华应龙

课堂实录

一、创设情境，引入课题

师：孩子们请看屏幕。（出示第 1 个倾斜度比较小的滑梯）玩过吗？

生：玩过。

师：滑梯谁没玩过?!（出示第 2 个倾斜度稍大的滑梯）想玩哪个？

（大多数同学说："第 2 个。"老师出示第 3 个倾斜度比较大的滑梯。"第 3 个。"大多数同学不禁笑着改变了主意）

师：（笑着）有人笑了，笑什么？

生：第三个太斜了。

师：这个"斜"字用得很好。

生：第 3 个太陡了。

师：那这三个滑梯的不同在哪儿呀？

生：他们三个滑梯有高有矮。

师：对，有高有矮。还有什么不同呢？

生：有胖有瘦。

师：哈哈，是，有胖有瘦。你说呢，小伙子？

生：有宽有窄。

师：（惊讶状）还有宽有窄。同学们说出的这些都有点像。不过有一个很重要的不同，那需要有数学的眼睛才能看得出来。

生：角度！

师：哎呀，厉害！是不是这样啊？（抽象出三个角）

生：是。

师：最主要的是因为它们的角度不同。（隐去两个角，留下第二个滑梯的角）那么滑梯的角多大才算合适呢？这就需要量角的大小，是不是？

生：是。

师：今天这节课我们就一起来学习——（板书：量角的大小）

二、自主探究，认识量角器

师：怎么量角的大小呢？

生：用量角器。

师：（一怔，轻声问同学）用量角器，同意吗？

（学生异口同声："同意。"）

师：（板书：量角器）都知道呵？那会量吗？

生：会！

师：先来试试看，好不好？

生：好。

师：华老师发的纸片上有一些角，我们先用量角器试着量一量∠1。

（学生尝试用量角器量∠1）

师：（巡视中）呦，真会动脑子，虽然没学过，有的人还真量对了。有人虽然不会，但在动脑子，我觉得挺好的。小伙子，带着你的量角器，到投影这儿来，把你的方法展示一下。

（该生投影自己的量法后，有同学小声嘲笑，老师摇头制止，示意学生解说）

生：我先用这个尖放到这个角上，然后看这条边。

师：那这个角多大呢？

生：不知道。

师：（摸着学生的头，微笑着说）还没学，不会很正常，但敢于尝试值得表扬。我提议大家为这样敢于尝试的精神鼓掌！（鼓掌）以前我们量长度的时候，就是这样从 0 开始的。这一点你做得非常棒！（热烈的掌声）要量角的大小，他已经想到了用角来比着，真不简单，这个思路是正确的！我提议大家再次鼓掌！（演示的学生在同学们起劲的鼓掌中回到自己的座位）现在的问题是，我们从量角器上能找到角吗？

（有学生指着量角器的一端）

师：这是不是角？认为是角的，请举手。大部分同学不同意，为什么？

生：（指着量角器的圆弧）这条边不是直的。

师：我们已经知道了角是由一个顶点、两条边组成的，（板书：角，顶点，一条边，另一条边）并且这两条边都是直的，都是射线。那现在来看看，（指量角器的一端）这是角吗？

生：不是。

师：这不是角，那量角器上有没有角？角在哪儿？

生：这是一个角。（用手比画一个直角）

师：这是一个角吗？

生：是。

师：这个角多大呢？

生：90 度。

师：大家注意这个角的顶点在哪里？这个角的顶点就是量角器的中心点。（板书：中心点）这条边上有一个"0"，所以这条线叫做 0 度刻度线。（板书：0 度刻度线）她刚才指的另一条边就是 90 度刻度线。我发的纸片反面印了四个量角器，在第一个纸量角器上面画一个 90 度的角好不好？

（学生安静地画直角）

师：这个 90 度的角的顶点在哪呢？

生：在中心。

师：对！量角器的中心。一条边是这个量角器的 0 度刻度线，另一条边呢，是 90 度刻度线。我们画得怎么样？互相交流一下，欣赏一下。

（学生互相交流欣赏）

师：在第二个纸量角器上画 60 度的角，尽可能和同学画的不一样，想想怎么画？

（学生安静地画 60 度的角）

师：（边巡视边说）不能随手画，角的两条边是射线，必须用尺子。

师：（挑选了3位同学画的）好，我们来看看这三位同学画的。（实物投影一个学生画的60度的角）同意吗？

生：同意。

师：（实物投影另一个学生画的60度的角）这个同意吗？

生：同意。

师：（两个60度的角同一屏展示）哎，这两个角不同在哪？

生：不一样是方向，一个向左，一个向右。

师：说得真好！同学们注意到了量角器上有两条——

生：0度刻度线。

师：一个向左的，一个向右的。找到了吗？

生：找到了。

师：孩子们，我们一起来看这位同学画的60度的角。（实物投影展示第三个学生的画法）同意吗？

（学生发出纳闷的声音）

师：这个60度的角画得怎么样呢？

生：这是120度。

师：觉得画的是120度的同学请举手。

（绝大多数同学举起了手）

师：不过，我觉得这个同学画得有道理。这里不是标着60吗？

生：因为从右面开始画，所以……

师：请上台来，我想你会说得更清楚。

生：（走上台）如果从右面开始画，应该看里面的，他看成外面了。所以他画的是120度了。

师：噢，0度刻度线是表示起点的。从这边开始数，0度，10度，20度，30度，到这儿就是60度了。如果到这里，那就是120度了。看外圈的60度，应该从哪边开始？

生：左边。

师：对，从左边开始数，0度，10度，20度……这么转，转到这儿是60度。如果这条线不改，要画60度的角，怎么办？

生：从这边开始。

师：我想刚才举手的人和笑的人跟她想的是一样的。佩服！不过，我觉得要感谢这位同学，是他画的角提醒我们：量角器上有两个60度，究竟看哪一圈，我们要想一想是从哪边开始的。

（学生主动地鼓起掌来）

师：（课件演示，分别从左右两条0度刻度线开始旋转，形成内外圈刻度的角）量角器上有两圈刻度，究竟看哪一圈，主要决定于——

生：0度刻度线！

师：我们还可以这样想，60度的角肯定比90度的角小，如果画成120度的角，就比90度大了。如果要画一个120度的角，你会画吗？

生：会！

师：那就不画了。来，挑战一下，请在第三和第四个纸量角器上分别画一个1度的角和一个157度的角。

生：1度？（学生纷纷怀疑自己是不是听错了）

师：对，1度！

（学生画1度的角）

师：画完了吗？

生：画完了。

师：相互欣赏一下，觉得画1度角怎么样？

生：（面有难色）难呀。

师：（笑着说）为什么？

生：太窄了。

生：难画。

生：最小的就是10度，怎么会画出来1度呢？

师：是啊，刚才就有同学说，哪有1度啊？有人能到上面来指一指1度的角在哪？

（一生指一小格）

师：1度的角在哪儿呢？请指出顶点、一条边和另一条边。

（学生指1度的顶点及两条边）

师：真棒！（鼓掌）画1度的角是挺难画的。水彩笔笔头粗，我看到有同学改用铅笔画了。

师：全世界是这样规定的：把一个半圆平均分成180份，每一份所对应的角就是1度的角。（课件演示半圆平均分成180份的过程）那么，量角器上有多少个1度的角呢？

生：180个！

师：我看到绝大部分同学画的157度的角都对了。画157度的角要——

生：先找150度，再数7小格。

师：（展示一个学生的作品）从这里开始数，是157度。画得准不准呀？

真准！应该给他掌声！

（师生热烈鼓掌。再展示另一个学生的作品，那学生自己在座位上说"我画错了"）

师：错在哪了？

生：我给画反了。

师：你同意他现在的看法吗？

生：同意。

师：157度的角应该比90度大。找到157度了，但是他的方向错了，应该从哪边开始呢？现在你会画157度的角了吗？

生：会了！

师：请看着我们在纸量角器上画的四个角。它们有什么相同的地方？

生：都有一个顶点、两条边。

生：顶点都在量角器的中心。

生：都有一条边在0度刻度线上。

（教师欣赏地频频点头）

三、尝试量角，探求量角的方法

师：现在，请大家看着量角器，你看到了什么？

生：中心。

生：0度刻度线。

师：（环顾全班，微笑着制止了想说"两圈刻度"的学生）刚才画了角，你从量角器上看到了角。现在不画角，你就看不到角了？哈哈，就像一个人穿了马甲，你认识；他把马甲脱了，你就不认识了？

（众生开怀大笑）

师：从量角器上能看到角了吗？

生：能！

师：有一双数学的眼睛，我们就能在量角器上看到若干个大小不同的角。那怎么用量角器来量角呢？想一想，再试着量量∠1是多少度。

（学生再次量∠1的大小。大部分同学说"50度"，也有人说"130度"。）

师：小组内交流一下∠1是多少度，我们应该怎么量角。

（学生们兴趣盎然地交流着）

师：有人说130度，怎么回事？怎么量这个∠1？

（请开始不会量的学生再次到台前量∠1。0度刻度线没有和角的一边重合好，有些错位）

师：同意吗？

生：不同意。

师：你哪儿不同意？用语言来提醒她。

生：她那边没对齐。

师：哪没对齐？

（学生欲言又止，想离开座位，上台来指点）

师：（示意他回座位）哈哈，只能在座位上说。

生：（想了想）把 0 度刻度线和那条边对齐。

（老师在台前配合着指了指那条边，台上的学生将量角器放得很到位了，台下的同学纷纷说："对了，对了，50 度。"）

师：（满意地点点头）你发现刚才她放量角器的时候注意什么了？

生：角和量角器上的角重合了。

生：角的顶点和量角器的中心点重合。

生：0 度刻度线和一条边重合。

生：还有一条边和量角器上的边重合。

师：听大家这么一说，我觉得，量角其实就是把量角器上的角和要量的角重合，是不是啊？

（学生纷纷点头）

师：我们量角的时候，一条边和 50 度刻度线重合，0 度刻度线和另一条边重合。这两个重合，应该先重合哪个？

生：0 度刻度线。

师：（看到众生同意，满意地点了点头）刚才有人说 50 度，有人说 130 度。到底是 50 度还是 130 度呢？

生：50 度。

师：为什么是 50 度呢？

生：因为是从右边的 0 刻度线开始的。

师：这句话说得多好！这个"50 度"还有一个很有数学味道的写法，有没有人会？（无人应声，教师在∠1 内板书：50°）这就是 50 度。

生：噢——

师：知道怎么写了？数学就是追求简洁。每人在自己的∠1 内也写一个"50°"。

（学生写"50°"）

师：有同学写字的姿势真漂亮！写 50 度那个小圆圈应该怎么样？写大了就像 500 了。

师：现在请大家看一看∠2。先不量，估一估，与∠1相比，哪个角大？

（有的说∠2大，有的说∠1大，有的说一样大）

师：究竟你的判断对不对呢？量一下。

生：（迅速地说）一样大。

师：都量出来了?! 是多少度呢？

生：50度。

师：回头再想想，刚才为什么有人说∠2大？

生：因为∠2的边长。

师：现在你有什么收获？

生：开始以为∠2大，实际上是一样的。角的大小与边的长短没有关系。

师：对，角的大小与所画的边的长短没有关系。当角的边画得不够长，不好量时，我们就可以把边延长后再量。最后，请大家量出∠3、∠4、∠5是多少度？把度数标在角上。

（学生安静地量角、标角）

师：（边巡视边说）同学们心灵手巧，把这三个角的度数都准确地量出来了，真佩服同学们。我看到大多数同学量的都是对的，∠3的度数是115度，有同学写的是116度，可以算对。因为量角的时候，可能稍微有一点儿误差，所以相差2度，我们都可以认为是对的。有人量得的是125度，怎么回事呢？（出示∠3，放上量角器）

生：他读错度数了。

师：是的，他把量角器和∠3重合得很好，遗憾的是读错度数了，方向性错误。0度刻度线在哪儿？明白了吗？再看∠4，是43度。

生：42度，41度。

师：42度、41度也是对的。∠5是67度。

生：65度，66度。

师：三个角的度数我们都知道了，·∠5大于∠4。如果不量，你知道不知道∠5大于∠4？

（有的学生说"知道"，有的说"不知道"。教师在∠5的对边上画出足球球门，学生脸上流露出惊喜的神情）

师：哈哈，足球运动员都知道，他们总是尽可能把足球带到球门前，离球门越近，角度就越大，射中的可能性就越大。德国足球博物馆里就放着一个量角器，表明他们射门角度的精准。

四、体会量角的用处

师：同学们会量角了，那量角在生活中有什么用呢？（出示学生放风筝的图）玩过吗？

生：玩过。

师：参加过风筝比赛吗？

生：没有。

师：风筝比赛是用同样长的线比谁的风筝放得高。怎样才能量出风筝的高度呢？能不能用梯子爬上去量，那是个笑话。那怎么比呢？是把风筝线放到地上，（出示两个角度）然后量一量谁的风筝线与地面的夹角大，夹角大的风筝飞得就高。

师：（出示椅子图）椅子的靠背总是向后倾的。用于学习的椅子的靠背向后倾斜 8 度，吃饭的椅子靠背向后倾斜 9 度，沙发的靠背一般向后倾斜 11 度左右。

师：（出示课前的滑梯）滑梯的角度多大才合适呢？我请教了 3 位工程师，他们告诉我：滑梯的角度应该是——（板书：$40°\sim56°$）

五、总结全课

师：（出示长方形）要知道它的长，怎么办？

生：用直尺量。

师：（出示直尺）1 厘米、2 厘米……要知道它的面积呢？

生：量出长和宽，再用长乘以宽。

师：对，也就是用面积单位来量。（出示摆方格的过程）1 平方厘米、2 平方厘米……12 平方厘米。要知道这个角的大小呢？

生：用量角器来量。

师：（量角器）以前我们说它是直角，现在我们可以说它是 90 度的角。看来，要表达一个数量，先要找到一个度量单位，再数有多少个这样的单位。大数学家华罗庚说过"数（shù）起源于数（shǔ），量（liàng）起源于量（liáng）。"

（出示开始量∠1 时学生不会量时的情形）

师：开始我们同学这样量角，可以理解，因为以前我们只是量长度，量长度就是这么量的。而量角的大小是要量两边张开的大小。（两手合成一个角，慢慢张开）

师：现在我们会量角了吗？量角其实就是把量角器上的角重叠在要量的角

上。要量得准，就要重合得准。怎样才叫重合得准呢？

（师生合作，完成板书）

师：（出示量角器）量角器很有用，但要用好不容易。如果你是量角器的话，你将会对同学们说些什么呢？把你想说的话写出来，好不好？

生：好！

师：下课。

教学反思与评析

上完课，有老师问："操作技能性的课还要让学生探究吗？"说实话，我没有特别意识到自己是在组织学生探究。在我看来，教和学是一回事，应当追问四个问题：1. 教（学）的是什么？ 2. 为什么要教（学）？ 3. 怎么做？ 4. 为什么这么做？这一次教《角的度量》，我只是多问了两个为什么，顺着学的路径去思考教的路径。我们的教学不仅仅是要把事做正确，更重要的是首先要思考做正确的事。其实，学生是天生的学习者，学习就像呼吸一样自然，好为人师的我们往往会好心地做出一些费力不讨好的事。

以前，我们习惯于将问题分解为若干个可以掌握的部分，这种视野狭窄的过程使我们看不到解决问题的整个系统。而当我们先见森林，再见树木，先看到整个系统，再回头进入细节时，我们对各个部分的重要性就有了更好的理解。诚如孟子所言："先立乎其大者，则其小者不可夺矣！"看来，我们小学老师为了更有效地教学生学，真应该"变成小孩子"，习惯于感知性思维，着眼于全局，而不仅是局部。

陶行知先生说："先生的责任不在教，而在教学，而在教学生学。""事怎样做就怎样学，怎样学就怎样教；教的法子要根据学的法子，学的法子要根据做的法子。"现在这样认识量角器，不就是依据量角器的做法吗？

通过这节课，我认识到教师的教怎样才能有效地促进学：一是要把握"做"的本质，昏昏的教师是教不出昭昭的学生的；二是创设好的情境，调动学生的兴趣，让学生愿意学；三是学生自主尝试，教师相机诱导，"好风会借力，送生上青云"。上完这节课，我相信了人本主义心理学家罗杰斯说过的一句话——"没有人能教会任何人任何东西"。

弗雷登塔尔说："泄露一个可以由学生自己发现的秘密，那是'坏的'教学法，甚至是罪恶的。"以前我们教"角的度量"时，课堂上是少有笑声的，学生几乎成了教师教学的附庸和工具，学生在课上的活动似乎是玩偶式的活动。现在的课堂上，学生有开怀大笑，有小声窃笑，还有会意的微笑，学生先试先量，先想先说，正确的地方充分肯定，存在的问题一起探讨，学习活动顺着孩子们学习的天性展开，"教师之为教，不在全盘授予，而在相机诱导"（叶圣陶语）。这样的教学真是"上善若水"，因物赋形。

以前我们教"角的度量"时，一节课下来，教师教得累，学生学得苦，不少学生还不会量角，量角器都不知道怎么摆放，而今天，学生都会量角了，并且理解了量角的本质。也正因为学生理解了量角的本质，所以变得"自能""自得"了。为什么以前我们那么费力地教，总结概括出"二合一看"等要诀，学生学的效果反而不好呢？上完这节课，我明白以前我们"只见树木，不见森林"。我们讲了"角的顶点和量角器的中心重合，一条边和0度刻度线重合，看另一条边所对应的刻度"，但没有讲量角的实质是什么，缺乏整体把握。"二合一看"等要诀，看似简洁，颇得要领，其实这是我们成人的偏好，对孩子来说却是不得要领的，要孩子们想象出这四个字背后的内涵是挺难的。因为孩子们是以形象思维为主，老师抽象概括出的词语反而会增加学习的难度，老师附加的认知负荷挤占和压缩了学生生成的认知负荷，所以说我们原来的教法是阻挠了学生自由的"呼吸"。而今天，在学生已进入"洞口"，感觉恍惚若有光的时候，"量角其实就是把量角器上的角重叠在要量的角上"一语点破，是可以为学生的量角操作提供表象支持、促进学生更顺畅的"呼吸"的。

还是老子说得好，"少则得，多则惑""不自见，故明；不自是，故彰；不自伐，故有功；不自矜，故长"。总之，一句话："道法自然"！

（华应龙）

教学案例三

执教：强震球

一、复习导入

1. 复习角的有关知识

师：同学们，一起来看大屏幕，这是什么？（媒体出示一个角）

生：角。

师：对，仔细看，角怎么样了？（动画演示角变小）

生：变小了。

师：现在呢？（动画演示角变大）

生：变大了。

师：角的大小与什么有关呢？

生：与角的两条边张开的大小有关。

师：是啊，角的两条边张开得大，这个角就大，角的两条边张开得小，这个角就小。（手势演示）

师：通过前面的学习，同学们已经知道了关于角的一些知识，今天这节课老师和同学们一起继续来学习有关角的知识，好吗？

2. 用活动角比较两个已知角（30°、40°）的大小

师：黑板上画了两个角：∠1 和∠2，猜猜看，哪个角大呢？（∠1＝30°，∠2＝40°）

生：我猜∠2大。

师：有不同意见吗？

生：我猜∠1大。

师：同学们刚才的猜测都是凭眼睛看的，我们能不能想个办法来比一比，检验一下呢？

生：用活动角来比一比。

生：用直尺来比。

生：用量角器来量一量。

师：嗯，你已经想到用专门的量角工具来比了。

生：还可以用三角板来比。

师：同学们想到了这么多的办法，真厉害！

师：大家说用活动角能比，这就是一个活动角，怎么比？（师出示活动角）哪个小朋友愿意到前面来比一比，给大家演示一下呢？

（指名一生演示）

师：其他同学仔细观察，看看他是怎样比的？

师：他这样比对吗？

生：对！

师：谁大？

生：∠2大。

师：你们是怎么看出来的？

生：这个活动角的大小和∠1是一样大的，∠2的另一条边在活动角的外面，所以∠2比∠1大。

师：真不错。用活动角确实可以比出这两个角的大小。那∠2比∠1大多少呢？

（评析：用比较角的大小来引入课题，找准了知识的生长点，既激活了学生已有的量角方法，又为学生提供了积极探索量角工具的有效途径。用活动角来比较角的大小时的注意点"点重合，边重合"实际上是用量角器量角方法的雏形，激活它有利于后续学习。）

二、探索角的度量方法，把握量角工具的基本特点

1. 用同样大的小角（10度角）来比较两个角的大小

师：老师这儿还有一些材料，这是一个小角（手势，出示一个小角），用这么多大小一样的小角（出示一些小角），可以比出∠1和∠2哪个大吗？

生：能。

师：究竟怎样比呢？哪个小组的同学到台上来试一试？

（指名一组演示）

师：同学们，你们想不想也来亲自动手比一比啊？

生：想！

师：这些材料就装在每个小组的1号信封里，赶快把它打开，在小组长的带领下开始活动。

（小组合作活动，配乐。师指导）

师：同学们，我们一起来看黑板，你们也是这样摆的吗？

生：是。

师：好的。那么摆这些小角的时候要注意些什么呢？

生：小角的共同顶点要和∠1和∠2的顶点重合。（师配手势）把第一个小角的起始边和∠1和∠2的一条边重合。（小角和小角要靠紧）

师：这两个角谁大？

生：∠2大。

师：你们又是怎么看出来的？

生：∠1里面正好有3个小角，∠2里面正好有4个小角，∠2比∠1大了一个小角，所以∠2大。

师：真好！同学们，前面的实践告诉我们，我们用活动角可以比出这两个角的大小。用这些大小一样的小角，我们不仅可以比出∠2比∠1大。而且还发现——

生：∠2 比∠1 大了一个小角。

师：这样就比得更加精确了。用活动角来比能一下子做到吗？

生：不能。

（评析：教师创造性地设计了用同样大小的一些小角来比较角的大小这一教学环节，并引导学生积极思考、操作讨论，让学生体验用小角测量角的优越性、可行性和操作要点，为学生探索量角工具、理解量角原理提供了坚实的基础。）

2. 启发学生把单位小角拼成半圆，构造最简单的量角工具

师：不过啊，用小角来比比较零散，操作起来也不方便。我们能不能想个办法，既保留小角比得精确的优点，又改进操作麻烦的缺点，让这些小角用起来方便些呢？

生：把小角拼起来。

师：把小角拼起来，这个办法好不好？（好）真妙！就听大家的意见。我们选择一些小角来拼一拼。同学们看，拼成了一个什么图形呀？（动画演示）

生：半圆形。

师：仔细数一数，这个半圆里有多少个一样大小的小角？

生：18 个。

师：我们用来拼的小角比较特别，用 18 个这样大小一样的小角正好拼成了一个半圆。这儿有一个角，你能用这 18 等份的半圆工具来量一量吗？（投影一个 50 度的角）仔细看，这一点就是这个半圆工具的中心点，中心点就是这 18 个小角共同的顶点。谁来试一试？

（指名一生演示）

（评析：教师根据小角比的优点与不足巧妙设疑，引导学生思考得出"把小角拼起来"，这种拼成的半圆工具其实已经是一个简易的量角器。这种简易量角器的形成是学生探索量角工具过程中的一个关键步骤，以后只需要把这种工具加以改良优化，就可以变成量角器。）

3. 用半圆工具度量角，初步把握量角要点

师：用这个半圆工具量角时要怎么做呢？

生：中心点要和角的顶点重合，这个半圆工具的一条边要和角的一条边重合。

师：这个角多大？

生：它有 5 个小角。

师：对！它正好包含了 5 个小角的大小。

师：同学们，现在用这个半圆工具来量角，方便吗？

生：方便了。

师：你想用这个工具来量几个角吗？练习中有 3 个角，大家试着用这个工具来量一量。

（生活动）

（师出示练习：请用半圆工具量一量，并完成填空：∠1 里有＿＿＿个小角，∠2 里有＿＿＿个小角，∠3 里有＿＿＿个小角）

（评析：由于半圆工具比真正的量角器简明，而量角方法基本一致，因此，教师及时组织学生进行量角训练，有利于学生把握量角要点。）

师：∠1 多大？

生：∠1 里面有 4 个小角。

师：大家都是量得这个结果吗？好的，∠2 呢？

生：∠2 里面有 12 个小角。

师：正确。∠3 里面有几个小角？

生：2 个小角。

师：有不同意见吗？

生：2 个小角多一点点。

师：不是正好 2 个吗？老师来量一量，一起看。（师量）

师：的确是 2 个多一点点。

三、优化量角工具，认识量角器

1. 优化量角工具

师：这多出来的一点点没有小角大，（手势）它到底是多少呢？同学们知道吗？

生：不知道。

师：有没有什么好办法让大家都知道呢？（停顿）小组内一起商量商量看。

生：（小组讨论）把小角分得更细一点。

师：照同学们的意思，就是用这个小角作为一个单位来量还太大，要将每一个小角分得更加小一些是吗？多么有创造性的想法啊！同学们，为了更加精确地量出角的大小，我们就把半圆工具里的每一个小角再平均分成 10 份，变成 10 个小小角。请大家仔细观察，一个小角被平均分成 10 个小小角，想一想，整个半圆被平均分成了多少个小小角呢？（动画演示）

生：180 个。

师：你们是怎么知道的？

生：18×10＝180。

师：我们将半圆平均分成了180份，每一份是一个小小角，这每一个小小角的大小就是1度。这是一个小小角，它的大小就是1度。"度"是计量角的单位，用符号"°"表示，1度记作1°。

师：伸出你的小手，我们一起来写1°。

师：这个角是1°，这个角呢？这个角还是1°；整个半圆工具上有多少个1°角啊？

生：180个。

师：180个啊，看上去密密麻麻的，为了让它更加简约美观，我们把它简化一下，变一变，再变一变（动画演示），现在清楚多了吧！

师：你知道这个角几度吗？

生：100°。

师：这个角呢？

生：10°。

师：这个10°的角就是我们拼成半圆工具的每一个小角的大小。

师：那这个角呢？

生：5°。

师：好的，现在我们就用这个工具来量一量∠3，看看它到底有多大，好不好？一起来看。

师：从这里到这里是几度？（10°）数到这里呢？（20°，21°，22°）

师：22°就是这个角精确的度数。

2. 认识内、外刻度线

师：屏幕上的这个角，你能读出几度吗？（屏幕显示）

生：能。（自由地数）

师：我们从哪边数起啊？谁能把数的方向来比画一下？

（生比画）

师：这样比画对吗？我们一起用手势来比画一下。（师示范，生学习）

师：真好！数数看，是几度？

生：55°。

师：再来看一个角，从哪边数起？（生指）怎么数？我们也一起用手势来比画一下，（生比画）几度呢？（师生一起数）

生：125°。

师：同学们，每一个角我们都要数了以后才知道它的度数，烦不烦？

生：烦。

师：有没有什么好办法，让大家一眼就能读出一个角的度数呢？

生：给180等份的工具标上刻度。

师：同学们听到了吗？觉得这个办法怎样？（好）太有智慧了，掌声送给他。我们一起来给它标上刻度。

师：刚才我们是从哪里开始数的？（生指）开始数起的地方就标上0°，这里标几度？（10°）接下来标几？……一直标到180°为止。

师：现在你能一眼就读出这个角几度了吗？（显示50°的角）

生：50°。

师：多快！这个角呢？（反向显示30°角）

生：150°。

生：30°。

师：到底是150°还是30°呢？

生：30°。

师：刚才错读成150°的同学明白了吗？

师：那30°能从这圈刻度上直接读出来吗？

生：不能。

师：如果也能一下子就读出来多好，怎么办？

生：再标上一圈刻度。

……

3. 认识量角器

师：同学们，我们一起来看，屏幕上展现的就是我们现在专门用来量角的工具，叫做量角器。我们的祖先可是花了好长时间才创造出来的，咱们班同学太了不起，今天在这节课上就完成了这个创造发明！老师要把掌声送给你们！

（评析：为了进一步完善量角工具，教师设计了数小角的活动，让学生体会到用细分后的半圆工具读数不便，引出内圈刻度，再由内圈刻度读数仍然还有不便，引出外圈刻度。这样，教师通过一个又一个问题的探索与解决，一个完整的量角器便呈现在学生面前。）

师：内圈的0度在哪里？（生指）它所对的这一条线叫做内圈零刻度线。外圈的0度在哪里呢？（生指）它所对的这一条线叫做外圈零刻度线。内圈零刻度线和外圈零刻度线统称为零刻度线。（动画显示）

师：以前看见过量角器吗？想亲眼看看吗？打开3号信封，每人一个量角器，同桌两个人指一指，认一认，说一说量角器的各个部分。

（生活动）

（师出示一个大量角器，让一名学生再认识）

师：咱们班有同学一开始就知道量角器可以用来比较角的大小，真是相当不错啊！

四、练习量角，进一步明确量角的方法要点

1. 读角的度数专项练习

师：同学们，量角器上有两圈刻度，到底读哪圈的刻度呢？你会读吗？一起来读几个。

师：这个角几度？不发出声音，想好了就举手。

生：70°。

师：真厉害！

师：从哪边读起？（生指）

师：继续看，这个角呢？

生：120°。

师：从哪边读起，哪儿读到哪儿？用手势告诉大家。

（生比画）

师：读哪圈刻度呢？

生：外圈刻度。

师：这是几度？

生：45°。

师：读哪圈刻度？为什么？

生：读内圈刻度，因为角的一条边与内圈的零刻度线重合了。

生：因为我们是从这边读起的。（手势）

师：很好，这个角几度？

生：45°。

师：为什么读外圈刻度？

生：角的一条边与外圈的零刻度线重合了，所以读外圈刻度。

2. 学生独立量角，并尝试总结量角的方法

师：同学们表现真棒！那现在你能用一把量角器量出一个角的度数吗？

生：能！

师：行啊，待会儿量的时候，请你边操作边思考两个问题：用量角器量角的方法是怎样的？用量角器量角时要注意什么？我们一起来试着量一量练习二上这个角的度数。

（学生练习，媒体出示。独立量角，师巡视指导）

师：用量角器来量角，应该怎么量？和你组内的同学交流一下。

生：先把量角器的中心点和角的顶点重合。（师随着动画改）

师：很好！同学们的意思就是要先让点重合（板书：点重合）

师：然后呢？

生：角的一条边和量角器的零刻度线重合。（师随着动画改）

师：也就是要边重合。（板书：边重合）不错！

师：现在能读出来了吗？

生：60°。

师：怎么看出来的？

生：我们只要看角的另一条边指着刻度几，把它读出来就行了。（板书：读刻度）

师：现在这个角的另一条边既指着内圈60°，又指着外圈120°，为什么读60°？

生：角的一条边和内圈的零刻度线重合了。

师：所以读刻度时要注意什么呢？

生：一定要分清是读内圈刻度还是外圈刻度。

师：对啊。量得的60°，我们可以记在角的这个位置。

师：一开始就量对的同学，举起你的大拇指给老师瞧瞧，真了不起！大家会按照自己总结出来的方法来量角了吗？

生：会！

师：请你马上量一量练习三上的3个角的度数，比一比谁量得又对又快！

（生活动，交流反馈量角的结果）

（评析：由于学生经历了量角器的形成过程，把握了量角器的原理和要点，因此，学生通过独立量角和小组交流，很容易得出量角的方法和要领。这样量角的准确率也相当高。）

五、全课总结

师：同学们，今天我们又学习了角的什么知识？（板书课题：角的度量）你们有哪些收获呢？

（生答略）

师：今天的这堂数学课，老师和同学们一起经历了探索量角方法的过程，在这个过程中，我们不仅一起逐步认识了量角器，了解了量角器的构造特点，知道了度是计量角的单位，而且掌握了用量角器量角的方法。请同学们课后去量一量每个三角板中三个角的度数。再算算三个角的度数和，看看你们有什么发现？好吗？

（生答略）

教学反思与评析

"角的度量"这一内容历来是小学数学教学的难点。传统教材一般是按照"认识量角器——揭示量角方法——进行量角练习"的顺序组织编排的。在教学过程中，老师们也是简单介绍一下量角的单位，组织认识量角器的各个部分，然后引导学生总结"对点、对边、读刻度"的量角方法和步骤，最后组织学生进行大量的技能训练。虽然耗时多，但很难达到理想的教学效果。其主要原因是对量角器的本质认识不到位。量角器的本质是单位小角的集合，但由于量角的基本单位——度的角太小，在量角器上难以完整反映，量角器上一度的分割线去掉了大部分，只在圆周上留下一些刻度。因此学生很难理解"量角器就是单位小角的集合"这一概念。

本节课的设计彻底打破了传统的教学思路，根据建构主义的教学理论对本节课进行了创新设计。教师通过创设问题情境，设置矛盾冲突，不断激发学生学习的需求，引导学生深入思考，逐步探索，实现了对量角工具的再创造。教师由角的大小的意义引出可以用单位角来度量角的大小，由单位小角的使用不便引出要把单位小角合并为半圆工具，由这种半圆工具度量不准确引出要把单位小角分得更细一些，由细分后的半圆工具读数不便引出要加刻度，进而引出两圈刻度。至此，学生在探索和创造中完成了对量角工具的探索，较好地把握了量角器的原理。这是大家一致公认的一节具有创新思路和鲜明特色的好课，正如马云鹏教授所指出的："这节课具有浓浓的数学味，学生不仅学会了量角方法，而且经历了量角工具的探索过程。把握了量角器的构造原理和特点。积累了丰富的数学活动经验。"

1. 埋下伏笔，游戏中感悟角度

陌生的老师，陌生的学生，相互之间多少有点隔阂，课前运用游戏一下子就能拉近学生与老师之间的距离。教师要善于抓住学生的"最近发展区"，用游戏来消除学生紧张、陌生的心理状态，激发学生学习数学的兴趣，引导、鼓励、激发学生学习的激情和创造欲望，营造宽松的学习环境，让学生体验乐学的情趣。

2. 匠心独具，验证中探索量角工具

学生一般很少接触量角器，也不太了解角的计量单位和测量方法。因此有必要让学生体验统一角的计量单位的必要性和认识角的度量工具，但另一方面，学生已经具备了比较角大小的能力。因此，在教学中注重以学生原有知识为基础，引导学生在学习活动中建构新的认识。强老师匠心独具的用小角比的验证方法，不仅为后面介绍量角器做了铺垫，而且也很自然地在用小角量角的

过程中，让学生积累用量角器的方法。真是一举两得，妙不可言。

3. 水到渠成，优化中认识量角器

强老师遵循学生的认知规律，通过层层设置疑问，产生认知冲突，激发学生的求知需要，在此基础上引导学生自主探究，获得解决问题的方法。学生学得主动、学得积极、学得实在。整个一节课，学生经历了量角器的形成过程，在一步一步的操作中自主掌握了正确的量角方法，并通过判断、比较、思考和动手操作，培养了学生的探索与实践能力。

异教解析

要知道角的大小，就要用测量工具——量角器。对于小学生来说，测量角的度数比测量线段的长度要困难：一是学生要能认识量角器的刻度；二是会正确地把量角器上的中心点、零刻度线与角的顶点、边重合；三是会正确地读出另一条边所对应的度数。上述三个方面的要求集中在一次测量中，有些学生常常会出现错误，所以，教学的重点是能正确地运用量角器，进而达到"用量角器量指定角的度数，画一些特殊度数的角"等目标，并在具体的操作活动中，进一步积累有关角的活动经验。度量角的大小是一种基本的操作技能。在日常教学中，操作技能的教学往往是教师讲解、演示、示范操作的基本程序和步骤，然后学生模仿操作并进行强化练习。教师往往苦口婆心地讲量角器的构造，不厌其烦地多次示范量角的过程，煞费苦心地总结出量角的三个步骤：点重合、边重合、读刻度，再让学生进行大量的练习巩固。但是，我们发现学生对于量角还是问题很多，不少学生还不会量角，量角器都不知道怎样摆放，教学的效果不好。这样的动作技能教学容易降低学生的思维水平，在操作中缺少思考与探究，更难见到猜想与创造在课堂教学中的闪现。

如何给技能教学来一次"革命"？打破传统技能教学机械沉闷的"灌输"味，让技能教学充盈探究与创造的活力？三位名师的课堂给了我们很大的启迪：一是创设问题情境，引入新课。让学生在比较角的大小的问题情境中，感受量角的必要性，体会建立统一角的度量单位的重要性。让学生在富有挑战与现实意义的数学活动中掌握量角的技能，感受量角的意义，形成度量的意识。二是让学生经历"量角器"这一量角工具的"再制造"过程。让学生在这一过程中认识量角器的结构、体验量角的方法、形成正确量角的技能。而不是单纯的为技能教学而教。三位名师的课都在"量角器"这一工具上做足了文章，从而使数学学习不仅是让学生掌握知识技能，更重要的是掌握数学思想方法，更何况这种思想方法又直接影响着量角技能的掌握，使技能教学真正焕发出生命的活力和生长的力量。如何让学生经历"再制造"量角器的过程，三位名师的切入点和突破口各不相同，各有千秋。

潘小明老师的课在认识量角器时，先让学生建立1度角的概念，让学生经历把半圆2等分、4等分、180等分的过程，将半圆分成2等份、4等份，让学生从1度角的定义出发，计算出每份所对应的角，然后教师提问："如果用它作为量角的工具，你们觉得如何？"意在让学生自己发现该量角工具有一定的局限性。为了能量出更多的角，就会想到将半圆分成180等份，设计出新的量角工具。考虑到学生在量角时容易将内外圈刻度混淆，所以，先出示只有内圈刻度的量角器，学生在读出角的度数时，自己发现问题并想到添上外圈的刻度，量角器就这样被学生自己"制造"出来了。再让学生用量角器量角也就水到渠成。

华应龙老师执教的这节课给学生带来的是一种"我只想要一片树叶，你却给了我整片森林"的知识享受，使学生整体把握量角的实质。在给予学生这片有关角的度量的知识"森林"中，有两片"树叶"尤其令人赏心悦目。一是让学生充分感受量角的意义，这是华老师对"角的度量"这一部分数学知识的学科价值最具匠心、独具慧眼的发现与挖掘，从而使量角不仅仅是"屠龙之技"，更是生产、生活所需。课始"三个滑梯"的情境创设，让学生感受到"让滑梯好玩"需要有合适的角度。这一简单而富有童趣的情境，既符合学生的生活经验，又能体现"角的大小"的数学知识，使学生在有趣的现实情境中产生强烈的量角的愿望，感受到角的大小是影响下滑速度的重要因素，教师精心设计的对比情境，巧妙揭示了蕴含其中的数学知识，更激发了学生产生强烈的学习需求与愿望。为了让学生进一步感受量角的意义，华老师在课堂练习中为学生提供了丰富的量角应用情境：滑梯的角度多少合适？谁放的风筝高？椅子的靠背多弯坐着才舒服？在哪个位置射门进球率高？等等。让学生感受、体验到角的大小所蕴含的思想与方法不仅是生活所需，更是进一步学习数学、学习其他学科的重要基础。从而使量角的教学成为学生对概念、思想方法的深入理解并感受其价值的教学。二是"画角"与"量角"环节的颠倒式安排。华老师在课堂上花费了很长时间让学生在"纸制量角器"上画角。本课的教学目标是"量角的大小"，为什么不厌其烦地让学生画角呢？其根源在于教师对角的度量本质的追问。量角的基本思想方法是"用重叠的方法，利用已知角去量未知角"，因此华老师提出："我们从量角器上能找到角吗？"让学生在画角的过程中，由整体到部分让学生在画角中巧妙认识量角器，学生在画角中自主探究量角器的结构，真正理解了"中心点""0刻度线""内外圈刻度"存在的合理性与精妙性。

"活动"与"再创造"是强老师的"角的度量"一课的两个关键词。强老师从"技能训练课"的观念中挣脱出来，改变学生的角色，把学生从"量角器的使用者"提升为"量角器的创作者"，引导学生进行量角器的再创造，在探索和实践的过程中掌握知识的原理，有效突破难点。量角器的创造进程每向前一步，强老师就相应地安排一次量角活动，让学生在量角中思考、在思考中量角，步步为营，层层递进，学生在活动中逐步掌握了"量角的原理"，明白了"两圈刻度的用意"，有效地建构了量角的方法：当引入 10° 的单位小角后，让学生用若干 10° 小角摆出角 1、角 2 的大小，激活学生已有的度量经验，使学生初步知道角的大小也是用单位小角来度量，并提出："摆小角时要注意什么？"初步渗透量角要"边重合、点重合"。当把 10° 小角合并成半圆工具后，让学生动手用 18 等分的半圆工具来量角，使学生进一步累积"用单位小角与被测角比较"的感知经验，并再一次提出："量的时候要注意什么？"强调量角要领——"边重合、点重合"。当细化半圆工具之后，让学生用简化的 180 等分的半圆工具量角（只有圆周细分成 180 等份），师生一起数度数，使学生知道"被测角里包含多少个 1° 的小角就是被测角的大小（即被测角的度数）"。在标出两圈刻度之后，安排学生进行读数的专项练习，使学生掌握了"角的一边与哪圈零刻度线重合，就读哪圈刻度"的读数要领。最后学生用量角器独立量角，得心应手，轻而易举。强老师循序渐进地组织有效的量角活动，让学生在"观察、思考、操作、讨论"中逐步掌握了知识的原理，并有效地建构了量角的方法。学生在探索和创造中完成了对量角工具的探索，较好地把握了量角器的原理。

24 小时计时法

教学案例一

执教：黄爱华

一、创设情境

师：中央电视台有一个收视率很高的节目，老师放一段片头音乐，请同学们猜一猜是什么节目。

（播放"新闻联播"片头音乐）

生："新闻联播"。

生："新闻30分"。

生："新闻30分"是中午播出的，不是"新闻30分"，是"新闻联播"。

师："新闻联播"节目是在什么时刻播出？

生："新闻联播"播出时间是晚上7点。

师：（板书：晚上7：00）同学们都认为是这个时刻，电视画面上是写着"晚上7：00"吗？我们一起来看电视。

（播放"新闻联播"片头视频）

生：不是晚上7点，是19点。

生：19点就是晚上7点。

师：（板书：19：00）19点，这是一种什么计时法，它跟我们说的晚上7点有什么不同？今天我们一起来研究"计时法"。

师：这是电视节目预报，你最喜欢的节目是在什么时刻播出，请说给小组同学听。

师：（板书电视节目预报的时刻）谁愿意把对应时刻写到黑板上来？

8：50　9：30　14：00　16：40　19：00　22：00

上午8：50　上午9：30　下午2：00　下午4：40　晚上7：00　晚上10：00

（评析：紧密联系学生的生活实际，从学生的生活经验和已有知识出发，创设生动有趣的情境，激发学生学习数学的兴趣以及学好数学的愿望。数学的根源在于普通常识。对小学生来说，小学数学知识并不都是新知识，在一定程度上是一种旧知识的重现。在他们的生活中，经有许多数学知识的体验，学校数学学习是他们生活中有关数学现象和经验的总结与升华，每个学生都从他们的现实数学世界出发，与教材内容发生交互作用，从而建构他们自己的数学知识。小学生的数学学习离不开现实生活经验。）

二、探索新知

师：现在黑板上出现了两种计时法。这两种计时法有什么不同？分别给它们起个名字好吗？你更喜欢哪种计时法？接下来的时间交给同学们。并请大家把研究的结果填在工作纸上。

（评析：提出的一组问题，具有一定的探究性，给学生提供了充分从事数学活动的机会，同时也很利于学生建构本节课的核心知识！让学生给两种计时法起个名字并比较这两种计时法，体现了学生是数学学习的主人，学生的数学学习是一个生动活泼、主动积极和富有个性的过程。）

（学生组内交流）

师：谁愿意把研究的结果说给大家听？

（一位学生走上讲台，教师坐在学生的座位上）

（评析：教师跟学生换位，体现了民主、和谐的课堂氛围。）

生：我给上面的这种计时法起名叫 24 时计时法，下面的叫 12 时计时法。我认为它们的不同是：24 时计时法过了中午 12 点后，继续叫 13 点、14 点等，而 12 时计时法过了中午 12 点后就叫下午 1 点、2 点了。我喜欢 12 时计时法。

师：这位同学很有条理并完整地回答了三个问题。你为什么起名叫 24 时计时法，不叫 25 时或 26 时呢？你为什么喜欢 12 时计时法？

生：因为一昼夜是 24 小时，所以起名叫 24 时计时法。我喜欢 12 时计时法，是因为早上、晚上很具体，一看就知道是什么时刻了。

生：我也很喜欢 12 时计时法。再说，用 24 时计时法，把它转换成 12 时计时法，还要算半天。假如，你没有学好今天的课，算错了就麻烦了。

师：那我们就努力学好今天的课，不就不麻烦了！

（评析：关注学生在数学活动中表现出来的情感与态度，帮助学生建立信心。）

生：我喜欢 24 时计时法。因为 12 时计时法，还要写上午、下午，很麻烦。再说早上 7 点和晚上 7 点，容易混淆。有一次我爸爸帮我妈妈买一张火车票去长沙，告诉妈妈说是 7 点的，妈妈就以为是晚上 7 点，结果没坐上那趟火车。

师：这位同学联系生活中的具体例子来说明自己的观点，很好！

生：我也喜欢 24 时计时法，因为这种计时法，方便计算时间，比如，商场 9 时开始营业，22 时打烊，要算营业了多少时间，只要用 22 减 9 就可以了。

师：有道理！

生：我还是喜欢 12 时计时法，因为在生活中，人们很喜欢用它。星期天，我约同学去踢足球；打电话时，会说下午 4 点在体育场会合，就不会说今天 16 点在体育场会合。

师：也有道理！

（评析：让学生讨论关于"喜欢什么"的话题，符合学生的年龄特点和心理特征，也体现了数学学习的个性化。另外，注重及时评价同时体现了评价的目标多元化。）

师：为什么电视上要标上 19：00，而不标晚上 7：00 呢？

生：其实标晚上 7：00 也可以。

生：不好，假如是外国人，看不懂中文怎么办？

生：可以标上 am 表示上午或 pm 表示下午。

师：标上 am 或 pm，有的中国人又看不懂了。

生：那就中文、英文都标上。

生：这样太长了，在画面上占了很大位置。

师：对呀！还是用 24 时计时法，标上 19：00，这种方法显然很简明。

师：生活中，除了看电视，还有哪儿用 24 时计时法？

生：飞机票、火车票还有汽车票上的时刻。

生：听广播，"刚才最后一响是北京时间 15 点整。"

师：学得真像！

生：手机上的时刻。

生：银行门口的营业时间牌子上。

生：信箱上标的取信时刻，第一次几点，第二次几点，用的都是 24 时计时法。

……

师：交通、邮电、广播电视等部门在工作中需要很强的时间概念，为了计时方便、简明不易出错，所以都采用 24 时计时法。而 12 时计时法，早上、晚上几点很具体，生活中特别在交流对话的过程中应用很广泛。刚才同学们在讨论的过程中，积极开动脑筋，大胆发表自己的观点，很投入，也很热烈，给老师留下了深刻的印象。

（评析：学生的数学学习应当是一个生动活泼的、主动的和富有个性的过程，我们要理解并尊重学生的个性差异，鼓励学生独特的想象力和创造力，给学生张扬个性、展示自我的机会和勇气。）

师：同学们比较了两种计时法的不同，难道就没有相同的地方吗？我看有的长的也挺像的吗？

（评析：教师精巧的设问，不仅让学生继续比较探究，而且又不显山露水，巧妙地过渡到两种计时法相互转换知识的学习。真可谓导向无痕。）

生：我发现中午1点之前的时刻，是一样的，只是12时计时法表示的时刻，前面要加上上午或中午。

师：中午1点之后就没有相同的吗？

生：有，16：40和下午4：40，表示分钟的40是一样的。

生：我发现中午1点之后，两种时刻都相差12小时。

师：你叫什么名字？（王利伟）了不起的发现！我们一起为王利伟的发现鼓掌！

师：见到24时计时法表示的时刻，你能很快用12时计时法来计时吗？

生：可以！

师：周日，深圳健力宝足球队对青岛队的比赛在15时30分开球，17时13分结束。请同学们用12时计时法来计时，并写在工作纸上。大家在小组内出题练习。

（学生纷纷练习）

师：谁愿意出一道12时计时法表示时刻的题，让老师来用24时计时法表示。

（学生举手）

师：你有标准答案吗？请在工作纸上写好，再考老师。

（评析：写好答案再考老师，考老师是假，"骗"学生做题是真，实在是高。）

生：中午12点。

师：就是12点。

生：夜里11点45分。

师：这道题有点难，谁愿意帮我？

（评析：黄老师真的需要帮吗？他是在通过"露拙"的方法"骗"学生。真可谓拙中见巧。）

生：在11点上加上12就可以了。

师：是23点45分。谢谢帮我的这位同学。

生：中午 12 点 12 分 12 秒。

师：谁帮我？

生：就是 12 点 12 分 12 秒。

师：谢谢！

······

三、巩固强化

师：（指黑板）这是一条直线，我在上面写上"昨天、今天、明天"。如果这条直线表示时间的话，昨天和今天之间有一个分界点，今天和明天之间也有一个分界点。

昨天　　　　　　　　　　今天　　　　　　　　　明天

师：这两点之间的一段，印在工作纸上，请大家在相应的方填写下面的数——

3、4、5、8、9、11、23

（评析：半具体半抽象的彩条，为学生在从具体到抽象的数学化过程中，架设了必要的桥梁。）

师：最左边的点上是几？

生：最左边的点上是 0。

生：最左边的点上是 1。

师：是 1 还是 0，为什么？

生：我认为是 0，因为夜里 1 点前面的一小时也是今天的，所以今天应从 0 点开始。

师：有道理！

师：就这个 0 点，老师有三个问题：第一，0 点跟昨天有什么关系？第二，0 点是白天还是黑夜？第三，0 点时，钟面上的时针和分针在什么位置？请同学们小组合作解决问题。

生：我们小组认为，0 点就是昨天的 24 点，今天的 24 点就是明天的 0 点。

师：请大家在 0 的下面标上 24，在 24 下面标上 0。

生：0 点是黑夜，不是白天。

师：请大家在 0 和 24 的上面画一个小月亮。12 的上面画什么呢？

生:太阳。

师:请看屏幕,这就是0点时的钟面。我们一起来看一昼夜钟面从0点到24点时针和分针的变化过程。

(随着钟面的变化,同时演示夜色、星星、月亮逐步变淡,太阳慢慢升起,再到夜色、星星、月亮的变化过程)

(评析:多媒体动画演示,帮助学生从整体上感受一昼夜从0点到24点的变化过程,同时也凸显了两种计时法之间的关系。)

四、回顾反思

师:请同学们回顾刚才的学习过程,你有什么收获,有什么问题和新想法?

生:我学会了两种不同的计时方法。

生:我知道了交通、邮电、广播电视等部门在工作中需要很强的时间概念,为了计时方便、简明、不易出错,都采用24时计时法。

生:我学会了今天的0点就是昨天的24点,今天的24点就是明天的0点。

生:我觉得大家讨论喜欢哪种计时法很有意思,听着听着我都明白了。老师你喜欢哪种计时法?

(评析:学生主动问老师"喜欢哪种计时法",体现宽松、民主、和谐的课堂气氛。)

师:两种计时法我都喜欢,只要掌握它们之间的转换方法,两种方法都看得懂,都会应用。

生:我觉得大家一起讨论、学习的形式比老师讲解和做题好。

师:有什么疑问吗?

生:老师,你说祖先是先发明12时计时法,还是先发明24时计时法?

师:这个问题有意思,谁愿意替老师发表你的见解?

生:我认为发明了钟面,就有了12时计时法,然后,根据需要,才想到24时计时法的。

生:我赞成他的说法。

师:这位同学说得很有道理,不过我还是建议同学们课后再翻阅资料、上网等,继续研究。

(评析:一些需要探究且是学生感兴趣的问题,课内没有足够时间,课外链接是有价值的。)

五、拓展应用

师：（出示图片）看到这个银行门牌，你知道什么？又想到什么？

生：银行储蓄业务从上午 8 点 30 分开始营业，下午 17 点 30 分停止营业。

生：节假日照常营业。

生：对公的业务，在 11 点 30 分到 15 点，这段时间不营业。

生：我想在节假日，对公的业务是不做的，因为没有标明。

生：是的。

生：我想办理业务，不应该在下午 5 点 30 分才到，应该考虑办理业务需要时间。

师：想法不错。

师：（出示火车票）张阿姨从南京去秦皇岛，她下午几时前到南京火车站比较合适？请大家把想法写在本子上。

（师生交流）

（评析：这两道题，在学生提升对 24 时计时法认识的同时，让学生获得综合运用所学知识解决简单实际问题的活动经验和方法，体会数学与生活的密切联系。）

六、游戏活动

师：为了奖励同学们在学习过程中的优异表现，下课前，我们一起玩一个游戏。用两个手臂来表示时针和分针，根据两个手臂的位置和它们之间的角度来判断是几点。老师先做动作，大家来判断。

生：下午三点。

生：夜里三点。

生：十五点。

生：三点。

师：接下来，老师出示时刻，请同学们做出动作。请全体起立。

21：00　上午 9：00　18：00　下午 6：00　0：00　12：00　24：00　昨夜 12：00　今天中午 12：00　今夜 12：00

师：为什么最后的几个时刻，大家的动作都一样？

生：因为这个时候，时针和分针都指着 12。

（评析：再次凸显重难点，虎头豹尾、画龙点睛。）

师：同学们这节课的表现，给我留下深刻的印象。相信大家一定会不断进步！下课！

教学反思与评析

如果说学生在课堂上有积极探究的愿望，是因为教师为学生创设了现实而有趣的问题情境；如果说学生都能积极主动地参与交流讨论，是因为教师为学生提供了足够的独立探究的时间；如果说学生讨论的气氛比较热烈，是因为教师努力做好引导者的角色，认真倾听，不断引向深入；如果说学生在课堂上能有一种愉快的情绪状态，是因为教师努力创设平等、宽松、民主、和谐的学习环境，让学生感觉到自己在这个环境里是安全的，能与同学、教师进行平等的对话；如果说在一些环节上设计新颖，是因为教学是一门创造性的艺术，需要教师为了学生的发展潜心研究和创造。

（黄爱华）

如此精彩纷呈的教学过程令人感叹：数学课堂可以使学生的个性如此飞扬！俗话说："听君一席话，胜读十年书。"听黄老师的课，是一种享受；听黄老师的课，的确感受到课堂教学是一门科学、一门艺术。综观整节课，黄老师在教学中的每一个环节，都能从学生的角度着想，顺着学生的思路而又高于学生的思路，不断地引导学生探究，把观察、思考、讨论、合作、质疑、创造的权利交还给学生，充分体现了"一切为了学生的发展"的新课程理念。

1. 创设情境，顺其自然

当多媒体中熟悉的音乐响起，学生们异口同声地说出新闻联播的播放时间是晚上 7：00 时，黄老师顺势引导学生看屏幕右上角显示的时间为 19：00，使学生初步感知晚上 7：00 就是 19：00。随后又出示一张电视节目播放时刻表，让学生凭着日常生活经验回答各种节目是上午或下午几时播放的，并发现有两种计时方法。就这样，黄老师从身边的生活素材着手，通过多媒体，从简单通俗的材料中反映了数学问题，自然而然地带领学生进入了下面的研究学习之中。

2. 合作探究，乐在其中

黄老师摒弃了传统教学的灌输法，没有采用环环相扣、循循善诱的讲解，而是十分大胆地抛出三个问题让学生自由讨论：（1）给两种计时法各起个名字。（2）两种计时法有什么相同与不同之处？（3）你比较喜欢哪种计时法？这三个问题既简洁又精辟地概述了两种计时法的本质，同时又从学生的角度出发，使学生既喜欢又乐于思考问题。在这个过程中，学生们创造、合作、探讨，乐在其中，一个个教学难点就在学生自主的研究探讨中突破了。这其中尤其令我难忘的是，黄老师在比较两种计时方法时，不是单纯地比较异同，而是渗透了相同之中有不同（两种计时法表示分的部分相同，表示上午的时间一样，而表示下午的时间不一样）、不同之中有相同（下午计时，两种计时方法总是相差 12 时）的思想方法。

3. 开发教材，画龙点睛

"昨天、今天、明天"的教学可称得上是画龙点睛之笔了，简单的线段图就把昨天、今天、明天的交替和分界点解释得一清二楚。同时，黄老师利用电脑具有声像、动静的功能，演示"昨天—今天—明天"的黑夜白昼的交替过程。学生在有限的时间内亲身经历了昨天、今天、明天的漫游，静静地体会这一天 24 小时的历程。一堂精彩生动的数学课在多媒体演示一段栩栩如生的情景中结束了，学生在饶有趣味的动画演示中，既巩固了知识，又享受到了数学思维的快乐，可谓一举多得。

（周爱英）

教学案例二

执教：孟晓庆

课堂实录

一、创设情境，导入新课

师：刚才我们了解同学喜欢看电视。看一下片头，猜一猜，它是什么节目？（听声音猜）

生：幼幼乐园。

师：我也喜欢看的。你知道每天什么时候播出的吗？

生：6 点半。

生：下午 6 点半。

生：是 18 点 30 分。

生：晚上 6 点半

师：晚上 6 点半我们还可以说晚上 6 时 30 分。

师：到底是不是晚上 6 时 30 分播出的呢？

（播放视频）

生：上面 18 点就代表晚上 6 点。

生：18 点就是代表晚上 6 点。

师：也就说，18 时 30 分，就是晚上 6 时 30 分。

师：我们发现 18 时 30 分是另外一个计时方法。今天我们就来研究计时法。

（播放中央电视台节目预报）

师：在这些节目中你最喜欢什么节目？

生：我最喜欢里面的动画城，它是早上 6 时播出的。

生：我是喜欢中国动画，它是晚上 7：40 分播出。

生：我最喜欢看神奇之窗，是早上 7：30 播出。

……

师：上面的这些计时方法就是 24 时计时法。

师：在我们生活中，除了电视上有这种计时方法，还有其他地方也用这种计时方法吗？

生：电脑上有。

生：会场上有。

生：肯德基店的营业时间上也有。

生：还有电子表上也有。

二、探索原理，研究新知

师：生活中的钟表你会看吗？

（出示一个钟表，拨到 12 时）

生：晚上 24 时。

生：晚上 12 点。

师：你怎么知道是晚上 12 点。

生：那儿有个月亮。

生：我认为趴在那儿睡觉，有月亮，所以是晚上 12 点。

师：我们时钟是顺时针走的。（时针走到升旗的时间）

生：是早上 8 点。（板书：上午 8 点）

（显示：时针走到吃饭的时候）

生：是中午 12 点

生：我也认为是中午 12 点。

师：你是怎么看出来的？

生：太阳在头上，还在吃午饭。

（板书：中午 12 点）

师：时针走了几圈？拉直时间条，并出示 12 个数。

（出示上课时间）

生：是下午 1 时。

生：我认为是下午 13 时，

师：到底是下午 13 时，还是下午 1 时？

生：用 24 时计时法，就是 13 时。

师：赞成 13 时的同学举手，赞成下午 1 时的举手。

师：准备好你的理由，先在小组里说说。

（学生讨论）

生：时针指着 1，所以是下午 1 点。

生：我认为是 13 时。

生：前面已经把 12 个小时画出来了。所以，后面再加一个小时，就是 13 时。

师：有没有同学赞同下午 1 点也是 13 时的。（继续再走一格）

师：你说说看，你认为是几时？

生：14 时。

（师出示晚上 8 时的钟面）

生：是晚上 8 时。

生：是晚上 20 时。

生：我认为是晚上 20 时。

生：如果用 24 时计时法，是晚上 20 时。

（板书：晚上 8 时，20 时）

（出示晚上 11 时，同桌互相说说看）

师：如果再走一格，你说说看，应该是几时？

生：晚上 24 时。

师：又走了一圈。我们同样把走过的一圈再拉直，请大家仔细看一看。

师：现在时针在钟面上走了几圈？

生：两圈。

师：一共走了多少小时。

生：24 个小时

196

师:一天结束了,新一天又要开始了。每年最后的时刻,寒山寺的钟声就鼓响了。第一声钟时鼓响的时间,是新的一天开始了。那么这个时间用什么表示?

生:12时。

生:24时。

生:0时。

师:对。那么上午8时,如果用24时计时法,我们该怎样表示?

生:8时,因为在13时之前的时候,在表上还是这个时刻。

(师提示:8:00是8时的另一种写法)

师:上午8时,与晚上8时,改成24时计时法有什么区别呢?

生:上午8时,就是8时;晚上8时,应该说是20时。

师:你这个20时,是怎么得来的?

生:晚上8时,距晚上24时还有4时,所以是20时。

生:早上8时,与晚上8时相差12时,中间正好就是12。早上的8时加上12时,就是20时。

师:中午12时,改为24时计时法。

生:还是12时。

三、巩固练习,实践应用

(电脑出示上课的时间:10:00)

生:上午10时。

师:你是怎么知道的?

生:时间指向10,因为是在上课,不可能是晚上,所以是上午。

师:用24时计时法表示是几时?

生:还是10时。

(出示图片:下午3时,两个小朋友踢球)

生:是15时,下午的3时,加上12时。

(出示图片:5时的钟面,"这个时候你在干什么呢?")

生:我在看电视。

生:我在写作业。

生:我在放学的路上。

生:上午5:00我在睡觉,下午5:00我在写作业。

师:分别用24时计时法怎么表示呢?

(出示作息时间表。将普通计时法改为24时计时法。学生动手操作)

师：（展示学生的作业）电子屏幕上是什么计时法？

生：24时。

师：你能用普通计时法表示吗？（出示 14：00 电子表）

生：是 2 时。

生：是下午 14 时。

生：下午 2 时。

（出示生活中的图片，让学生说时间）

(1) 电子手表   14：00

(2) 火车票   6：00

(3) 肯德基店营业时间   9：00—22：30

(4) 车站站牌   首班：5：00   末班：21：30

四、课后延伸，深化应用

师：学校的少儿电视台经过改版，新开辟了下面四个栏目。现在，电视台正在招聘小小编辑员，你认为安排在什么时段比较合适，请你用 24 时计时法在学校的作息时间表上合理安排这四个栏目：故事大王（20 分钟）、校园新闻（10 分钟）、音乐欣赏（20 分钟）、英语会话（15 分钟）。

教学反思与评析

1. 内容的选择既源于教材，又紧扣实际，既高于教材，又用于生活

《数学课程标准》中明确指出："数学教学应该是从学生的生活经验和已有的知识背景出发，引导学生人人学有用的数学。""数学学习的内容应该是现实的、有意义的和富有挑战性的。"本节课的内容设计注意从生活实际出发，把教学的内容与生活实际有机结合，教学内容的选择、教学过程的设计安排都充分体现了源于生活、又用于生活的思想，特别符合学生学习的规律和实际，使他们感受到数学就在身边，领悟学习数学的价值，感受到学习数学的乐趣。本节课由"幼幼乐园"儿童电视节目导入，生活中如会场、商店、汽车票等用24 时计时法表示时刻的学习，学生一天的学习，生活过程的学习，寒山寺钟声的深化等，无不体现了这一思想。

2. 重视让学生经历学习的过程，加深对学习内容的理解

整节课引导学生经历一天 24 小时的变化过程，从 0 时到 24 时，起床、早操、上课、午饭、课间活动、睡觉等，使学生掌握一般计时法与 24 时计时法的联系，从而加深对用 24 时计时法表示各个时刻的理解。体会 24 时计时法在生活中的应用，帮助学生建立时间观念，学会合理安排作息时间，养成珍惜时

间的良好习惯。

3. 重视合作交流和实践探索，提高学生的学习效率

动手实践、自主探索、合作交流是学生学习数学的重要方式。本节课的教学中，重视培养学生合作交流的意识，经常提供一些让学生相互合作、相互交流的机会，促使他们主动探知。教师适时采用钟面的操作演示等实践活动提高学生学习的积极性，努力优化课堂教学效果。

（纪征兵）

教学案例三

执教：蔡圣宏

一、造"时间尺"

师：小品里，小沈阳说"眼一睁眼一闭，一天就过去了"，这里的"眼一睁"和"眼一闭"分别说的是什么时候？

生：眼一睁天亮了，是白天，眼一闭是晚上。

师：白天与夜晚的自然现象和我们居住的地球的运动有关。请大家看大屏幕：地球在围绕着太阳旋转的同时，也在不停地自转。被太阳照到的时候就是白天，照不到的时候就是夜晚。早在好几千年前，人类的祖先就发现了白天和夜晚周而复始地重复着，因此把一个白天和一个夜晚合在一起称为一天。但那个时候，只用"日"和"夜"来表示时间，你觉得能说清楚确切时间吗？

生：说不清楚。

师：因此，人们想了很多法子来测量时间。比如说用日晷测太阳下物体的影子来定时间。那没有太阳的日子里怎么办？所以又发明水钟、滴漏直至钟表（课件中出示相应的图片）。有了钟表，测量时间就精确多了，所以，现在人们问一天有多少时间，你肯定说——

生：（异口同声地）24 个小时。

师：对。虽然地球自转的速度和角度都有变化，但长期看，地球自转一周的时间大约是 23 小时 56 分。为了方便，大家约定一天有 24 小时。

师：我们已经认识过了钟表，都知道一般的钟表面上都有 12 个数。这两者不是矛盾了吗？

生：老师，不矛盾，钟表上的时针 1 天转两圈的。（随学生回答，教师板书：转两圈）

师：要知道一段时间有多长，我们用钟表来计时。但说起"有多长"的测量，很容易使我们想起尺子。今天我们也来造一把这样的"时间尺"。把一天时针转的两圈刻度，分别取下，拉直，就得到了两把短尺。

师：既然说是尺，就得有刻度。这里最后的刻度线上标 12（课件分别显示刻度 12），大家都没有不同意见。那起点处呢？

生 1：标上 0。

生 2：钟表上没有 0，最小的刻度是 1，所以标上 1。

师：哈哈，钟表上最小的数是 1，起点处就标上 1，那就上当了。看看我们的尺（出示学生铅笔盒里的学生尺）就明白了。

生：起点处应该标上 0，不是 1。（随学生回答，在两把尺的起点处标上 0）

师：大家闭眼想象一下，如果把已经标上刻度"0""12"的尺子还原到钟表上的话。你发现了什么？

生：刻度 12 的地方也是刻度 0。

师：嗯，很好。不是钟表上没有刻度 0，而是和刻度 12 重合在一起了。要表示一天的时间，两把短尺必须变成一把尺子。下面有两种方式，你觉得哪种方式表示一天的时间更合适？

方式 1：

方式 2：

生 1：第一种方法。

生 2：我不同意，这样它中间那段就没有时间了。应该合在一起，用第二种方法。

师：对啊，我们时时刻刻生活在时间里，怎么能没有时间呢？（课件演示，两把短尺合在一起）大家注意观察，第一圈的刻度 12 和第二圈的刻度 0，如果两把短尺合在一起成一把长尺的话，你又能发现什么？

生：长尺上中间的 12 也是 0。

生：第一圈结束的时候也就是第二圈开始的时候。

师：难道长尺只能像屏幕上那么标刻度吗？（停顿）比如，能不能像学生尺那样标刻度呢？（边说边拿起学生尺）

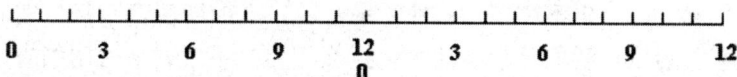

```
 ├──┼──┼──┼──┼──┼──┼──┼──┼──┤
 0     3     6     9    12    3     6     9    12
                         0
```

生：可以的。（学生们跃跃欲试）

师：慢，我们想清楚再动手。和已经标好刻度的长尺比一比，新的标法哪些刻度是不变的，哪些刻度是变化的？会怎么变？

生：第一圈的刻度可以不变，第二圈的刻度要重新标。

师：好，怎么个重新标法？

生：就是从 12 开始接下去标。

师：好，动动手。

（学生在练习纸上标刻度。练习纸上，上下对齐给出了两条线段，一条如上图，另一条只给出了第一圈的刻度。完毕后抓住原来第二圈的刻度 3、6、9、12 进行交流，12 后面的第三个刻度为什么一个标刻度为"3"，另一个标刻度为"15"？最后，分别赋予"12 时尺"和"24 时尺"的名称）

师：说起时间，我们还经常使用"上午、傍晚、下午、晚上、深夜、凌晨、早晨"等一些表示一定时间段的词。这些词表示的时间段分别在第几圈？在时间尺上排一排它们的序。

（学生在练习纸的"时间尺"上排序）

二、用"时间尺"

师：到这会儿，有些同学心里可能会嘀咕：这两把尺有用吗？不急，我们来看屏幕。（课件出示：一个钟面显示 7 点，并配上"吃早饭"和《新闻联播》片头的画面）为什么都是 7 点，老师有可能在吃早饭，也有可能在看《新闻联播》呢？

生：因为一天有两个 7 点，一个是早上的 7 点，另一个是晚上的 7 点。

师：（赞许地）你的回答很棒，说清楚了虽然钟面上时针都指着 7，但实际上那是两个完全不同的时刻，那钟面把它们分清楚了吗？

生：（异口同声）没有。

师：好，时间尺可以派上用了。在两把尺上，分别找找这两个时间的刻度，再联系平时生活中的说法，想想这两个时刻是怎么表示的？

生：可以说成"早上 7 时"和"晚上 7 时"。（学生在黑板"12 时尺"上指明这两个刻度）

师：嗯，加了表示时间段的词。哎，不过为什么要加词呢？（板书：加词）

生：都是 7 时，不加词就分不清楚了。

师：对，在"12 时尺"上我们可以很清楚地看到，这是两个不同的时刻（指着这两个刻度），但都用了"7 时"来表示，不加词还真不行！实际上，这个方法大家不陌生，我们日常生活中都这么用着。不过，平时用的时候往往省略了这个词。比如妈妈问你几点了，你肯定就说 10 时了，不会说是上午 10 时。因为在问话的时候，大家都知道是上午，所以就省了，但规范使用时可不能省表示时间段的词。

师：那在"24 时尺"上找到这两个刻度了吗？怎么表示这两个刻度？

生：在"24 时尺"上，一个是 7 时，一个是 19 时。（学生上台在"24 时尺"上边说边指）

生：哦，怪不得叫 19 时啊！我看见电视上就是这样标的。

师：哎，在"24 时尺"上为什么不用加词了？（板书：不加词）

生：一个是 7 时，另一个是 19 时，就不用加词了。

师：你的言下之意是：用数目本身来表示时间，不混淆了，自然就不用加词了，这不是明摆着的事情吗？

生：嗯，是的。

师：回顾一下，有两把尺，我们就有了两种记录时间的方法。"12 时尺"记录时间的方法我们不妨就称为"12 时计时法"，也可以叫做"普通计时法"，那"24 时尺"记录时间的方法——

生：叫"24 时计时法"。（分别板书两种计时法的名称）

师：下面来个小练习。先在"12 时尺"上找出下面这些时刻的刻度，再在"24 时尺"上找出相对应的刻度，然后填一填"24 时计时法"怎么表示这些时刻。全部填完后，思考怎样把"12 时计时法"的时刻改成"24 时计时法"的时刻。

凌晨 2 时——（   ）

上午 9 时——（   ）

下午 5 时——（   ）

深夜 11 时——（   ）

（练习完毕后，进行交流和总结，并完成跟进的练习）

（练习：完成教材"想想做做"第 1 题、第 3 题和第 5 题）

1. 用 24 时计时法表示下面的时刻。

图 10—1

2.

这一路公共汽车最早是几
时几分开出？最晚呢？

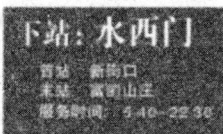

图 10—2

3.

妈妈去秦皇岛，她下午几时
前到南京火车站比较合适？

图 10—3

三、弃"时间尺"

师：我们是从认识一天开始今天学习的，让我们回到这个话题上来。"12
时尺"和"24 时尺"都可以用来表示一天，每一天是从什么时候开始、什么
时候结束的？

生：从 0 时开始，到 24 时结束。

师：那 0 时我们在做什么？

生：应该在睡觉。

师：绝大多数同学可能没有"0 时"的印象。让春晚的 0 点钟声帮助你勾
起那么一点印象吧！（课件播放"春晚"视频片段）

师：如果把黑板上"24 时尺"缩短些，用来表示今天的时间，（边说边在

黑板上画上一条线段)那怎么表示"昨天"和"明天"呢？谁能到黑板上画一画？

(一个学生在已画线段的两端分别加画了一条线段)

师：能把表示今天和昨天、明天的线段分开吗？

生：不能。

师：那连在一起的 3 条线段你又发现了什么？

生：昨天的 24 时也就是今天的 0 时，今天的 24 时也就是明天的 0 时。

师：对，就像一天中时针转的两圈，第一圈的结束之际也就是第二圈的开始之时，时间就是这样连续在一起。哪位同学能在表示"昨天、今天、明天"的线段中，接着表示出后天、大后天吗？

(学生在表示明天的线段上接上表示后天、大后天的线段)

师：那大后天呢？能一直这样画下去吗？

生：能。时间可以一直有的。

师：同学们，刚才的画能让大家体验到"时间尺"，让我们看清楚了两种计时法的道理，但如果真的就用它来测量时间的话，那会是很麻烦的事情。历史上，我们的祖先曾经走过那一段路。大家看，古代有一种刻漏，主要由几个铜水壶组成，又叫"漏壶"。除了最底下的那个，每个壶的底部都有一个小眼。水从最高的壶经过下面的各个壶滴到最低的壶里，滴得又细又均匀。最低的壶里有一个铜人，手里捧着一支能够浮动的木箭，壶里水多了，木箭浮起来，根据它上面的刻度，就可以知道时间。但想想，这个木箭能无限制地浮起来吗？对，到了一定的时间，就需要把最下面铜壶里的水倒回最上面的铜壶，周而复始地再进行计时。由此，我们理解了祖先发明的机械钟表，时针固定后周而复始地旋转，(课件出示各种各样时针旋转着的钟表)计量时间很方便。

师：很多时候，我们看到的钟表都是这个样子的，无意中就觉得一定是这样的。地球自转一周约 24 小时，那是一定的。那钟表转一圈是 12 个小时也是一定的吗？或者说，钟面上只能显示 12 时计时法的时刻吗？

生：(犹豫地)钟面上标上 1～24 的数，就可以直接看 24 时计时法的时刻了。

师：有了新的想法，就会创造出与众不同的钟表，大家看，屏幕上出示的手表新品。真是应了这句话：不怕做不到，就怕想不到。敢于提出新的想法，理应得到大家的赞赏，把掌声送给他！

师：今天我们借助时间尺了解和掌握了两种计时法，大家可以进一步关注生活中两种计时法的运用。下课！

教学反思与评析

每一节课都是教师一定教育思想的表现形式，只不过有些更无意识些，有些更清晰鲜明些。就本课而言，其内在的意义在于和谐，可以给课堂注入更深远的力量。

仅仅用一个课例承载和谐之于数学教育的全部意义，那是不现实的。但这不妨碍一个典型的课例，可以将数学教育中和谐的某方面要义演绎通透，那就是：和谐是坚守所教知识的理性内涵或数学本质基础上的多元统一，其主旨是润泽课堂中的生命。

更深入地看，所揭示的和谐要义的两个方面（"坚守"和"润泽"）也是辩证统一的。某一个教学内容发散开、挖掘出的，可以用来润泽孩子生命的元素有很多，但就数学学科而言，应该首先紧扣"思维""理性"等关键词。特别是在多元资料的取舍中，把握住这点很重要。实际上，两者的辩证统一也揭示了数学教育中和谐的另一方面意义，即和谐绝不是"和稀泥"，它必须有数学理性的内核。

例如，本课例最后的教学环节在演绎"循规"与"突破"的和谐。用计时法表达，要遵循现有约定的方式。因为传承下来的东西都是如此（钟面上标 12 个数），于是，大家都觉得应该是这样的，不能是其他样子，思维也就僵化了。粉碎套在思维上的枷锁，让孩子们体会到"不怕做不到，只怕想不到"，注入"敢于思考"的品质，平淡的"24 时计时法"也就展示了新的价值。

儿童是作为一个完整的自然人走进学校的，当走出学校的时候也应该是个完整的社会人。这正如爱因斯坦所说："学校的目标始终应当是：青年人在离开学校时，是作为一个和谐的人，而不是作为一个专家。"因此，和谐的数学教学不是追逐时尚的冲动之举，而是教育直面生命的自然应答。当我们用和谐的方式处理教学中的各种关系时，自然也就触摸到了教育的和谐本色，课堂也就具有更深远的意境。

（蔡圣宏）

异教解析

关于 24 时计时法，学生已有哪些生活经验和知识储备？如何有效利用已有生活经验又解构重组这些生活经验，进而促进学生对时间本质的理解？为实现此目标，该设计哪些有教育价值的数学活动？设计有价值的数学活动需要教师对时间的本性做怎样的追问与深思？在仔细品味三位名师执教的"24 时计时法"一课后，这些问号都将得到诠释与破解。

1. 把时间留给学生

24 时计时法是在学生掌握了年、月、日和时、分、秒等时间单位以及在日常生活中积累了一定的计时法的感性经验基础上进行教学的。而三年级学生的思维方式正从具体形象思维向抽象思维过渡，时间单位是比较抽象的计量单位。对于我们大多数的老师来讲，在揭示了两种计时法的名称之后，接下来的工作一般是引导学生探究两种计时法的异同点及设计相关练习而已。而黄爱华老师的睿智之处在于：此时他抛出问题——"24 时计时法和 12 时计时法有什么不同？你比较喜欢哪一种计时法？说说你喜欢的理由。"他把时间交给学生，关注"让学生怎样学会"，而不是一般教师关注"让学生学会什么"。

一开始，我并不能领悟黄老师设计这场辩论的意图。可是，在辩论过程中，当多数学生的意见倾向于"12 时计时法"时，黄老师却引导学生发现生活中常见的报纸、火车票、电影票等都是用"24 时计法"，而当大多数学生的意见又认为"24 时计时法"好时，这时黄老师又反问他们："难道 12 时计法就一点都不好吗？"而让学生继续辩论，渐渐地，学生领悟到：其实 12 时计时法与 24 时计时法并无好坏之分，只不过是他们适用于不同的环境而已。

也直到这时，我才领悟到黄老师的设计意图，他是要让学生的其他认知在这场辩论过程中得到主动的建构，从而真正体现了《数学课程标准》指出的"数学教学是数学活动的教学，是师生之间、学生之间交往互动与共同发展的过程"。学生的探索需要时间，思考需要时间，理解需要时间，交流需要时间，一节课 40 分钟怎么办？就看我们的教师能不能像黄老师那样舍得花时间让学生去思考、去交流、去感悟。只有真正把探索的时间留给学生，学生才会有真正的收获。

2. 把发现留给学生

学习任何知识的最佳途径都是由自己去发现。因为这种发现，理解最深刻，也最容易掌握内在规律与联系。面对比较抽象时间的概念，孟晓庆老师在学生初步认识了 24 时计时法后，提供了很多实际生活中的例子，唤起学生已有的生活经验的同时，也巧妙地把生活与数学结合在了一起，新颖的问题情境，激活了学生的思维，同时又把学习的权利交给了学生，让学生通过自己的理解去感悟、去发现、去研究，主动探索 24 时计时法的规律，从而实现理解和发现普通计时法和 24 时计时法的联系和区别，正确地进行二者的转换的目标。

蔡老师的课堂"发现"与"创造"的因素体现得尤为充分，学生经历了造"时间尺"用"时间尺"到弃"时间尺"的发现与创造过程，理解了时间的本质。用学生熟悉的度量长度的"尺子"（直线段）以及一天钟表要转两圈的生活常识，将弯曲的钟表刻度"拉直"为"时间尺"，由两条"12 时尺"变为 1

条"24时尺"。在此过程中,教师的设问和追问澄清了学生认识的误区,或者说澄清了学生从来不曾有意识关注的问题,两条"12时尺"到底如何拼接,让学生体会到了时间的连续不可分割性。两种计时法的联系与区别在"造尺"的过程中自然呈现,摒弃教师单纯地传授与灌输。

3. 把人文关怀留给学生

在新课程实施过程中,如何让数学课堂也洋溢着人文气息,多一些人文关怀,这个问题已实实在在地摆在每一位数学教师面前,值得我们认真地思考、实践和创造。在三位名师的课堂教学中,我们很少看到"真好""真棒"等这些含糊性评价的语言,看到的是人性化的评价:"这位同学很有条理并完整地回答了三个问题。""能联系生活中的具体例子来说明自己的观点,好!""学得真像!""同学们在讨论的过程中,积极开动脑筋,大胆发表自己的观点,很投入,也很热烈,给老师留下深刻的印象。""了不起的发现!我们一起为王利伟的发现鼓掌!""有了新的想法,就会创造出与众不同的钟表。""不怕做不到,就怕想不到。敢于提出新的想法,理应得到大家的赞赏,把掌声送给他!"……一声声温暖的鼓励,更有一句句信任的话语,这一切足以使我们不由自主地感受到"数学教育"不仅仅是"数学",更是"教育"。数学课堂中留给学生基础的数学知识固然重要,可课堂上比知识更上位的是教育,把渗透浓郁的人文关怀的数学学习氛围留给学生,学生才能健康成长。

陶行知先生曾大声疾呼对孩子们的"六大解放",以把学习的基本自由还给学生。数学课堂上更是如此,要把学生解放出来,把思考的过程留给学生,把动手的自由留给学生,把发现留给学生,把人文关怀留给学生,把时间和空间留给学生,把一切留给学生,学生才能得到一切。由此我想到:在新课程理念指引下的数学课堂里,如何站在"关注每一个学生的生命发展"的高度,在教学中的每一个环节,从学生的角度着想,顺着学生的思路而又高于学生的思路,不断地引导学生探究,把观察、思考、讨论、合作、质疑、创造的权利交还给学生,使孩子们脑海中一个个奇怪的"为什么"得到释然,大脑皮层上一个个思考的点得到激活和唤醒,使课程实施成为学生生命历程的一部分?这应该成为每个数学老师追求的目标。

教学的确是一门艺术,需要教师为了学生的发展潜心研究和创造。三位名师朴实的数学语言、精湛的教学艺术、高超的教学技巧,精彩纷呈的教学过程令我折服,也促使我们不断地反思与追问:数学课应把什么留给学生?

(纪征兵)

找规律

教学案例一

执教：黄爱华

课堂实录

一、创设情境，初步认识

1. 利用乒乓球串，初步认识——间隔排列

（教师准备一个包装精美的礼品盒，一侧开孔，里面装着一串黄白色间隔排列的乒乓球）

师：同学们，今天老师给你们带来了一件神秘的礼物，是什么呢？（拿出礼品盒）你们猜猜看，里面装的是什么呢？

（生猜测）

师：（拉出 1 个黄球）什么东西？什么颜色？（再拉 1 个白球）现在呢？（又拉出一个黄球）再看，（再拉出一个白球）再看看。那你们猜，下一个会是什么颜色的球？为什么？

生：黄球，因为一个黄球后面就是一个白球，这样排下去的。

生：黄球，因为它是有规律的。

师：（紧跟着问）哦，你们发现是有规律的，那你说是什么规律呢？

生：是一个黄球一个白球、一个黄球一个白球这样排下去的……

师：说得非常好，他认为这串球是按照一个黄球一个白球这样的规律排列的，是"一个一个"。

（师拉出下一个黄球，并且一端固定，使球串平直展现在学生面前）

师：真的哦，是黄球。其实老师这份神秘的礼物就是一串球，（手指着球）而且是一个黄球一个白球、一个黄球一个白球依次排列着，像这样的排列你们能不能给它起个名字，叫什么排列好？

生：规律排列。

生：黄白排列。

生：一一排列。

生：一一间隔排列。

师：这名字起得好，就叫一一间隔排列。（指着球）像这样，一个隔着一个，我们称它为"一一间隔"，这样的排列，我们就叫它为"一一间隔排列"。

（板书：一一间隔排列）

师：在我们的生活当中，有没有一一间隔排列的现象呢？谁能够举出例子来？

（生举例）

师：你们觉得这些一一间隔排列看起来怎么样？

生：看起来很舒服、很美。

师：这样的排列使物体看起来显得非常有秩序，给人一种美的感觉。

（评析：在教学中，学生常常对"一一间隔"概念的理解有困难，原因在于生活当中"间隔排列"的现象有很多：有多种物体一一间隔，也有整体间的间隔排列。因而，如果不解决好这个概念，将会给后面的探索规律造成一定的困难。这里，教师创设了拉球这个看似简单的环节，别出心裁地将球串平直地固定起来，给学生直观形象的一一间隔排列实例，并尝试让学生给这种排列起名字，引导学生从认识"一个一个"到"一个隔着一个"，再到认识"一一间隔""一一间隔排列"。通过声情并茂的语言和肢体动作来吸引学生，注重倾听学生的每一个回答，由浅入深、由表及里地引导学生在脑海里建立起"一一间隔"这一概念。由于数量上不够，类型上也不够丰富、典型，所以在初步感知的基础上，教师让学生列举、交流了生活中一一间隔排列的现象，进一步认识"一一间隔排列"，体现出规律存在的普遍性的思想。）

2. 男女学生排队，深刻理解一一间隔排列

师：下面老师还想和大家一起来玩一个排队的游戏，你能不能排出男女生一一间隔排列的队形呢？

（师请4个男生和4个女生上台玩游戏，学生很快就排出来，气氛活跃）

（队形：男女男女男女男女）

师：这样的队形是男女生一一间隔排列吗？这样太简单了，老师想增加点难度，提点儿要求。

（师出示队形要求：①男女同学一一间隔排列成一排；②男同学的左右两边都必须有女同学。学生兴趣高涨，气氛非常活跃，出现了抢位置的现象，引起全班哄堂大笑。有一个男生发现自己没有符合要求的位置，站在队列一边，现场的同学都已经发现问题）

（队形：女男女男女男女男）

师：请同学们仔细观察，这个队列符合老师的要求吗？他怎么没有找到自

己的位置？同学们能不能帮这位同学想想办法？

生：增加 1 个女生。

生：让他回座位，减少 1 个男生。

师：我们可以通过增加 1 个女同学或减少 1 个男同学，使这个队列符合老师的要求。为了使这个男同学不离开我们这个队列，我们还是采取增加 1 个女同学的办法。谁愿意上来？

（师再请 1 个女生上来）

师：现在符合要求了吗？请同学们仔细观察这个队列，有没有新的发现？

生：他们都是一一间隔排列。

生：女生比男生多 1 人。

生：两端都是女生。

师：同学们观察得都非常仔细，发现了这种排列的很多特点。是不是像这样（指着队列）两端物体相同的一一间隔排列里面都有这样的特点呢？下面，老师再带大家一起到小兔子乐园去看一看。

（评析：通过排队游戏，先让学生自由排一个男女生一一间隔排列的队形，加深对两种物体一一间隔排列的认识。接着提出要求，有意识地设置认知障碍，制造思维冲突，引出两端相同的一一间隔排列，让学生清楚地知道，本节课学习研究的重点是一一间隔排列中两端相同这一种类型的排列。）

二、观察主题图，自主探究

（师创设故事情境，出示课本主题图）

师：在这个画面当中，有没有一一间隔排列的现象呢？哪些物体是一一间隔排列的？你能够找出几组来？

（生汇报时，师贴上物体图片，学生共找到三组：手帕与夹子、兔子与蘑菇、木桩与篱笆）

师：这些一一间隔排列到底有什么共同的特点？是否隐藏着什么规律？下面我们就四人小组合作，自主探究，观察这几组一一间隔排列，完成下面的工作表。

"找规律"工作表：

第 1 组，（　）和（　）一一间隔排列，它们的数量分别是（　）和（　）。

第 2 组，（　）和（　）一一间隔排列，它们的数量分别是（　）和（　）。

第 3 组，（　）和（　）一一间隔排列，它们的数量分别是（　）和（　）。

　　我们发现：1. _____；

　　　　　　　2. _____；

　　　　　　　3. _____。

（生分小组探究完成后，请每小组派代表上台利用实物投影进行汇报）

　　师：他说有 10 个夹子，9 个手帕……你们的发现是不是也一样？

（生汇报，师在物体图片旁边板书数量）

　　师：两端相同，是吗？我们来看看，就以兔子与蘑菇这一组为例，是不是两端相同？前面是——（兔子），后面也是——（兔子），是两端相同。那其他两组也是两端相同吗？

（生答，师板书：两端相同）

　　师：既然排在两端的物体都相同，那我们干脆把它们统称为"两端物体"，可以吗？（板书：两端物体）那除了两端物体之外，中间的另外一种物体，比如蘑菇，我们把它们叫做什么好呢？

　　生：中间物体。

　　生：间隔物体。

　　师：好！那我们就统称它们为间隔物体。（板书：间隔物体）在这样的排列中，两端物体的数量和中间间隔物体的数量有什么关系呢？

　　生：两端物体比间隔物体多 1。

　　师：经过同学们的自主探究，仔细观察和思考，我们发现这些两端物体相同的——间隔排列有很多特点，谁能够用自己的话概括一下？

　　生：这三组排列都是两端物体相同的——间隔排列，两端的物体比中间的间隔物体数量多 1。

　　师：对于这个结果，大家还有什么疑问吗？

（生质疑）

（评析：为了更好地指导学生自主探究，教师在设计工作表时特意先让学生观察主题图，找出符合——间隔的排列来，将这三组排列编上号，通过幻灯片将其展示出来，便于学生观察比较。在工作表中特地设计填写每组中两种物体的对应数量，让学生很好地发现"多 1"这一重要的共性内容。在学习中，学生的点滴发现都体现了他们独立学习的成果，是非常有价值的。即使学生的概括不全面，不能完全找出排列中的共同特点，我们也必须给学生思考的时间和空间，引导学生充分参与数学活动，获得充分的数学体验，进而将有价值的发现挖掘出来。在教学中，教师发现学生由于概括能力有限，大部分发现的是个性特点，很难完整发现并概括出共性的特点。此时，教师灵动地与学生展开对话，注意调动全班同学的思维，对有价值的问题进行有效的引导，并同步板书，使规律逐渐清晰起来。）

三、解决问题，拓展规律

1. 巩固练习，用规律解决生活中的实际问题

（出示练习 1：马路一边有 25 根电线杆，每两根电线杆中间有一个广告牌。共有多少个广告牌？生完成后汇报）

师：如果题目的已知条件改成有 25 个广告牌，那有多少根电线杆呢？对比一下这两道题，它们有什么不同？

生：求的对象不同，前面的题是求两端物体，后面的题是求间隔物体。

（出示练习 2：把一根木料锯 3 次，能锯成多少段？）

师：下面我们就来模拟锯木头。我们用剪刀剪纸木头来模拟一下锯木头。

（生自己动手剪纸木头）

师：谁能够用我们刚学过的规律来解释一下锯木头？

生：锯成的段数和锯的次数——间隔排列，段数比锯的次数多 1。

师：那如果锯成 6 段，需要锯几次？

（评析：通过改变问题的已知条件，体现一题多练，通过对比让学生发现解决问题不是一味地加 1 或减 1，而是要看清已知条件和所求的问题。让学生模拟锯木头，既形象又直观，将规律的应用进一步推向深入。）

2. 认识两种物体——间隔排列围成一圈，两种物体的数量相等

（出示神秘礼物——已经拉出一部分的球串，另一端仍然隐藏着）

师：你们都知道黄球和白球是——间隔排列，那这一串球中黄球多还是白球多？

（生猜测）

师：（球串全部拉出来，两端都是黄球）哪种球多？你是怎么知道的？你数过吗？我们想知道哪种球多，是不是一定要数一数？

生：不一定，只要知道两端是否相同就可以了。

师：说得非常好，掌声表扬她。

（评析："学起于思，思源于疑。"当一种自认为很好的方法却不能用于解决问题时，学生认知遇到了障碍，产生了疑惑。这时，他们的探究欲望会很强烈。当学生习惯用数的方法比较两种物体的数量多少后，教师出示这个黄球和白球——间隔的球串，并将其中的一端隐藏在盒子里。学生再也不能用数的方法比较出谁更多，从而被逼着去思考。运用刚学到的"当两种物体——间隔排列时，要比较多少，必须看这个排列的两端"这个规律，自然地让学生的关注点落在了"两端"这一重要的关键词上，从而让学生在强烈的思维冲突中加深

对规律的理解。）

师：你们仔细看哦，我现在把它剪掉一个，（剪掉1个黄球）它还是一一间隔排列吗？

生：是。

师：那现在是黄球多还是白球多？你有没有什么新的发现？

生：一样多。两端的物体不同的一一间隔排列，两种物体的数量相等。

师：说得很好，（头尾相接围成一圈）那现在还是一一间隔排列吗？（老师把球串戴在脖子上，引起了全班学生的哄堂大笑）哦，是哦，这是一一间隔，其实这是一种封闭式的一一间隔排列。那黄球多还是白球多？

生：一样多。

师：通过老师把它们围成一圈，你有没有什么新的发现？

生：两种物体如果一一间隔排列围成一圈，两种物体的数量相等。

（评析：通过别出心裁的设计，既利用了原有的球串，又解决了"封闭式一一间隔排列"这一拓展性问题，前后呼应，趣味性强。）

3. 配套练习

师：请同学们完成下列练习。

（1）围着一个池塘栽75棵柳树。每两棵柳树中间栽一棵桃树，一共栽桃树多少棵？

（2）下列各组中的两种物体一一间隔排列，请比较：哪一种多？多几个？你是怎么判断的？同桌互相讨论一下。

① √×√×√×……√×√×√√

② 左右左右……左右左右左

③ ①②①②①②……①②

4. 拓展练习

师：下面有一道抢答题，请同学们在最短的时间里自由抢答。题目如下：字母A和B一一间隔排列，已知A有5个，B有（　）个。

生：4个、5个、6个。

师：刚才老师听到好几个答案，有点乱，谁能够解释一下，到底答案是什么？

生：字母A和B一一间隔排列，如果是ABABABABA，就有4个B；如果是ABABABABAB，就有5个B；如果是BABABABABAB，那么6个B。

（评析：精心设计的练习，既检验了学生的掌握情况，也通过练习让学生对规律的认识进一步得到巩固和拓展，特别是开放性很强的抢答题，兼顾到学习能力不同的学生，一道题目就帮助学生对今天学习规律的内容进行了很好的梳理。）

四、课堂总结，课后延伸

师：同学们，经过这节课的学习，你有什么收获？学到了什么？

（生答略）

师：在我们的生活中，一一间隔排列的现象非常多，随处可见，规律的存在使物体的排列显得更加有秩序，也给人一种美的享受，规律也是一种美。希望同学们在今后的学习中不断探索，以发现生活中更多的规律，体现我们学习数学的价值，并反过来更好地为生活服务。

教学案例二

执教：贲友林

一、导入

师：这一节课我们先做一下听写练习，谁愿意到黑板上来？准备好，我说你写，画一个圆。

（一生上台画，其余学生在纸上画）

师：我建议你画小一点。

师：三角形，圆，三角形，圆，三角形。暂停，是圆多还是三角形多？

生：一样多。

师：说得非常好，同样多。继续画，接下来画什么？

生：圆。

师：哦，你们都知道啦！接着再画——（三角形）。

师：好，暂停。我想知道这次我没说画圆还是画三角形，你们怎么知道的？来，你说。

生：我是通过前面的，第一个和第二个，第三个和第四个，它们几个都是第一个是圆，第二个是三角形。后面的也都是圆和三角形，以此类推。

师：嗯，看了前面的，知道后面的。好，你说。

生：我是看前面的，1、3、5都是圆，2、4、6都是三角形。我知道单数就是圆，双数就是三角形。

师：那接下来就是再画——圆，然后再画——三角形，也就是说圆和三角形它们的排列是有——规律的。（板书：规律）

师：我想请你说，有怎么样的规律？

生：这个规律是首先是一个圆，然后就是三角形，然后圆、三角形，接着又是圆、三角形了。

师：他说得对吗？

生：对。

师：两个圆之间是一个——三角形，两个三角形之间是一个——圆，圆和三角形排列的时候是——有规律的。对，圆和三角形一个——接着一个，一个隔着一个。对吧？（对）那我们说，圆和三角形它们是怎么排的呢？（板书：间隔排列）

师：一起来说——间隔排列。别看画了几个图，我们就认识了圆和三角形是间隔排列的。继续画，会画吗？

师：我们就这样画下去吗？你能画完吗？（画不完）

师：哦，像这样，你继续往下画，画不完，怎么办啊？

生：画到三角形就结束了。

生：在下面再加一个省略号。

师：她想到了用什么符号啊？

生：省略号。

师：说得多好啊！把掌声送给她。一个省略号就帮我们省事了。

师：这就表示圆和三角形间隔排列就这样依次不断地排列下去，对吧？

师：（边画边说）我再画一个圆，一个三角形。那你们看看黑板上这一幅图，是圆多还是三角形多？谁来解说？

生：我感觉是一样的，因为是圆和三角形比的，不管中间有多少组的话，它们都是相互的。

师：谁听明白他的发言了？

生：他说每组都由一个圆、一个三角形组成，这样排列下去都是一样的。

师：那你能做个标记，让大家都看明白圆和三角形是一样多的吗？

（一生上台做标记）

师：这个标记我们还没看清楚，你想到什么标记呢？

（生上台板书：1、1、2、2、3、3）

师：我看懂他的意思了，这两个是第一组，这两个是有第二组，这两个是第三组，每一组都有一个圆，和一个三角形，有一个圆就有一个三角形，有一个三角形就有一个圆，就这样一直到后面。你发现圆和三角形是一样多的。（板书：对应）圆和三角形排列的时候是一个对着一个，男同学一起说，圆和三角形是一一对应的。那你知道圆和三角形现在为什么同样多了吗？

生：因为一组中有一个圆，肯定就有一个三角形了。

师：对应的一个三角形。就这样，圆和三角形一一对应，我们就知道圆和三角形肯定一样多了。那我再画一个圆呢？（板书：画圆）

生：这样就不一样了，因为现在有四组，还多出一个圆，多出的圆不能单独成为一组，所以就不一样了。

师：刚才他说到 4 组，你能看得出是 4 组吗？为什么？

生：因为中间还有省略号。

师：有很多很多组，对不对？在每一组中都是一个圆和一个三角形。到这儿看成什么？到这儿看出来是圆和三角形一样多。

师：再有一个圆就多了一个圆。因为这个圆不能单独成为一组。找不到一个对应的三角形，是这样吧？（是）咱们心里明白了，还要把它说清楚。

二、新课

师：好了，现在我们来看图，在这幅图上，你能找到间隔排列的物体吗？来，你说。

生：兔子是间隔排列的。

师：兔子和什么是间隔排列？两只兔子中间是什么？（蘑菇）那怎么说？

生：兔子和蘑菇是间隔排列的。

师：对不对啊？

生：对！

师：兔子和蘑菇间隔排列。好，你说。

生：兔子还有一个间隔排列。

师：嗯，你把它说清楚。

生：两只兔子，第一只兔子朝右看，第二只兔子朝左看，以此类推。

师：看看，兔子脸向右向左，向右向左。是这样的吧！你说。

生：还有一个是兔子的耳朵，一个是深红色的，一个是浅红色的。

师：看看耳朵也行。好了，我们不看兔子，在其他地方你还能找到吗？

生：还有夹子和毛巾是间隔排列的。

师：手帕、毛巾也行。夹子和手帕是间隔排列的，对不对？还有什么？

生：兔子的脚。

师：你很细心，一只脚在地上，还有一只脚抬起来了，是吧？

生：还有那个前面的网。

师：好，她看出来了，是这个地方——篱笆。这是柱子。柱子和篱笆也是间隔排列的，你们同意吗？（同意）其实，只要我们注意观察，能找很多间隔排列的物体，对不对？很多同学都看到了。好，咱们就回头看兔子。两只兔子之间是什么？（蘑菇）好，我们看图说。

生：兔子，蘑菇；兔子，蘑菇；兔子，蘑菇；兔子，蘑菇；兔子，蘑菇；兔子，蘑菇；兔子，蘑菇；兔子。

师：说一说我们就知道兔子和蘑菇是间隔排列的。那是兔子多，还是蘑菇多？（兔子多）那你怎么知道兔子多？

生：因为第一个是兔子，最后一个还是兔子，蘑菇在两只兔子之间。

师：你可以看出兔子多，是吧？你怎么想出来的？

生：我想的就是，一份有两只兔子和一个蘑菇，这里面有两只兔子，而蘑菇只有一个。

师：嗯，她说，一份里面是两只兔子。你是怎么分的？

生：两只兔子和一个蘑菇。

师：两只兔子和一个蘑菇，坐下！没有和大家说明白。来，你说。

生：我觉得她这样分不对，两只兔子后面还有一个蘑菇，那个蘑菇该怎么分？

师：那你想怎么分呢？

生：我想把一个蘑菇和一只兔子放在一组，然后最后一只兔子没有对应的蘑菇，所以我觉得兔子多。

师：我们来把她的发言回味一下，她说把兔子和蘑菇分为——一组，那第一组就是——一只兔子和一个蘑菇，用一个词非常好！（对应）一只兔子对应着一个蘑菇。那这一只兔子也对应着这一个蘑菇，第三只兔子也对应着第三个蘑菇，就这样往后，最后一只兔子没有对应的蘑菇了，那我们就想到了什么兔子多？对，兔子比蘑菇多。

师：好！你有不同的想法现在说，不过在你发言之前我想提醒你，上课的时候先听别人怎么说，然后你再举手，好吧？

生：我想说的是，两只兔子之间夹着一个蘑菇，那后面还有一个蘑菇，就组成一组，那最后就少了一个蘑菇了。所以兔子比蘑菇要多一个。

师：你到这边来。你的意思就是说——

生：（点着鼠标说）这些算一组，这些算一组，这些算一组，可这些就不能算一组了。（全班大笑）

师：你看他的分组，我发现了，他和前面的想法是有联系的，我们前面是把一只兔子、一个蘑菇分为一组，一只兔子就对应着一个蘑菇。然后发现最后一只兔子没有对应的蘑菇。他刚才说是两个兔子有两个蘑菇，两只兔子对应着两个蘑菇，这样可以吗？

生：用兔子的个数减蘑菇的个数，如果是零就是一样的，如果不是零那就是不一样的。

师：对他的发言，你有想法吗？

生：我觉得不用减，直接数出来。比较一下就可以了。

师：数出来再比较，可以吗？

生：我觉得那种方法是可以的，不过我觉得有点麻烦。

师：你怎么觉得麻烦？再解释一下，具体说出来让大家都听明白。

生：我觉得直接比就可以了，没必要数出来再比。

师：大家听听他的话，他说直接比就可以了，比的时候一只兔子对应着一个蘑菇比，数的时候麻烦不麻烦？我们来体会一下兔子和蘑菇是怎么对应的。（结合课件演示说明）用圆来表示兔子，用三角形来表示蘑菇，那你来继续看，一只兔子对应着一个蘑菇，一直到后面，就少了一个蘑菇了。最后一只兔子没有对应的蘑菇，这一下子就能看出来。

生：看出来兔子比蘑菇多。

师：多几个？（一个）我们一下子就能看出来，我们在数的时候麻烦不麻烦？（麻烦）数完还要再算也麻烦，是吧？想法很多，有道理那是可以的，我们还要想怎么更简单，是吧？好了，我们继续看，柱子和篱笆是间隔排列的，同样多吗？

生：最后多出一个柱子。

师：你接着说。

生：最后一个柱子没有对应的篱笆。

师：最后一个柱子没有对应的篱笆，说得好不好？（好）掌声。（全班鼓掌）让我们再看，体会一下他的发言，这里又是用圆来表示——柱子，用三角形来表示——篱笆。发现一个柱子和一个篱笆是怎么样？（为一组）为一组对应的是吧？继续看，看到后面就看到什么啦（柱子）最后一个是柱子。怎么样啊？你说。

生：柱子就没有对应的篱笆了。

师：那我们就想到什么？

生：就是多了一个柱子。

师：把话说完整，谁比谁多？

生：我想到的就是柱子要比篱笆多一个。

师：同意吗？（同意）那现在我们看看，让我们来数多少柱子多少篱笆你干吗？（不干）为什么？（太麻烦了）那我们再来看看手帕和夹子，它们也是间隔排列的，手帕和夹子它们各是什么关系？同桌互相说一说。

生：我们认为夹子比手帕要多一个。

师：他说了结论，再说说你是怎么想的？

生：我想一个夹子一个手帕，最后那个夹子就比手帕多了。

师：他是把一个夹子和一个手帕分为一组，然后就发现最后一个夹子没有对应的手帕。那就知道什么呢？

生：夹子比手帕多。

……

三、解释与应用

师：我们生活中有没有像这样间隔排列的物体呢？

生：（指着教室里的一排红旗）红旗也是间隔排列的。

生：陶瓷上的花纹也是间隔排列的。

生：手帕上面的花纹也是间隔排列的。

生：桌椅也是间隔排列的。

师：还有吗？

生：我们班座位男女生也是间隔排列的。

师：怎么看啊？

生：横着看。女生，男生；女生，男生……

师：就这一横排，女生和男生的个数是什么关系？

生：一样多。

师：竖着看也行，横着看也行，再来看看。（出示课件）你看到什么了？

生：间隔排列，是电线杆和广告牌间隔排列的。

师：是这样吧，有一个电线杆就有一个广告牌，那问题在这儿了。（学生读题：马路一边有 25 根电线杆，每两根电线杆中间有一个广告牌，一共有多少个广告牌？）

师：多少？（24 个）都说出来啦，把眼睛闭上，想一想，第一根电线杆对应着——第一个广告牌，第二根电线杆对应着——第二个广告牌，就这样一组一组的，到了第 24 根电线杆了，对应着——第 24 个广告牌，接下去是第 25 根电线杆，还有广告牌吗？（没有了）那现在电线杆是 25，广告牌是——24。

……

教学反思与评析

　　贲友林老师的《找规律》一课，首先让学生听写一个作业，在纸上画间隔图形，不仅激发了学生的学习兴趣，同时也为学生在观察课本中的主题图找到这种间隔排列，发现间隔排列的事物在个数上的规律奠定了基础。其次，贲老师让学生自己在主题图中找夹子与毛巾、小兔与蘑菇、篱笆与栅栏之间的规律，并用图形来表述，既清晰具体，又把数学思维的本质凸现出来。最后一个设计——"找朋友"，贲老师先让 12 个男生站成一排，问每两个男生之间站一个女生，要几个女生？再让男生站成半弧形，思考需要几个女生？最后让男生站成一个封闭的圆形，那需要几个女生？把学生的思维引向深刻，既深化新知，又承前启后，体现了教师独具匠心的设计。

异教解析

　　《数学课程标准（实验稿）》在"数与代数"领域里设计了"探索规律"的培养目标，并作为重要的数学学习内容。本节课中的教学内容是探索两种物体间隔排列中的简单规律，并进行简单应用。黄老师用先进独特的教学理念，行云流水的教学结构，随机应变的教学机智，让课堂处处闪烁着智慧的光芒；而贲老师的巧妙设计，解读教材的独特，解读学生的到位，让课堂充满生命的活力。

　　1. 分层抽象　达成目标

　　教学目标是教学活动的出发点和归宿，是教学流程的准绳，也是评价教学效果的依据。这两节课通过不同的教学方式，让学生认识间隔排列的两种物体个数关系的规律，以及类似现象中的规律，并能初步应用这种规律解决简单的实际问题。两位老师都没有仅仅关注学生"找"的结果，而更多关注学生经历"找规律"的过程。教学的重点在于"找"规律，让学生"找"出间隔排列的物体个数之间的规律，通过"找"培养学生的探索意识和学习数学的能力。

　　（1）感知规律

　　实践证明：最好的教学时机，莫过于学生对学习产生极大的兴趣。然而兴趣并不是天生固有的，这就要教师根据教学内容特点和学生的心理特征，遵循趣味性和针对性原则创设情境，激发他们的学习兴趣。而教材上的教学内容只是一个样本或是一种引子。我们对于教材首先是接纳，其次是解读。两位教师都对教材内容进行"整合"，使之"容颜焕发"。黄老师精心设计现实而富有吸引力的问题情境，通过创设"神秘礼物"和"排队游戏"两个情境让学生深刻理解"——间隔排列"。让学生从简单的游戏中，初步感受生活中规律的存在，从而激发学生对新知的好奇心，为"找规律"奠定心理基础。而贡老师是通过听写作业，在纸上画间隔图形，也让学生感知"间隔排列"的两种物体。

（2）探索规律

这一环节中充分发挥主题图的作用，将学生置身于童话情境中，激发学生的兴趣。黄老师通过观察引导学生找出两种物体一个隔着一个排列，排在两端的物体比排在中间的物体多1的规律，在这一过程中，学生不仅探究出这一规律，同时获得一些数学思想方法和积极的情感体验，在探索与交流中充分展示了自己，创新思维与实践能力获得发展。而贡老师注重让学生经历知识的产生、获得甚至应用的全过程。遵循由具体到抽象，由浅入深的原则，引导学生去探索、发现，使得新知教学过程如剥竹笋一样层层展开，扣人心弦。

（3）应用规律

两位教师在练习的设计上十分重视现实性、综合性和开放性，让学生通过问题的解决，体验数学规律在实际生活中的灵活应用，发展数学思考。黄老师通过改变已知条件，体现一题多练；通过拓展练习中的抢答题，体现开放性；通过原有的球串解决了"封闭式——间隔排列"这一拓展性问题，设计别出心裁，前后呼应，趣味性强，而贡老师让学生体会到生活中处处有数学，激发学生学习数学的兴趣。如烤肠机器上的烤肠和铁棒的关系、钟表上的间隔、手指与指间的间隔排列、跳集体舞时的间隔都设计得很精妙，就如由"烤肠"这道题目，贡老师延伸到木材的摆放。贡老师注重沟通数学规律之间的区别和联系。两种物体——间隔排成一圈与两种物体——间隔排列成一排，两端的物体不同，这两种物体的个数相等。通过比较，沟通了数学规律之间的联系，突出了"两端物体相同与不同"所造成规律的差异。让学生体会到在直线上的间隔现象与封闭图形的间隔现象之间的联系与区别，体会规律的发展变化，启发学生根据实际情况正确解决问题，提高解决问题的能力。

2. 潜移默化　注重渗透

《数学课程标准（实验稿）》在总体目标的第一条就明确指出："通过义务教育阶段的数学学习，学生能够获得适应未来社会生活和进一步发展所必需的重要数学知识（包括数学事实、数学活动经验）以及基本的数学思想方法和必要的应用技能。"思想是数学的灵魂，不管是数学规律的发现，还是数学问题的解决，乃至整个数学大厦的构建，核心问题在于数学思想方法的培养和建立。两位老师在教学中，不仅重视让学生探索间隔排列的两种物体个数之间的关系，还十分重视挖掘在数学知识的发生、形成和发展过程中所蕴藏的数学思想。对应是人的思维对两个集合间问题联系的把握，是现代数学的一个最基本的概念。间隔现象的认识基础是"一一对应"，贲老师从学生已有的一一对应的数学思想出发，引导学生解释为什么间隔排列的物体有时候一种物体多1，有时候两种物体同样多。在课的导入部分让学生在画图中体会一一对应的关系。在探索三组间隔排列现象的规律也都是让学生用"对应"去解释。数学模型思想是把生活中实际问题转化为数学问题模型的一种思想方法。培养学生用数学的眼光认识和处理周围事物或数学问题乃数学的最高境界，也是学生高数学素养所追求的目标。而黄老师整个的思考过程遵循着从情境中发现规律，然后用得出的规律解题，也就是所谓的"教结构、用结构"，真正体现数学模型思想。

3. 有效对话　灵动智慧

有位教育家说过："教育的艺术全在于如何恰当地提出问题和巧妙地作答。"贲友林老师在提问小兔子和蘑菇的间隔排列时，学生的回答令老师哭笑不得，他们专门盯着小兔子的耳朵呀、腿呀，就是不说老师想要的答案，正如贲老师说："在他的课堂上，只要学生想说，那他都会给他说的机会。"他让学生用圆圈来代替小兔子，用三角形来代替蘑菇，再让学生观察有什么发现。这下，孩子们不再盯着小兔子了，他们发现了间隔排列的规律。在动态生成的课堂中，教师是教育智慧的生成者，更是师生生命发展的推进者，课堂上的生成能点燃教师教育智慧的火花。黄老师的一课中，在课堂探究生成处追问，能够使问题的本质有阶梯性地一层层呈现出来，使师生间、生生间的情感和知识信息得以碰撞，从而达成共享、共生、共长，让课堂成为思维的摇篮、思想的殿堂、生命的狂欢。

总而言之，两位名师在课堂上折射出的智慧、魅力和底蕴让人折服。他们在课堂教学中游刃有余，设计的精巧，引导的精妙，细节的精心，语言的精辟，灵活的教育机智，让一节课如同一块巨大的磁石，深深地把人吸引住。他们用自己深厚的文化底蕴为学生创造一个丰富的、开放的课堂，他们用自己良好的教育素养感染学生，用爱为学生撑起一片蓝天。

课 题 十 二 ：

平移与旋转

教学案例一

执教：吴正宪

课堂实录

一、创设情境，初步感知平移与旋转

（大屏幕出示游乐园欢乐的活动场景）

师：接下来，我们就走进美丽的游乐园。今天我们在玩的时候，要换一个角度，用另一种眼光来看看，在玩儿当中有没有值得我们研究的问题。

（全体起立）

师：一会儿要进美丽的游乐园，你在进行每一样活动的时候，用你自己的声音、表情和动作把你的感受表现出来。

（随着波浪飞椅、观缆车、勇敢者转盘、弹射塔、滑翔索道等游乐项目的出现，学生和老师一起转动身体模仿波浪飞椅，伸出手臂前后平移模仿观缆车，将身体上伸下蹲模仿弹射塔……课堂上充满学生的欢笑声）

师：刚才我们开心了一下，同学们，能不能把你的活动方式，给它起个名字？

师：你刚才这样的活动叫什么？

生：旋转。

师：还有别的运动方式吗？

生：还有平移。

生：旋转的时候头晕。

师：请出六位同学，每位同学选择一个你最喜欢的活动，比如说滑翔索道，先模仿一下，坐滑翔索道的时候，是一种什么运动，模仿完了后，像同学们说的有的运动方式是平移，有的运动方式是旋转（贴游乐项目的图片），把你认为它是旋转的贴在旋转类，你认为它是平移的就贴在平移类。

（学生模仿，并分类贴）

（师生一起边模仿边归纳：滑翔索道，这样向前推，也可以说这样向前平移；弹射塔，这样向上向下的平移；激流勇进，这样斜着就下来了。这些运动方式我们称之为平移。像波浪飞椅、勇敢者转盘和观览车这样的运动方式都称为旋转）

（评析：课伊始，趣已生。在这个教学环节中，吴老师选取了学生非常熟悉的、喜爱的游乐项目作为研究素材，这几个项目具有非常典型的平移或旋转的特征，学生在模仿运动中体验到平移与旋转这两种运动方式的要点。）

（这时，一个学生正好走回座位）

师：停！这个同学的整个身体怎样？

生：向前平移。

师：请继续走到座位旁边，他一定会做一个什么动作？

生：旋转。（那位学生果然旋转，同学们都轻松地笑了）

（评析：很佩服吴老师的机智，让学生在不经意中，感受到平移与旋转就在我们身边，就在我们生活中。）

二、操作观察，进一步感知平移与旋转

（出示卡通人物小兰）

师：请一位同学帮助小兰做一下向不同方向的平移动作。

师：向上平移。

（学生平移图片）

师：对了，回来。哪位同学来发口令？

（一生发口令）

生：向左平移。

生：向右平移。

生：向下平移。

生：向右上角平移。

生：向左上方平移。

（在向左上方移动时，学生把小兰的身体旋转了一下）

师：刚才你是这样平移的，现在你又这样，这叫平移吗？怎样才算平移？

（学生做正确的动作：向左上方平移）

师：这才叫平移呢！

生：（继续发口令）向右下方平移。

生：向左下角平移。

师：刚才，在小兰平移的时候，你发现了什么是平移？

生：我发现直着走就是平移。

生：向一个方向走就是平移。

生：我觉得只要人身体不歪，不管向哪个方向走都叫平移。

师：人不能歪？小兰老得站直直的，是这意思吗？

（评析：好一个"直直的"，吴老师抓住儿童对知识的独特体验，让学生用自己的理解去建构知识，因势利导的引导学生探索平移与旋转的特征。）

（老师演示小兰直直的上下平移，左右平移）

师：可以直直的平移，我们还可以斜着平移。小兰不能歪？我懂了，就是说小兰在平移的时候，本身的方向不能歪，不能发生变化。

师：（手势）这叫平移吗？这叫怎样的平移？

生：斜斜地。

师：对，小兰还可以斜斜地平移。

师：请刚才扮演小兰的同学表演向前平移、向后平移。

师：到座位旁，他一定做个什么动作？

生：旋转。

（评析：吴老师的语言是丰富的、充满激情的。她的体态语言是多么恰到好处！让三年级的小学生理解平移、用语言概括什么是平移是有一定难度的，吴老师引导学生借助动作概括什么是平移，用动作的形象弥补了语言上的不足，让学生通过操作、观察、比较，进一步理解了什么是平移，学生学得轻松、有趣。）

三、解释拓展，灵活运用平移与旋转解决问题

（大屏幕出示：汽车能听你指挥吗？你是一名出租汽车公司的调度员，你的任务就是回应客户要求，调度车辆到达客户指定的地点，你能做到吗？试一试吧？）

师：拿出学习卡片，两人一小组移动汽车并讨论：出租车怎样平移，向哪个方向移动多少格子、再向哪个方向移动多少格子才能接到 A 顾客或 B 顾客呢？

（学生汇报）

生：往左平移 5 格，向下平移 6 格，接到顾客 A。

生：往下平移 6 格，向左平移 5 格，也能接到顾客 A。

师：接顾客 A 还有别的路线吗？

生：可以斜着走。

师：为什么选这条路呢？

生：因为它比较短。

师：如果真有这么一条路，是既省时间又省油了。

生：我还可以两个顾客一起接。

（评析：在这个开放性的问题情境中，学生充分展示出自己的聪明，找出多种解决问题的途径。）

师：平移和旋转可以帮助我们接顾客，生活中哪些地方还有平移、旋转？

（屏幕出示方向盘、水龙头、铝合金窗户等，学生判断哪些是平移、哪些是旋转）

（屏幕出示三个栏目：聪明的设计师、楼房会搬家吗、彩灯的长度）

师：你最想研究哪个栏目呢？

（很多学生喊出：楼房会搬家吗？屏幕出示新闻联播片段：上海音乐厅顺利平移 66.4 米的路程）

师：你想说什么？

生：真神奇呀！

生：真是不可思议！

生：我觉得真奇怪，楼房是怎样搬过去的呢？

师：这是一件真实的事情，就发生在我国的上海，上海音乐厅这幢高高的大楼就这样老老实实的、稳稳当当地平移了 66 米多的路程，太神奇了，这就是知识的力量，为什么能稳稳的平移呢？这里面有很多的知识，我们长大了去了解它。知识能造就伟大的奇迹！

师：有人想研究聪明的设计家。

（屏幕出示：小明想给卫生间安装一扇门，马桶离门口只有 30 厘米，这里有两个门，旋转门，距离 50 厘米；平移门，距离 10 厘米。你选择哪种门，为什么？）

生：选择平移门。（电脑演示，正合适）

生：选择旋转门。（电脑演示，朝里推不开）

（这时有学生提出，门可以朝外拉开）

师：你真聪明！

（评析：听课的教师也不禁为学生的智慧叫好。正是这种和谐宽松的氛围，让孩子的思维不受拘束！）

师：朝外开，外面一定要比较宽敞。选择哪种门，要看具体的情况而定。

（屏幕出示第三个问题：过节了，为了让大楼更漂亮，工人叔叔打算在大楼楼顶四周围上一圈彩灯，你能帮工人叔叔算一算彩灯的长度吗？）

（学生画出示意图。学生很快想出了通过平移把这个图形转化成长方形，再求长方形的周长）

师：在不知不觉中，这节课就要结束了，同学们，你们想说些什么？

生：我觉得时间过得太快了。

生：吴老师，你什么时候再来给我们上课呢？

生：我们什么时候可以再见到吴老师呢？

教学反思与评析

《平移与旋转》是数学课程标准"空间和图形"这一模块中的一个内容，这是一个新的内容，吴正宪是第一次执教，我也是第一次观看。当我听说在这次"第二届吴正宪、潘小明教学艺术研讨会"上，吴正宪这次展示的课，除了有我原来观看过的"平均数"以外，还有一堂新的展示课——《平移与旋转》时，我感到很兴奋。同时也直观地感觉到吴正宪确实是踏着时代的步伐在前进。今天，在实施课程标准的实践中，她没有停留在理念上的学习，而是把内化了的理念通过课堂教学的实践活动外化出来，展示出来。我认为一个人深刻的学习在于把学习到的理念体现在外化行为中。吴正宪不仅把原来她展示过多次的课在今天以课程标准"三位一体"的教学目标、学生"自主、合作、探索"的学习方法重新加以设计，而且勇于选择过去没有展示过，又是课程标准新增加的内容来做新的探索。我内心为她这种勇于不断作出新的尝试、新的实践的精神而喝彩。在过去的 10 年中，她不断地学习、实践、反思、再实践，她能把小学数学教研员这一平凡的工作做得如此出色，这就使得她的这 10 年不平凡了。

就《平移与旋转》这一节课的设计和教学过程来看，我的思考是：

首先，教学目标的定位准确。平移与旋转是培养学生空间观念的一个很重要的内容。从儿童空间知觉的认知发展来说，则是从静态的前后、左右的空间知觉进入感悟平移与旋转这一动态的空间知觉。这是培养空间观念的基础，而空间观念是创新精神所需的基本要素。没有空间观念，就几乎谈不上任何发明创造。平移与旋转，学生在现实生活中都经历过，应该有一种切实的感觉，只是不知道这两个专业术语。在小学阶段，课程标准只要求让学生从生活实际出发，有一个初步的感受就可以了。因此，吴正宪把本课的教学目标确定在通过学生对生活中平移与旋转现象的再现和在教学中的活动和分类，让学生感受平移与旋转，在此基础上，促使学生能正确区分平移与旋转，体验平移与旋转的价值，感受数学在生活中的广泛应用，体会数学与日常生活的紧密联系。这个目标既符合儿童空间知觉认知发展的特点，又符合课程标准的目标。

其次，她创设了有效教学的情境和策略。科学的教学策略是达到教学目标的手段。在本节课中，吴正宪以多元智慧理论作指导，在课堂情境上，一方面采用个人思考与合作交流相结合的方式；另一方面让学生充分应用多种感知通道来感悟平移与旋转的特点，让学生回忆生活中平移与旋转现象，观看游乐场中的活动场面，生动、直观地感悟平移与旋转，进而又通过动手操作进一步探究平移与旋转。这里特别要提出的是，教师呈现一幅带格的平面图，两位小朋友分别在不同位置，学校处在中间，让学生想象两位小朋友如何到达学校。这是一个促使学生应用智慧的设计，因为通过学生在方格纸上数出平移的格数，这一方面是让学生更直观地强化对平移的感知；另一方面，在到学校的途中还要有旋转（转个方向），再平移，这两个概念在同一情境中呈现，很符合实际情况，在对比中让学生进一步感受到平移与旋转的特征。在这个环节中，如果再增加一些不同颜色的图形，让学生通过平移与旋转组成有趣的图形，则会更有童趣。最后，教师设计了"楼房会搬家吗""聪明的设计家""巧算长度"等内容，让学生在初步应用新知中感悟数学与生活的关系。总之，整个情境的创设体现了生活实践数学化、数学概念实践化两个转化，学生在一堂课中初步完成了从感性到理性、从理性回到感性的两次飞跃。这也是当今以人的发展为本的科学教育发展观理念的体现。

再次，本节课也体现了吴正宪一贯的教学风格——尊重每个学生，让每个学生喜欢教师，喜欢数学课。总之，师生是在民主、友好的氛围中，通过课堂教学的人际多边互动活动，高高兴兴地感悟数学的魅力和价值的。

最后，我想说的是，在吴正宪身上体现了以下三点。一是她总有一个目标——明天比今天更美好。她把握明天比今天更美好的前提是，抓住今天，脚踏实地地过好今天。二是两个翅膀、两本书。她具备一个人成功的两个翅膀——"爱"和"会"。她爱生活，爱教师职业，爱数学学科，爱每一个学生。她也会生活，会当教师，会教数学学科，会爱每一个学生。"爱"和"会"的良性循环就促使她总是那么充满青春活力和追求。另外，她读好了"儿童需要"这本书，同时也用她模范的言行写好了"以身作则"这本书。三是三"天"、三个"我"和三句话。三"天"是指她能求实地反思昨天，自信地面对今天，理智地展望明天；三个"我"是理想中的我、现实中的我、别人心目中的我。这三个"我"，对吴正宪来说，有相当大的吻合度；三句话是：我是重要的，我是能干的，我是快乐的。我想这三点将伴随着她的人生足迹，让她在人生之路上走得更扎实、更光彩。

（张梅玲）

有幸听了特级教师吴正宪的《平移与旋转》一课。课堂上，孩子们不时碰撞出智慧的火花，闪动着生命的灵光。一节普通的数学课何以被吴老师演绎得如此精彩呢？在吴老师的课堂上，学生不再沉闷，而是主动地表达自己的想法，坚持自己的观点，交流自己的思维。人人都有自己的观察、自己的思考、自己的发现。数学课成了充满灵性的创造过程，成了放飞心灵的快乐之旅。

1. 链接生活——巧妙

在这节课中，数学与生活得到了很好的互动。课始，学生在轻松快乐中感受平移与旋转；课中的"学做小小调度员"活动，也是学生所熟悉的生活场景；课尾的应用练习更是匠心独运，学生深切地体验到平移与旋转在生活中的广泛应用，体会到数学的应用价值，又在体验中加深了对这两种运动方式的认识，此外，还激起了学生的好奇心，情不自禁地将视野投向五彩缤纷的生活。

2. 体验学习——深入

"纸上得来终觉浅，绝知此事要躬行。"建构主义认为，学生的知识建构不是教师传授的结果，而是通过亲历、与学习环境的交互作用来实现的。教学中，吴老师立足于学生的发展，扎扎实实地引导学生探究平移与旋转的特点。通过做手势、移动卡通人物、学做小小调度员等活动，调动学生多种感官参与，让学生在体验中学习。这种体验是丰富的，也是深入的，是动态的，也是静态的。学生们通过自己的经验不断深化对平移与旋转的理解，这样的学习使学生兴趣浓厚，对形成良好的空间观念和个性品质十分有益。

3. 营造氛围——和谐

在教学的每个环节，吴老师都能从学生的角度着想，把观察、思考、讨论的权利还给学生，让学生成为学习的主人。课堂上，她娓娓道来，或诙谐，或深情，总能将学生的情绪调适到最佳状态。她总是用欣赏的眼光注视学生，用真诚的赞扬激励学生。真诚的鼓励、热切的关注营造了宽松、和谐的课堂氛围，孩子们不再拘束，课堂成为他们展示智慧、放飞心灵的宽阔舞台。

（唐爱华）

教学案例二

执教：吴金根

课堂实录

一、创设情境，初步感受平移与旋转

（观察生活中物体的运动变化）

师：同学们，老师今天带大家去一个地方玩一玩，想去吗？

生：（热情洋溢）想！

师：（出示苏州乐园大门的图片）这是哪儿？去过吗？

生：苏州乐园，我去过的。

生：我也去过的，很好玩啦。

师：大家现在想不想进去玩一玩呢？

生：（异口同声）想。

师：出示苏州乐园旋转木马、小火车、观缆车、豪华波浪、青蛙跳和缆车等各种活动项目的图片，组织学生观察。

（评析：通过组织观看学生自己经历过的游乐项目，唤醒学生已有的生活经验，初步感知各种项目的运动变化，并在回忆交流中获得初步的经验。）

师：你玩过这些项目吗？你知道每个项目的名称吗？你会用手势比画一下每个项目的运动变化吗？

生：小组讨论并交流，用手势比画每个项目的运动变化。

师：谁愿意把自己的体会介绍给大家听？

生：我知道，这里有旋转木马、小火车、观缆车、豪华波浪、青蛙跳和缆车，我都玩过。

生：旋转木马、观缆车、豪华波浪是这样打转的（配上手势）。

生：小火车、缆车是这样往前移动的（配上手势），青蛙跳是这样上下移动的（配上手势）。

师：刚才同学们结合自己的活动经历，交流介绍了这些活动项目的名称和这些玩具的运动变化的方式。那么，是不是正如大家介绍的那样呢？我们再去玩一玩。

（教师播放录像，介绍每个项目的运动过程及名称，适时引导学生根据录像所观察到的运动，分别用手势比画运动方式）

（评析：抓住学生年龄特征和生活经验，引导学生观察事物的运动变化，让学生用手势比画运动的变化，充分感受两种变化的方式，体悟运动规律，为生活经验数学化打下基础。）

二、观察分析，探究平移与旋转的运动规律

1. 运动分类

师：同学们的经验真丰富，像旋转木马这样的（边口述边比画）运动方式，你知道在数学上我们把它叫做什么运动吗？

生：打转运动。

生：转转运动。

师：其他同学的意见呢？

生：同意。

师：有些道理，事实上像这样的打转运动，我们可以把它叫做旋转运动。那么，除了旋转木马的运动方式是旋转，你还能找到哪些项目的运动方式也是旋转的吗？

生：还有观缆车、豪华波浪也是旋转的。

师：像青蛙跳这样的（边口述边比画）运动方式，我们叫它什么呢？

生：移动运动。

师：怎么移动的呢？

生：沉默。

师：事实上它是平平的移动的，我们把这样的移动叫做平移。你还能找到哪些项目的运动方式与青蛙跳一样也是平移的？

生：还有缆车、小火车也是平移。

（评析：学生通过对运动物体的运动方式的命名与分类，进一步体会了平移和旋转的不同特点。）

2. 归纳体验

师：你能用铅笔盒在桌面上做一个平移的运动吗？同桌同学相互交流一下，你是把铅笔盒朝什么方向平移的？

（生自由地在桌面上做任意的平移运动，并进行交流）

师：（观察后）同学们的平移运动做得都不错，平移运动一般是按照一定的方向进行的，你能用铅笔盒按老师指定的方向在桌面上做平移运动吗？试试看。

（生在桌面上按要求做平移运动）

师：你能做出一个旋转运动给大家看一看吗？

（生伸出手指或手臂做旋转）

（评析：让学生依据平移、旋转概念进行演示操作活动，进一步体验平移、旋转这两种运动方式。）

3. 辨别内化

师：生活中有很多物体是按着旋转和平移的方式运动着的，请看（多媒体出示书上练习题图片）这里一些物体的运动方式，你能说说它们的运动方式吗？有平移或旋转吗？请大家独立思考，然后小组同学间相互交流。

（生独立思考后交流）

师：请大家把自己的想法和全班同学相互交流一下。

生：算盘上算珠是平移的。

师：（追问）算盘上算珠在什么情况下是平移的？

生：在拨上拨下的过程中算珠是上下平移的。

师：说得真不错，谁也能像他这样说一说其他一些物体的运动方式？

生：移门在打开关闭的过程中是平移的。

师：说得真好，交代得很完整。那么，是否所有的门在开关运动时都是平移的？

生：不是的，有的商厦的门是旋转门。

生：我们教室的门开关时就是旋转的。

师：有意见吗？我们来试试看。

（教师打开门，再把门关上，组织学生观察）

不错，你观察真仔细，给他掌声。

生：老师，一般情况下，家里的门开关时都是旋转的。

师：是吗？

生：是的。

生：老师，我认为图片中的国旗在升起的时候是在做平移运动。

师：你们见过这种情景吗？

生：见过，开奥运会时，我国运动员得奖时，要升我们的国旗的。

师：这一面正是我们的国旗，不止如此，我们看，左右两侧都是五星红旗，当运动场上国旗升起、国歌响起的时候，是多么荣耀的时刻呀！我提议，让我们为祖国的荣誉热烈鼓掌。

（全班响起热烈的掌声）

生：汽车方向盘的转动是旋转的。

师：好的，那么汽车上除了方向盘的转动是旋转的之外，还有其他物体运动时也是旋转的吗？

生：汽车的轮胎，汽车开动时轮子是旋转的。

生：水龙头的开关打开或关闭时也是旋转的。

生：光盘在进入和退出主机时是平移运动。

师：那么有谁知道，光盘在播放时是做什么运动的呢？

生：我知道，是在不停地旋转。

师：真了不起，给他掌声。

4. 联系生活

师：跟这些物体一样，生活中还有许多平移与旋转的现象，在我们的教室中也有许多，能找一找、说一说吗？

（同桌寻找并交流）

生：我们发现窗帘在拉开、关上的过程中是平移运动。

（随学生的回答，教师拉开、关上窗帘，引导学生观察验证）

生：我们觉得窗在打开、关上的过程中是旋转运动。（教师同时开关教室中一扇窗，演示验证）

生：我们教室的窗在打开时是在做旋转运动，不过也有好多的窗打开时是平移的，比如自然教室里的铝合金窗。

师：大家真会发现，窗和门一样，运动时有的是平移的，有的是旋转的，判定它们的运动方式，要看具体的情况。

（评析：对平移、旋转现象进行系统的分析、判断之后，并正确使用两种运动方式描述生活中的运动现象，使学生深入地认识、理解了平移、旋转这两种运动方式，并在充分与同学进行交流的过程中，内化了知识。）

三、运用新知，解决问题，体验价值

1. 移一移

师：（出示在方格纸上平移的情境图）同学们，小动物们要请大家帮个忙，大家愿意吗？

生：愿意，当然愿意。

师：小动物们要搬家了，它们想知道小房子是在做什么运动？小房子向什么方向运动的？运动了几格？

（生带着三个问题观察小房子的运动并进行小组合作，探究和交流问题）

生：小房子是在做平移运动。

生：小房子是向右运动的。

师：你怎样看出向右运动的呢？

生：我看箭头方向向右，就知道了。

生：我看房子图，左边的房子成了虚线，新房子在右边，我就知道了房子是向右运动的。

师：大家的方法都不错。那么小房子向右平移了几格呢？

生：4格。

生：3格。

生：7格。

师：意见真多，到底几格呢？大家的观点如何？请说说你们的想法。

（学生交流后反馈）

生：我数中间的空格是4格。

生：我也数中间的空格，但是3格。

师：都数中间空格，怎么会有不同的结论呢？请你们上来指一指。

生：我找的是小房子底部中间的格子，一共空 4 格。

生：我找的是小房子屋檐的中间的格子，共 3 格。

生：（迫不及待地）都是数中间的格子，然而结果不同，显然他们的这种方法不对。

生：老师，他们都错了。不能从房子原来的右屋檐数到搬过后的左屋檐，而应该数到右屋檐，所以应该是平移 7 格。

师：大家的意见呢？我们一起来把房子移一移，大家仔细观察，数一数房子到底向右平移了几格？（教师播放动画）

生：1、2、3、4、5、6、7，是 7 格。

师：那么我们在判断房子平移几格时，有没有办法既快又准地得到结论呢？能不能通过图上的某个点或某条边来进行观察呢？

（学生窃窃私语，指指点点）

生：我找了屋顶的那个点，数这个点从未移动到移动后的位置之间的格子，正好有 7 格。

师：是吗？谁同意他的想法？

师：（部分学生举手后）我们通过电脑演示，一起来数一数。

生：1、2、3、4、5、6、7 格。

生：我也数出来是 7 格，不过我数的是左屋檐角的顶点的点。

师：我们也来观察一下（电脑演示）。

生：我也是 7 格，不过是按右屋檐角上的顶点数的。

师：（再次电脑演示后）真是 7 格。那是不是找任意一个点，数这个点从未移动到移动后的位置之间的格子，都有 7 格呢？我们大家两人合作，再来试试看好吗？

生：都是 7 格。

师：从上面的研究我们可以发现，看一个平面图形平移的距离的方法比较多，抓住图中的某个点，看这个点平移后所对应的点的距离是一种比较好的方法。

（评析：抓住学生的认知规律，教师创设问题研究情境，组织学生自主探索，碰撞观点，发现规律，有效地突破了难点，培养学生的学习能力。）

2. 练一练

（教师出示：格子纸上的金鱼、松树、蘑菇平移前、后图）

师：观察各图，说说每个图形向什么方向平移？平移了几格？

（生独立完成后进行交流）

3. 画一画

师：真不错，现在在格子纸上有几幅图形，你能根据要求画出平移后的图形吗？

（1）把一个三角形平移，画出向右平移6格后的图形。

（2）把一个平行四边形平移，画出向下平移5格后的图形。

（生独立操作并交流画图的方法）

（师组织学生反馈，引导学生先定点，画出平移后的点，再根据点画出各边成平移的图形的方法）

（评析：通过多形式的实践操作，进一步理顺了学生的思维，形成了找点画线的作画平移图的技能，提升了学生运用所学的知识解决实际问题的能力。）

四、设计制作，延伸知识培养创造力

1. 活动延伸

师：（出示一个纸制小风车）这是老师小时候自己做的一个玩具，你见过吗？玩过吗？你知道这个玩具在运动时做了哪些运动？（教师同时操作，将小风车抛向空中）

（生热烈地讨论与交流）

生：小风车的纸片在作旋转运动。

生：小风车在落下的过程中是平移的。

生：小风车上升和落下时，一边旋转，一边平移。

……

师：观察得真仔细，你也能利用一些废旧物品，发挥想象，制造出一些能作平移或旋转运动的小玩具吗？

生：（异常兴奋）能，肯定能。

师：我们把这个创造活动放在课后，下节课再来交流，好吗？

（评析：把学习与创造结合在一起，让学生带着问题走出教材，走出课堂，通过自己的设计以及制作与所学知识有联系的玩具，使学生感受数学的价值，体悟学习与创造的快乐，使知识得到了很好的发展和延伸。）

2. 反思回顾

师：今天我们一起研究了"平移与旋转"，通过本课的学习，你有哪些收获？

（生交流各自的收获，略）

教学反思与评析

　　《平移与旋转》是一节从概念引入的实践型教学课，本节课教学最大的特点在于课堂上所呈现的都是比较典型的事例，便于学生观察和分析。教学时，教师没有做过多的理性分析和阐述，而是重视学生的感性认识，让学生在观察中去比较和体会平移和旋转现象的特点，让学生经历自主观察—探究—归纳—应用的整个过程。

　　一个成功的数学教师，应致力于总结和反思自己的教学经验，并善于摒弃经验、挑战经验、超越经验。在教学中，一是要创新教学内容，使教学内容更富时代性、现实性、挑战性和科学性，使教学内容有利于学生对信息的采集，更贴近学生的生活，贴近时代的发展，贴近学生的认知，贴近学生的情感，贴近学生的探究能力。本课教学，教师首先通过创设让学生观察想象生活中经历过、体验过的游乐器具的运动方式和感受，把数学知识融入学生的生活经验中，有效地生成了数学知识，为学生探究数学知识和规律提供了良好的条件。二是要改善学生的学习方式。本课为学生的探索预留足够的时间和空间，教师积极引导学生自主探索、动手实践、合作交流，获得学习信息，获取数学知识，发现数学规律，形成数学思想，掌握学习方法，体悟数学价值，形成了学生的学习能力。

　　课堂教学不仅仅是掌握知识的教学，它还需要学生经历获取知识的过程，掌握获取知识的方法，感受和体验学习成功的快乐。数学教学不仅仅是课上40分钟的教学，要激活学生进行有效的自主学习，就要把课堂做大，把学生的课前、课后带动起来。教学活动中，教师要针对教学内容，课前可提出问题，引导学生自主收集材料，采集信息，寻找生活中的平移与旋转现象，自主探究发现数学知识和规律，形成问题意识。课中，教师组织学生交流，思辨各自观点，达成认知共识，形成数学思想和方法，提出存在的疑问和问题。观察并判定平面图形，在方格纸上判断图形平移的方向比较容易，而判定平移的距离是教学的一个难点，学生往往受近距离点之间的距离所干扰，造成误判。在难点突破的过程中，教师精心设计了学生的学习过程，先组织学生自由地呈现各自的思想，然后组织学生针对各种信息进行合作交流，探究平移的距离。在充分反馈学生思想方法的基础上，教师抓住实质，利用多媒体动画进行图形平移，并引导学生寻找不同的对应点的移动距离，感受和发现平移前后两个图形之间的空格数，使平移运动生动、形象地展现在学生面前，使学生有效地构建了判定图形平移距离的思想方法，加深了学生对概念的理解和运用的能力，突破了认知难点。

本节课的另一个成功之处在于，教师充分挖掘书本中未涉及的生活素材，重视培养学生思维的开放性和思考问题的全面性。例如，电脑播放光盘碟片机，窗口在开关时是平移运动，但碟片在播放时是旋转运动。再如门窗的开关有的是平移运动，也有的是旋转运动等。学生在自由的交流过程中，深刻认识了两种运动方式的要素与性质。课后引导学生寻找生活中的实际问题，应用课中所获得的知识与技能，进行数学实践活动，设计和制作平移或旋转的玩具，达到再学习、再发现和再研究的境界。教师致力提供新材料，设置新情境，提出新问题，让学生感到课后还有很多的问题没有解决而且有兴趣去解决，从知识的传授者、学习的监督者、操作的指令者，转化为了学生学习的组织者、引导者和合作者。

一个理想的数学学习方式，应该是学生积极参与，独立思考，主动探索，自主选择，自由表达，富于想象，敢于否定，充满情趣。本课教师较好地把握了教材，十分明确教学的内容和目标在知识与技能、过程与方法、情感态度和价值观等方面的指向，明确教学的重点和难点；把握了学情，教师十分了解学生的学习经验，探索和发现的可能性，可持续发展的能力，所设计的学生自主学习、合作交流、动手实践都符合学生的认知规律；把握了教法，教师十分清晰自己要教什么，怎么教，为什么这样教？把过去教师的指令性教学，变为教师的组织性教学、参与性教学、指导性教学、合作性教学，为学生的数学成长和数学发展搭好"脚手架"；把握了学法，教师十分清楚学生要学什么，怎么学，为什么这样学？把过去学生单纯的接受和被动性学习，变成学生的主动性学习、体验性学习、发现性学习和合作性学习，有效地把握了课堂教学的起点，把准了教学的节奏、难度、深度和宽度；把握了教学手段，教师十分清楚教学手段的功能及在本课中的使用价值，通过把事物、知识、思维等化静为动、化远为近、化难为易、化隐为显，拓展了时间和空间，使教学获取最好的效果，生成教学的效率、效益、效用和效应；把握了课堂，教学中教师收放自如，根据学生的学习状况和反应，有序地开放和收敛，生成以学生学习发展为本的教学机智，实施了行之有效的教学策略。

异教解析

细细品位吴正宪和吴金根两位特级教师对《平移与旋转》的教学，享受着两位名家的课堂教学大餐，让我们回味无穷，带给我们无尽的启迪。

1. 精巧的素材选择

两位老师在引导学生体会平移与旋转的不同运动时，都选择将学生们十分喜爱的儿童乐园作为教学素材，使得课一开始就深深地吸引了学生的注意力。

再进一步分析这一素材，老师所呈现的乐园活动项目就是以平移或旋转的方式运动的，或者是平移与旋转的统一。这样，该素材所蕴涵的数学内容就与本课的教学内容相吻合。这些项目有很多同学都玩过，有深切的亲身体会。个别没玩过的孩子也可以在屏幕中直观感受这些活动项目的运动特点。因此，学生的生活经验就成了本课交流学习的重要资源，使得数学学习建立在学生的生活经验基础之上，显然是既有兴趣又有效果。

在引导学生理解平移和旋转的特点时。吴正宪老师机智地捕捉了一个学生回座位的动作作为交流素材：往前走是平移，转身是旋转。如此现实、形象的"数学原型"就发生在学生的身边，学生交流起来自然亲切可感、兴味盎然。吴金根老师让学生列举生活中常见的门窗的打开和关闭有的是平移，有的是旋转，算珠的上下拨动是平移，汽车方向盘的运动是旋转，国旗的上升和下降都是平移，水龙头的开关都是旋转等。通过这些学生熟悉的生活素材，学生倍感数学学习的亲切、实在。

在巩固应用的教学中。吴正宪老师选择的素材是：上海音乐厅的搬动、卫生间的门的安装和大楼彩灯的长度等。这些生活中实实在在的例子作为课堂教学的素材，让学生体会所学数学知识在现实生活中的实际应用，感受到数学学习的价值。吴金根则选择孩子们喜爱的风车作为交流的素材，整合了平移和旋转的两种运动，很富有思考含量。学生学起来就饶有兴趣。

2. 动作的学习意义

体验是小学数学教学的重点，《数学课程标准》中用"经历、体验、探索"等过程性目标动词来刻画学生的数学活动水平。如何引导学生通过体验学习获得对数学事实和经验的理性认识？在两位大师的成功引导过程中，我们深切地体会到"动作是体验学习的源泉"。学生全身心地投入到老师带来的乐园情境中，在老师的引导下，用自己的动作来表示每种活动项目的运动方式。在这样的观察、模仿与修正的过程中，轻而易举地感受到了平移与旋转的不同运动特征。而用动作来表征平移与旋转的不同运动，是任何高明的语言概括都难以达成的，更何况是概括能力水平还很有限的三年级的孩子。

在两位大师的课堂中，我还体会到"动作是化解难度的稀释剂"。在吴正宪老师的课堂上，当一个学生平移卡通小兰时，把小兰的身体旋转了一下。正是"直直的""不能歪"的动作帮助这个学生准确理解了平移的特点。沿斜线平移比较抽象，也正是老师演示了动作手势，化解了学生的这一学习难点。在吴金根老师的课堂上，正是通过动作的比拟，才区分了算珠上下拨动时是平移，算珠转动时是旋转，区分了有的门窗开关时是平移，有的门窗开关时是旋转。

3. 真正的学生自主

综观两位大师的课堂。首先，学生无不在老师创设的生动情境中，通过自己的观察、思考、动作、交流理解平移和旋转的特点。接着，每一个平移方向的判断、每一次平移距离的计算、每一次平移动作的完成、甚至每一个平移口令的下达，无不是在生生与师生的和谐交流中得到明确，每一个平移后的图形都是学生亲手画出。更重要的是在这样的交流过程中，每个学生都体会着自己学习的成败与得失，总结学习的经验与方法，感受数学学习的无穷魅力！

认真比较吴正宪老师与吴金根老师的教学，我们可以看出各自独到的睿智：

（1）机智与严谨

吴正宪老师机智地捕捉课堂生成是这节课最大的亮点。仅仅是一个学生回自己座位的动作，也成了吴老师的课堂教学素材：往前走是平移，转身是旋转。多么现实、多么形象的数学就在学生身上，学生怎能不喜欢这样的数学学习呢？学生还怎能不理解这样切身经历的数学呢？吴金根老师严谨的语言表述让我深感钦佩。当有个学生说出算珠是平移时，吴老师马上追问算珠在什么情况下是平移？这一追问使学生明确在描述算珠运动时的严谨表述。门窗的开关不能简单地说是平移或是旋转，光盘的进入和退出都是平移，光盘的播放是旋转等，吴老师也引导学生区分得细腻到位。

（2）不同的取向，相同的目的

从两位大师的巩固应用练习部分的教学来看，吴金根老师安排较多的时间进行图形平移前后位置变化的交流，并让学生画出平移后的图形。显然这样的练习有利于学生巩固本课所学的知识，使更多的学生及时掌握了本课的新知。不足的是，新知在日常生活中应用的体验较少。吴正宪老师则是安排了较多的时间交流三个栏目：聪明的设计师、楼房会搬家、彩灯的长度。显然这样的练习安排有利于学生更多地体会数学与生活的联系，感受数学知识在现实生活中的应用。

课 题 十 三 ：

——统计的初步知识
求平均数

教学案例一

执教：钱守旺

课堂实录

一、创设情境，激发兴趣

师：同学们，今天大家的课桌上既有筷子又有碗，但张老师并不是请同学们来这里吃饭的，我想请同学们一起做个筷子夹玻璃球的小游戏。

（学生笑容满面、兴趣高涨，个个跃跃欲试）

师：大家先别急。游戏之前，请听清楚游戏的规则：

1. 必须用筷子把玻璃球从篮子里夹到小碗里，不准用手拿；

2. 掉到小碗外边的玻璃球不能算数；

3. 游戏时间：30秒。老师宣布"时间到"后，请同学们立刻把筷子放进篮子里。

（教师宣布游戏开始，同学们十分投入地夹玻璃球。教师宣布"时间到"后，同学们停止夹球，迅速坐好）

师：请各小组组长把你们小组每位同学的夹球个数记在统计表上。

（各小组成员向组长汇报自己的夹球个数，组长做好记录。教师巡回指导，搜集、选择教学信息）

（评析：利用筷子夹玻璃球的游戏导入，不但激发了学生浓厚的学习兴趣，而且为新知的教学提供了丰富的素材，可谓是"一石二鸟"，为整节课创设了和谐的学习气氛。）

二、解决问题，探索新知

1. 在解决问题中感知概念

师：下面是第3小组夹球个数的统计表：根据表中的数据，你能向同学们提出哪些问题？请同学们相应回答。

学生编号	1	2	3	4	合计
夹球个数	11	6	6	14	37

生：第 3 小组一共有几位同学？

生：4 位。

生：几号同学夹的最多？夹了几个？

生：4 号同学夹的最多，夹了 14 个。

生：几号同学夹的最少？夹了几个？

生：2 号、3 号同学夹的最少，都夹了 6 个。

生：夹的最多的同学比夹的最少的多几个？

生：多 8 个。

生：这个小组的四位同学一共夹球多少个？

生：这个小组一共夹球 37 个。

师：你是怎样算出来的？

生：11＋6＋6＋14＝37。

（老师根据学生的回答板书求总数的算式。并把总数记在统计表上的"合计"一栏）

师：知道了第 3 小组 4 位同学的夹球总数，你现在又能解决什么问题？

生：可以求出平均每位同学的夹球个数。

师：说得好！怎么求呢？

生：用总个数除以人数，算式是 37÷4＝9……1。

师：这说明第 3 小组平均每人夹球的个数是 9 个多。

（教师板书出综合算式：(11＋6＋6＋14) ÷4）

师：（指综合算式）我把算式写成这样可以吗？为什么？

生：可以。因为括号里边求出来的还是总个数，意思没有变，道理是一样的。

（评析：让学生根据信息提出问题、解决问题，有助于培养学生主动探究问题的好习惯，自然渗透了"数学知识能解决实际问题"的应用思想。在学生的发问、回答中，把知识引向深入，过渡巧妙，衔接紧凑。）

2. 在讨论交流中明晰概念

（教师把"平均每人夹球个数"记在统计表上）

师：请同学们观察表中的数据，这个组的平均夹球个数是 9 个多，这是他们组中哪位同学的夹球个数？

生：哪一位都不是。

师：那平均夹球个数与小组中每位同学的夹球个数之间有关系吗？

生：（齐）有！

师：请同学们小组讨论它们之间有哪些关系？

（学生讨论，教师巡视指导。小组讨论完毕，开始全班汇报交流）

生：平均夹球个数比夹的最多的少，比夹的最少的多。

生：平均夹球个数在夹的最多的和最少之间。

生：平均夹球个数差不多在这四个数的中间那个位置。

师：从同学们的发言中我发现，平均夹球个数反映的既不是这个小组内水平最高的那位同学的夹球个数，也不是这个小组内水平最低的那位同学的夹球个数，而是处在最高和最低之间的一个平均水平。我们把它叫做这四位同学夹球个数的——平均数。（板书课题：平均数）

师：请同学们仿照咱们刚才做的，把你们小组的统计表填写完整。

（教师巡回指导，选择、搜集教学信息）

（评析："平均数"与"平均分得到的结果"不是一个概念。"平均分得到的结果"是一个实实在在的数量，"平均数"则是表示事物发展中间状态的一个抽象数量。让学生通过观察、比较的方法，而不是实际分一分，更容易使学生体验到平均数的真正意义。）

3. 在比较中深化概念

师：如果让你比较两个小组的夹球水平，你最想知道什么？

生：我最想知道哪个小组的夹球水平更高些。

生：我也想知道哪个小组的夹球水平更高些！

（教师同时展示第 3 小组和第 1 小组夹球水平的统计表）

第 3 小组

学生编号	1	2	3	4	合计	平均夹球个数
夹球个数	11	6	6	14	37	9

第 1 小组

学生编号	1	2	3	4	合计	平均夹球个数
夹球个数	10	4	8	10	32	8

师：你认为哪个小组的夹球水平更高些？为什么？

生：第 3 小组的夹球水平更高些，因为他们的夹球总数多。

师：大家有意见吗？（学生点头同意）

（教师同时展示第 3 小组和第 5 小组夹球水平的统计表）

第 3 小组

学生编号	1	2	3	4	合计	平均夹球个数
夹球个数	11	6	6	14	37	9

第 5 小组

学生编号	1	2	3	4	5	合计	平均夹球个数
夹球个数	5	1	2	5	8	21	4……1

师：这两个小组中哪个小组的夹球水平更高些？为什么？

生：第 3 小组的夹球水平更高些，因为他们小组人少，夹球的总数却多。

师：我刚才发现，咱们班由 4 个人组成的小组特别厉害，夹的总数比 5 个人一组的都多。下面是第 7 小组夹球个数的统计表。（出示第 7 小组夹球水平的统计表）

第 7 小组

学生编号	1	2	3	4	5	6	7	8	9	10	合计	平均夹球个数
夹球个数	4	6	3	7	5	5	2	8	4	6	50	5

师：你认为哪个小组的夹球水平更高些？

生：我认为第 3 小组水平更高些。

生：我也认为第 3 小组水平更高些。

（学生意见十分统一）

师：我不这样想。明明是第 7 小组夹的多，第 3 小组夹的少，你们怎么认为第 3 小组的水平更高呢？如果大家能说服老师，我就接受大家的意见。大家讨论讨论，看怎样才能说服老师。

（学生小组讨论，教师巡视，与学生展开辩论。讨论完毕，全班交流）

师：谁来发表自己的意见？

生：第 7 小组的人太多了。他们夹的总数多，是因为人太多了。

生：第 7 小组人数这么多，比总数肯定是不公平的。

生：第 7 小组有 10 人，总数确实多。但平均数不如第三小组。假如第三小组也是 10 个人，10 个对 10 个，又会是哪个小组的夹球个数多呢？

生：单个对单个更公平。第 7 小组靠着人多才总数多，第 3 小组因为人少所以总数少，如果第 7 小组只有 4 个人，肯定不如第三小组总数多。所以，小组人数不一样，比总数不行，比平均数更好。

……

师：我听明白了。看来，在小组人数不同的情况下，通过比较两个小组的夹球总数是不公平了，我们应该比他们的——

生：（齐）平均数。

师：我向同学们提一个很难很难的问题：如果让你给咱们班 6 个小组的夹球水平排出第一名到第六名，比什么更合理？

生：比合计。

（许多学生举手表示不同意）

师：看来有不同意见。谁再说说自己的看法？

生：应该比平均数更合理。因为我们六个小组的人数不一样多，比总数不公平。

师：她考虑了咱们分组的实际情况，非常好！

（评析：比较出真知。在有层次的比较中，学生逐步理解了平均数的实际价值，对平均数的理解更加深刻。由于课堂上没有呈现出预想的"比总数好"和"比平均数公平"这两种意见交锋的场面，而是出现了全体同意"比平均数更公平"的一边倒局面，教师能及时调整教学思路，把自己放在被说服的一方，从而把学生的思维引向深入，体现了教师较好的应变能力。）

三、尝试解题，自主归纳

师：（出示例题）这是课本 146 页上的一道题：

一个小组有 7 个同学，他们的体重分别是：39 千克、36 千克、38 千克、37 千克、35 千克、40 千克、34 千克。这个小组的平均体重是多少千克？

谁来先估计一下这个小组的平均体重大约是多少？

生：大约是 38 千克。

生：应该在 32 千克到 40 千克之间。

师：每个同学独立列出算式，然后用计算器算出得数，看自己估计的准不准。

（学生自己解答，教师巡视指导，选一个学生板书列式）

师：请板书的同学说说你是怎样想的？

生：我先求出了这个小组中 7 位同学的体重的和，然后除以小组人数。

师：大家还有什么问题不明白吗？

（学生表示没有疑问。）

师：我们知道，在篮球比赛中，身高是非常重要的。我们北关小学参加区教工女子篮球赛，上场的 5 名队员的身高分别是：168 厘米、166 厘米、170 厘米、165 厘米、171 厘米。上场队员的平均身高是多少？大家先估计一下，然后独立解答。

（学生独立解答，教师巡视。一生板书算式）

（学生说解题思路，其他同学质疑问难）

师：刚才咱们求的平均夹球个数、平均体重、平均身高都是平均数。大家能不能总结一下求平均数的方法？个人先想想，然后小组内交流。

（学生小组合作，交流看法，教师参与讨论）

师：哪个小组愿意讲讲你们的意见？

生：先把每个数加起来，看有几个数就除以几。

生：求平均数，应该先求总数量，然后看有几个人或几份就除以几。

（教师简单小结求平均数的方法）

（评析：在尝试解答的基础上，让学生自己把求平均数的方法总结出来，"放"得适度，"收"得适时。规律由学生自己发现、归纳，看似不起眼，却体现了自主学习的真正内涵。）

四、联系实际，应用新知

师：下面是张老师家七、八、九三个月的用水情况统计表。你能帮老师口算出老师家这三个月的平均用水量吗？

月份	七月	八月	九月
用水量（吨）	8	7	9

生：平均用水量是8吨。

师：怎么算的？

生：8＋7＋9求出三个月的用水总吨数，再除以3。

师：你能预测一下老师家十月份的用水量吗？

生：8吨。

生：8吨多一些。

师：你们是根据什么预测的？

生：根据七、八、九这三个月的平均用水量。

生：10吨。

师：怎么会是10吨呢？

生：如果你家10月份多洗些衣服，用水量就会增加很多。

师：（笑）看来我家要注意节约用水了。我搜集到了两条与平均数有关的信息，请同学们看一看，说说你的想法。（出示第一条信息）

生：他们是不是捐的少了点？

师：你的意思是为希望工程捐款应该多捐些，是吧？真好。平均每人捐了5元，是说每个同学都捐了5元钱吗？

生：不是，每个人捐的不一定一样多。

师：可能会出现哪几种情况？

生：可能有的比5元多，有的比5元少。

生：也可能有的和5元一样多。

师：（出示第二条信息的前半句）你心情怎样？

生：我很高兴，很自豪。

师：（出示第二条信息的后半句）你现在怎么想？

生：我国的平均每人占有量太差劲了。

师：是什么原因造成了总数第一，平均数却居世界第80位的结果？

生：是因为我国人口太多了。

师：衡量一个国家的综合实力，不仅要看它的总产量，更要看它的平均每人占有量。

（评析：练习题的设计能紧密联系学生的生活实际，使学生感觉亲切自然。既巩固了求平均数的算法，又进一步拓展了平均数的作用和意义）。

五、自主评价，完善认知

师：今天咱们学了什么？

生：今天学了平均数。

生：我知道了平均数可以反映一个班或一个国家的整体水平。

生：我知道了在人数不一样的情况下，用平均数比总数更公平。

生：我们还学会了怎样求平均数。

师：怎样求？

生：先求总数量，再看有几份就除以几。

师：大家觉得咱们班同学学习成绩怎么样？请各小组迅速商量一下，给咱们班同学这节课的表现打个分，最高分为10分。

（学生小组商量打分，然后逐个小组汇报，教师板书每个小组打的分数：9分、8分、8分、8分、9分、8分）

师：大家能求出咱们班同学这节课表现的平均分吗？感兴趣的同学下课后自己解答一下。

（评析：让学生自己给全班同学上课的整体表现打分，再求平均分，这一内容的安排可谓"妙棋一招"。既使学生加深了对平均数意义的理解，又巩固了求平均数的方法，还将知识巧妙延伸到了课外。看似不经意，实则有深意。）

教学反思与评析

与过去教学"求平均数"的思路相比较，这节课体现出了不同以往的特点。过去教学"求平均数"，侧重求平均数方法的多样和灵活，注重算法的优化，而忽视了平均数的实际意义。我在考虑这节课"教什么"的问题时，把教学目标定位为：重点教学平均数的意义，其次才是求平均数的方法。这也是我把课题板书成"平均数"的原因所在。按照新大纲，平均数不再归入应用题的范畴，而被列为统计知识的内容，这告诉我们一个信息：应该从统计的角度教学平均数。在考虑"怎么教"的问题时，我想到了平均数的比较功能，由此我把学生分成人数不等的六个小组，以筷子夹玻璃球这个游戏作为导入环节，为教学提供信息素材，为学生探究新知建立操作平台。

当然，求平均数的方法并非一带而过。由于学生在对平均数意义的理解上花费了较以往更多的工夫，理解更加深刻，所以学生尝试解题、归纳方法，不但费时少，而且效果佳。至于"移多补少""汇总均分""假设调整"中的一些技巧，我个人以为可以放在稍后的练习课中加以培养。

上完课后，虽然教学效果还可以，听课老师反应也不错，但我总觉得课上得还不充分、不踏实，还有很大的提升空间。我体会到至少有以下四点值得改进：1. 筷子夹玻璃球的游戏虽然新颖有趣，但我忽视了从活动中进行提炼这一环节，教师一定要注意从解决问题中提升概念、方法、规律、数量关系，以使活动的作用得以充分发挥；2. 求平均用水量那道题，是渗透"移多补少"思想的好时机，我因为怕走老路而舍弃，这是个败笔。创新不是全盘否定过去，过去的好路子不但不应舍弃，而且应该进一步提倡；3. "平均数"概念的引入似乎还是过早，时机不够成熟。能不能先组织两个小组进行夹球水平的比较，在学生体会到比总数与比平均数产生矛盾的时候再引入"平均数"呢？这样设计可能学生对"平均数"的认识会更深刻；4. 学生主体性的发挥与教师的主导作用息息相关，我在把握探索时机、实施有效引导上还有很大差距，这也是我今后努力钻研的一个课题。

（钱守旺）

教学案例二

执教：张齐华

一、建立意义

师：大家喜欢体育运动吗？

生：（齐）喜欢！

师：如果张老师告诉大家，我最喜欢并且最拿手的体育运动是篮球，你们相信吗？

生：不相信。篮球运动员通常都很强壮，就像姚明和乔丹那样。张老师，您也太瘦了点。

师：真是哪壶不开提哪壶啊。不过还别说，和你们一样，我们班上的小强、小林、小刚对我的投篮技术也深表怀疑。就在上星期，他们三人还约我进行了一场"1分钟投篮挑战赛"。怎么样，想不想了解现场的比赛情况？

生：（齐）想！

师：首先出场的是小强，他1分钟投中了5个球。可是，小强对这一成绩似乎不太满意，觉得好像没有发挥出自己的真实水平，想再投两次。如果你是张老师，你会同意他的要求吗？

生：我不同意。万一他后面两次投中的多了，那老师你不就危险啦！

生：我会同意的。做老师的应该大度一点。

师：呵呵，还真和我想到一块儿去了。不过，小强后两次的投篮成绩很有趣。

（师出示小强的后两次投篮成绩：5个，5个。生会心地笑了）

师：还真巧，小强三次都投中了5个。现在看来，要表示小强1分钟投中的个数，用哪个数比较合适？

生：5。

师：为什么？

生：他每次都投中5个，用5来表示他1分钟投中的个数最合适了。

师：说得有理！接着该小林出场了。小林1分钟又会投中几个呢？我们也一起来看看吧。

（师出示小林第一次投中的个数：3个）

师：如果你是小林，会就这样结束吗？

生：不会！我也会要求再投两次的。

师：为什么？

生：这也太少了，肯定是发挥失常。

师：正如你们所说的，小林果然也要求再投两次。不过，麻烦来了。（出示小林的后两次成绩：5个，4个）三次投篮，结果怎么样？

生：（齐）不同。

师：是呀，三次成绩各不相同。这一回又该用哪个数来表示小林1分钟投篮的水平呢？

生：我觉得可以用5来表示，因为他投中最多。

生：我不同意，小强每次都投中5个，所以用5来表示他的成绩。但小林另外两次分别投中4个和3个，怎么能用5来表示呢？

师：也就是说，如果也用5来表示，对小强来说——

生：（齐）不公平！

师：该用哪个数来表示呢？

生：可以用4来表示，因为3、4、5三个数，4正好在中间，最能代表他的成绩。

师：不过，小林一定会想，我毕竟还有一次投中5个，比4个多1呀。

生：（齐）那他还有一次投中3个，比4个少1呀。

师：哦，一次比4多1，一次比4少1……

生：那么，把5里面多的1个送给3，这样不就都是4个了吗？

（师结合学生的交流，呈现移多补少的过程，如图13—1）

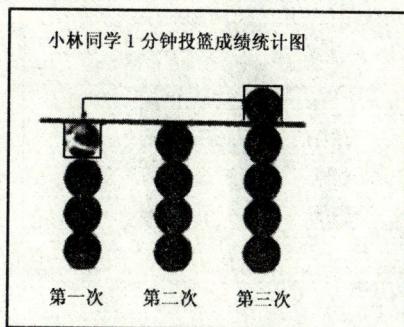

图13—1

师：数学上，像这样从多的里面移一些补给少的，使得每个数都一样多。这一过程就叫"移多补少"。移完后，小林每分钟看起来都投中了几个？

生：（齐）4个。

师：能代表小林1分钟投篮的一般水平吗？

生：（齐）能！

师：轮到小刚出场了。（出示图13—2）小刚也投了三次，成绩同样各不相同。这一回，又该用几来代表他1分钟投篮的一般水平呢？同学们先独立思考，然后在小组里交流自己的想法。

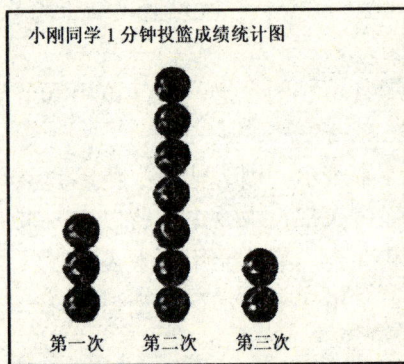

图13—2

生：我觉得可以用4来代表他1分钟的投篮水平。他第二次投中7个，可以移1个给第一次，再移2个给第三次，这样每一次看起来好像都投中了4个。所以用4来代表比较合适。

（结合学生交流，师再次呈现移多补少的过程，如图13—3）

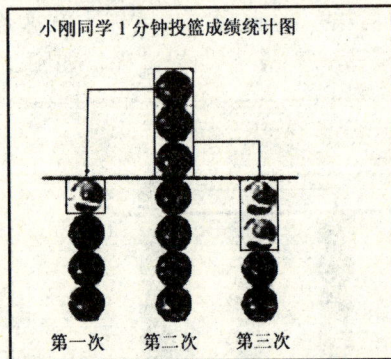

图13—3

师：还有别的方法吗？

生：我们先把小刚三次投中的个数相加，得到 12 个，再用 12 除以 3，等于 4 个。所以，我们也觉得用 4 来表示小刚 1 分钟投篮的水平比较合适。

（师板书：3＋7＋2＝12，12÷3＝4）

师：像这样先把每次投中的个数合起来，然后再平均分给这三次，（板书：合并、平分）能使每一次看起来一样多吗？

生：能！都是 4 个。

师：能不能代表小刚 1 分钟投篮的一般水平？

生：能！

师：其实，无论是刚才的移多补少，还是这回的先合并再平均分，目的只有一个，那就是——

生：使原来几个不相同的数变得同样多。

师：数学上，我们把通过移多补少后得到的同样多的这个数，就叫做原来这几个数的平均数。（板书课题：平均数）比如，在这里（出示图 13－1），我们就说 4 是 3、4、5 这三个数的平均数。那么，在这里（出示图 13－3），哪个数是这几个数的平均数呢？在小组里说说你的想法。

生：在这里，4 是 3、7、2 这三个数的平均数。

师：不过，这里的平均数 4 能代表小刚第一次投中的个数吗？

生：不能！

师：能代表小刚第二次、第三次投中的个数吗？

生：也不能！

师：奇怪，这里的平均数 4 既不能代表小刚第一次投中的个数，也不能代表他第二次、第三次投中的个数，那它究竟代表的是哪一次的个数呢？

生：这里的 4 代表的是小刚三次投篮的平均水平。

生：是小刚 1 分钟投篮的一般水平。

（师板书：一般水平）

师：最后，该我出场了。知道自己投篮水平不怎么样，所以正式比赛前，我主动提出投四次的想法。没想到，他们竟一口答应了。前三次投篮已经结束，怎么样，想不想看看我每一次的投篮情况？（出示图 13－4）

（师呈现前三次投篮成绩：4 个、6 个、5 个）

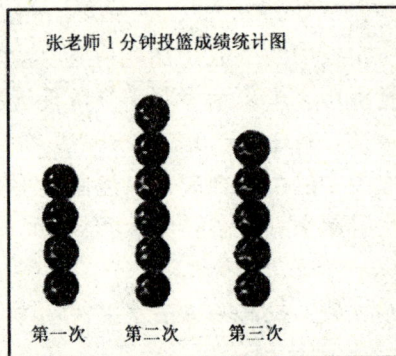

图 13—4

师：猜猜看，三位同学看到我前三次的投篮成绩，可能会怎么想？

生：他们可能会想：完了完了，肯定输了。

师：从哪儿看出来的？

生：你们看，光前三次，张老师平均1分钟就投中了5个，和小强并列第一。更何况，张老师还有一次没投呢。

生：我觉得不一定。万一张老师最后一次发挥失常，一个都没投中，或只投中一两个，张老师也可能会输。

生：万一张老师最后一次发挥超常，投中10个或更多，那岂不赢定了？

师：情况究竟会怎么样呢？还是让我们赶紧看看第四次投篮的成绩吧！

（师出示图13—5）

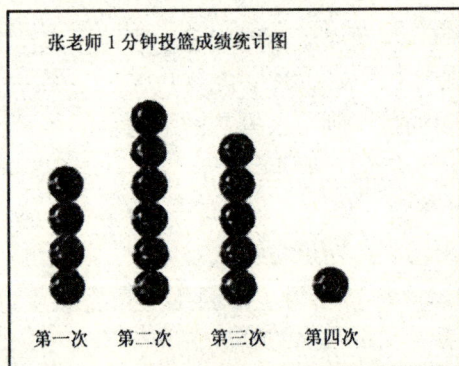

图 13—5

师：凭直觉，张老师最终是赢了还是输了？

生：输了。因为你最后一次只投中1个，也太少了。

师：不计算，你能大概估计一下，张老师最后的平均成绩可能是几个吗？

生：大约是 4 个。

生：我也觉得是 4 个。

师：英雄所见略同呀！不过，第二次我明明投中了 6 个，为什么你们不估计我最后的平均成绩是 6 个？

生：不可能，因为只有一次投中 6 个，又不是次次都投中 6 个。

生：前三次的平均成绩只有 5 个，而最后一次只投中 1 个，平均成绩只会比 5 个少，不可能是 6 个。

生：再说，6 个是最多的一次，它还要移一些补给少的。所以不可能是 6 个。

师：那你们为什么不估计平均成绩是 1 个呢？最后一次只投中 1 个呀！

生：也不可能。这次尽管只投中 1 个，但其他几次都比 1 个多，移一些补给它后，就不止 1 个了。

师：这样看来，尽管还没得出结果，但我们至少可以肯定，最后的平均成绩应该比这里最大的数——

生：小一些。

生：还要比最小的数大一些。

生：应该在最大数和最小数之间。

师：是不是这样呢？赶紧想办法算算看吧。

（生列式计算，并交流计算过程：4＋6＋5＋1＝16，16÷4＝4）

师：和刚才估计的结果比较一下，怎么样？

生：的确在最大数和最小数之间。

师：现在看来，这场投篮比赛是我输了。你们觉得问题主要出在哪儿？

生：最后一次投得太少了。

生：如果最后一次多投几个，或许你就会赢了。

师：试想一下：如果张老师最后一次投中 5 个，甚至更多一些，比如 9 个，比赛结果又会如何呢？同学们可以通过观察来估一估，也可以动笔算一算，然后在小组里交流你的想法。

（生估计或计算，随后交流结果）

生：如果最后一次投中 5 个，那么只要把第二次多投的 1 个移给第一次，很容易看出，张老师 1 分钟平均能投中 5 个。

师：你是通过移多补少得出结论的。还有不同的方法吗？

生：我是列式计算的。4＋6＋5＋5＝20（个），20÷4＝5（个）。

生：我还有补充！其实不用算也能知道是 5 个。大家想呀，原来第四次只投中 1 个，现在投中了 5 个，多出 4 个。平均分到每一次上，每一次正好能分到 1 个，结果自然就是 5 个了。

师：那么，最后一次如果从原来的 1 个变成 9 个，平均数又会增加多少呢？

生：应该增加 2。因为 9 比 1 多 8，多出的 8 个再平均分到四次上，每一次只增加了 2 个。所以平均数应增加 2 个。

生：我是列式计算的，4+6+5+9=24（个），24÷4=6（个）。结果也是 6 个。

二、深化理解

师：现在，请大家观察下面的三幅图，你有什么发现？把你的想法在小组里说一说。

（师出示图 13—6、图 13—7、图 13—8，三图并排呈现）

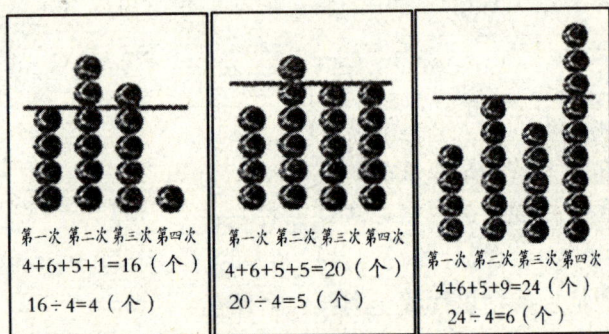

图 13—6　　　　图 13—7　　　　图 13—8

（生独立思考后，先组内交流想法，然后全班交流）

生：我发现，每一幅图中，前三次成绩不变，而最后一次成绩各不相同。

师：最后的平均数——

生：也不同。

师：看来，要使平均数发生变化，只需要改变其中的几个数？

生：一个数。

师：瞧，前三个数始终不变，但最后一个数从 1 变到 5 再变到 9，平均数——

生：也跟着发生了变化。

师：难怪有人说，平均数这东西很敏感，任何一个数据的"风吹草动"，都会使平均数发生变化。现在看来，这话有道理吗？（有）其实呀，善于随着每一个数据的变化而变化，这正是平均数的一个重要特点。在未来的数学学习中，我们将就此作更进一步的研究。大家还有别的发现吗？

生：我发现平均数总是比最大的数小，比最小的数大。

师：能解释一下原因吗？

生：很简单。多的要移一些补给少的，最后的平均数当然要比最大的小，比最小的大了。

师：其实，这是平均数的又一个重要特点。利用这一特点，我们还可以大概地估计出一组数据的平均数。

生：我还发现，总数每增加4，平均数并不增加4，而是只增加1。

师：那么，要是这里的每一个数都增加4，平均数又会增加多少呢？还会是1吗？

生：不会，应该增加4。

师：真是这样吗？课后，同学们可以继续展开研究。或许你们还会有更多的新发现！不过，关于平均数，还有一个非常重要的特点隐藏在这几幅图当中。想不想了解？

生：想！

师：以图6为例。仔细观察，有没有发现这里有些数超过了平均数，而有些数还不到平均数？（生点头示意）比较一下超过的部分与不到的部分，你发现了什么？

生：超过的部分和不到的部分一样多，都是3个。

师：会不会只是一种巧合呢？让我们赶紧再来看看另两幅图。（指图7、图8）

生：（观察片刻）也是这样的。

师：这儿还有几幅图，（出示图1和图3）情况怎么样呢？

生：超过的部分和不到的部分还是同样多。

师：奇怪，为什么每一幅图中，超出平均数的部分和不到平均数的部分都一样多呢？

生：如果不一样多，超过的部分移下来后，就不可能把不到的部分正好填满。这样就得不到平均数了。

生：就像山峰和山谷一样。把山峰切下来，填到山谷里，正好可以填平。如果山峰比山谷大，或者山峰比山谷小，都不可能正好填平。

师：多形象的比方呀！其实，像这样超出平均数的部分和不到平均数的部分一样多，这是平均数的第三个重要特点。把握了这一特点，我们可以巧妙地解决很多相关的实际问题。

（师出示如下三张纸条，如图13—9）

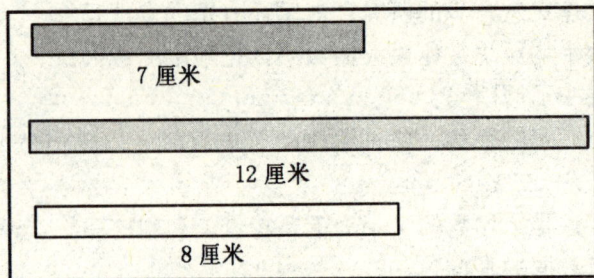

图 13—9

师：张老师大概估计了一下，觉得这三张纸条的平均长度大约是 10 厘米。（呈现图 13—10）不计算，你能根据平均数的特点，大概地判断一下，张老师的这一估计对吗？

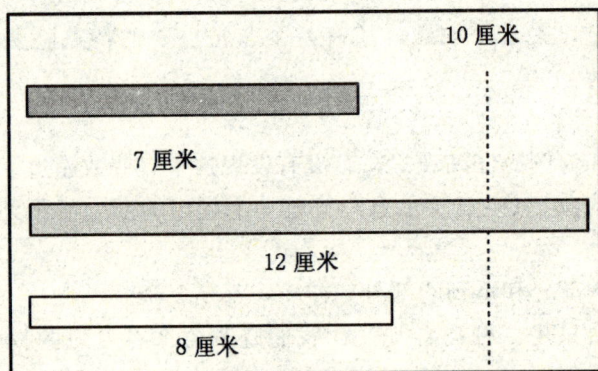

图 13—10

生：我觉得不对。因为第二张纸条比 10 厘米只长了 2 厘米，而另两张纸条比 10 厘米一共短了 5 厘米，不相等。所以，它们的平均长度不可能是 10 厘米。

师：照你看来，它们的平均长度会比 10 厘米长还是短？

生：应该短一些。

生：大约是 9 厘米。

生：我觉得是 8 厘米。

生：不可能是 8 厘米。因为 7 比 8 小了 1，而 12 比 8 大了 4。

师：它们的平均长度到底是多少，还是赶紧口算一下吧。

......

三、拓展展开

师：下面这些问题，同样需要我们借助平均数的特点来解决。瞧，学校篮球队的几位同学正在进行篮球比赛。我了解到这么一份资料，说李强所在的快乐篮球队，队员的平均身高是 160 厘米。那么，李强的身高可能是 155 厘米吗？

生：有可能。

师：不对呀！不是说队员的平均身高是 160 厘米吗？

生：平均身高 160 厘米，并不表示每个人的身高都是 160 厘米。万一李强是队里最矮的一个，当然有可能是 155 厘米了。

生：平均身高 160 厘米，表示的是篮球队员身高的一般水平，并不代表队里每个人的身高。李强有可能比平均身高矮，比如 155 厘米，当然也可能比平均身高高，比如 170 厘米。

师：说得好！为了使同学们对这一问题有更深刻的了解，我还给大家带来了一幅图。（出示中国男子篮球队队员的合影，图略）画面中的人，相信大家一定不陌生。

生：姚明！

师：没错，这是以姚明为首的中国男子篮球队队员。老师从网上查到这么一则数据，中国男子篮球队队员的平均身高为 200 厘米。这是不是说，篮球队每个队员的身高都是 200 厘米？

生：不可能。

生：姚明的身高就不止 2 米。

生：姚明的身高是 226 厘米。

师：看来，还真有超出平均身高的人。不过，既然队员中有人身高超过了平均数——

生：那就一定有人身高不到平均数。

师：没错。据老师所查资料显示，这位队员的身高只有 178 厘米，远远低于平均身高。看来，平均数只反映一组数据的一般水平，并不代表其中的每一个数据。好了，探讨完身高问题，我们再来看看池塘的平均水深。

（师出示图 13—11）

图 13—11

师：冬冬来到一个池塘边。低头一看，发现了什么？

生：平均水深 110 厘米。

师：冬冬心想，这也太浅了，我的身高是 130 厘米，下水游泳一定不会有危险。你们觉得冬冬的想法对吗？

生：不对！

师：怎么不对？冬冬的身高不是已经超过平均水深了吗？

生：平均水深 110 厘米，并不是说池塘里每一处水深都是 110 厘米。可能有的地方比较浅，只有几十厘米，而有的地方比较深，比如 150 厘米。所以，冬冬下水游泳可能会有危险。

师：说得真好！想看看这个池塘水底下的真实情形吗？

（师出示池塘水底的剖面图，如图 13—12）

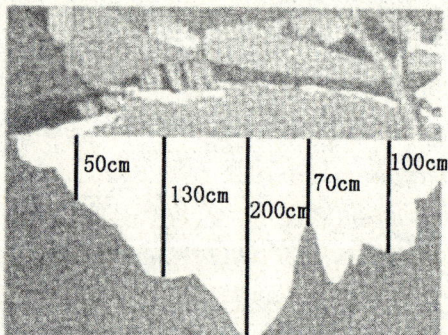

图 13—12

生：原来是这样，真的有危险！

师：看来，认识了平均数，对于我们解决生活中的问题还真有不少帮助呢。当然，如果不了解平均数，闹起笑话来，那也很麻烦。这不，前两天，老师从最新的《健康报》上查到这么一份资料。

（师出示：《2007年世界卫生报告》显示，目前中国男性的平均寿命大约是71岁）

师：可别小看这一数据哦。30年前，也就在张老师出生那会儿，中国男性的平均寿命大约只有68岁。比较一下，发现了什么？

生：中国男性的平均寿命比原来长了。

师：是呀，平均寿命变长了，当然值得高兴喽。可是，一位70岁的老伯伯看了这份资料后，不但不高兴，反而还有点难过。这又是为什么呢？

生：我想，老伯伯可能以为平均寿命是71岁，而自己已经70岁了，看来只能再活1年了。

师：老伯伯之所以这么想，你们觉得他懂不懂平均数。

生：不懂！

师：你们懂不懂？（懂）既然这样，那好，假如我就是那位70岁的老伯伯，你们打算怎么劝劝我？

生：老伯伯，别难过。平均寿命71岁，并不是说每个人都只能活到71岁。如果有人只活到六十几岁，那么，你不就可以活到七十几岁了吗？

师：原来，你是把我的幸福建立在别人的痛苦之上呀！（生笑）不过，还是要感谢你的劝告。别的同学又是怎么想的呢？

生：老伯伯，我觉得平均寿命71岁反映的只是中国男性寿命的一般水平，这些人中，一定会有人超过平均寿命的。弄不好，你还会长命百岁呢！

师：谢谢你的祝福！不过，光这么说，好像还不足以让我彻底放心。有没有谁家的爷爷或是老太爷，已经超过71岁的？如果有，那我可就更放心了。

生：我爷爷已经78岁了。

生：我爷爷已经85岁了。

生：我老太爷都已经94岁了。

师：真有超过71岁的呀！猜猜看，这一回老伯伯还会再难过吗？

生：不会了。

师：探讨完男性的平均寿命，想不想了解女性的平均寿命呢？有谁愿意大胆地猜猜看？

生：我觉得中国女性的平均寿命大约有65岁。

生：我觉得大约有73岁。

（师呈现相关资料：中国女性的平均寿命大约是74岁）

师：发现了什么？

生：女性的平均寿命要比男性长。

师：既然这样，那么，如果有一对 60 多岁的老夫妻，是不是意味着，老奶奶的寿命一定会比老爷爷长？

生：不一定！

生：虽然女性的平均寿命比男性长，但并不是说每个女性的寿命都会比男性长。万一这老爷爷特别长寿，那么，他完全有可能比老奶奶活得更长些。

师：说得真好！走出课堂，愿大家能带上今天所学的内容，更好地认识生活中与平均数有关的各种问题。下课！

教学反思与评析

对很多人而言，超越别人容易，超越自己难。而在我，情况似乎略有不同。事实上，在很多情形下，要想判断是否能够或者已经超越别人，很难有一个既定的标准。既无标准，又何谈对别人的超越？倒是自我超越，似乎显得稍容易一些。毕竟，每一天的学习、思索、实践，必然会使今天的你超越昨天的你，进而又被明天的你再次超越。人总是在这样一次又一次的自我超越中进步的。对我而言，这样的体验尤为鲜明与深刻。

如果说从 2003 年的"走进圆的世界"到 2007 年的"圆的认识"，向数学本身回归的这一次自觉转身，是我从教以来教学实践层面的第一次自觉跨越的话，那么，从 2000 年第一次执教"平均数"，时隔八年后再度磨砺同题课，多少也算是实践之路上的"梅开二度"吧。成败与否先搁下不论，怎么着也得为自己再次拿自己开刀的勇气与精神喝彩。

2000 年，正值《数学课程标准（实验稿）》即将颁布，对于即将到来的新一轮数学课程改革，正是"山雨欲来风满楼"的关键时刻。清晰地记得，师傅张兴华老师不知从何处为我们觅得《数学课程标准（征求意见稿）》。急急读来，其中的种种观念、建议、变革，对于正在数学教学改革路途中左冲右突的我们而言，无疑是一次莫大的精神洗礼与引领。尤其深刻的印象是，《数学课程标准（征求意见稿）》中对于统计与概率部分的全新阐释，让我们大开眼界，更是萌生出一种"试一试"的实践冲动。

于是，趁着一次教研活动的契机，在认真通读《数学课程标准（征求意见稿）》中关于"平均数"这一内容的相关课程目标与实施建议后，"平均数"一课以其别具一格的课题（注：以往，这一课通常是作为应用题的"平均数"一类教学的）及其"作为一种统计量"这一全新的视角，在实践层面赢得了广泛的认同与好评。至今，我仍清晰地记得，为了使学生认识到"平均数"是一个统计量，我撇开了教材中具有应用题意味的相关题材，而是选择从学生的平均身高、平均体重、家庭的平均收入等内容入手，进而在如何恰当估计平均数、如何强化移多补少、如何根据求出的平均数预测未来数据等问题上做出了初步的尝试。

《数学课程标准（实验稿）》正式颁布后，对于"平均数"这一内容的理论认识也随之渐入人心，相关的教学实践更是层出不穷。而真正促使我重备这一课的契机，现在想来，恐怕还得追溯到前年的那次南通教研活动。

在那次活动中，北京市第二实验小学的施银燕老师执教了"众数和中位数"一课，而其呈现的课题却是"数据的代表"，课题一出示，当即引起台下一片热议。现在想来，当时热议的话题与内容或许早已烟消云散，但正是那一次的深入思考与交流，使我越来越清晰地认识到，平均数也好，众数与中位数也罢，其实都是一组数据的代表。不同的是，同样作为数据的代表，平均数受所有数据的制约，更能反映一组数据的全貌，因而也就更加显得敏感、易变。而众数与中位数则相对不易受极端数据的干扰，因而也就体现出其比较稳定、不受极端数据干扰等特点来。带着这样的认识，再重新翻看多年前的平均数教案，总觉得作为一种"反映一组数据集中趋势的统计量"，其统计的意味并不明显。或者说，从教学的设计线索上看，似乎已经关注到其统计的内涵，但在真正的实践层面上，其作为一种统计量，尤其是作为数据代表的意义并没有得到真正的开掘。从而，"形似"而"神异"的意味，便不可避免地成为那一堂"平均数"的鲜明烙印。重备这一课便显得日渐迫切起来。

之后也听过几节"平均数"的研究课，较为典型的思路是：通过组织两组人数不等的比赛，在学生初步体会到"比总数"不公平的前提下，自然过渡到"通过求出平均每人的数量，再作比较"的思路上来。"平均数"由此自然生成。作为一种较为成熟的版本，此种教学思路的优点无疑是十分明显的。尤其是，从"比总数不公平"到"比人均数公平"的自然转折，将平均数的来龙去脉刻画得极为生动、细腻。但一直困扰我的问题是，当学生面对"比总数不公平"的情境，纷纷给出"先求出平均每人投中的个数再比较"的建议时，我始终不太明白：为什么求出"平均每人投中的个数"再比较就公平了？（笔者曾就此问题询问过不少教师与学生，均未获得十分清晰的回答）此为其一。再者，就算学生真正理解了个中的意义，那么，"平均每人投中的个数"是否就可以直接与"每人投中个数的平均数"画上等号？细微的文字表述差异的背后，又表征着学生怎样的微妙的思维差异？

事实上，"求出平均每人投中的个数"，对于一个三年级学生而言，其心理活动的表征往往是"先求总和，再除以人数"。而这一心理运算对学生而言，其直观背景十分模糊。至于其最终运算后得出的结果又是如何成为这组数据的代表的，其意义的联结点对学生而言更是很难直接建立。由此可见，仅仅从

"比较的维度"揭示平均数的意义，看似顺畅的教学现象背后，实则还潜藏着学生难以跨越、教师也很难察觉的认知障碍与思维断点。

于是，备课的思维焦点再次落到"数据的代表"上来。能不能从"数据的代表"的角度，重新为平均数寻找一条诞生的新途径？于是，便也有了这一版本的新尝试。

真正尝试备课时，其实还遇到不少新的障碍。比如，最初选择的情境是：三（1）班仅小林一人参加年级组投篮比赛，1分钟投中5个。如果你是裁判，在他们班的记分牌上，该用哪个数表示他们班的整体水平？三（2）班小刚、小强二人参加比赛，1分钟分别投中3个、5个。他们班的记分牌上，又该用哪个数代表他们班的整体水平？结果，"数据的代表"的表面意义呈现了出来，但"公平与不公平""求出平均每人投中几个再比"的观点再度浮出。"新瓶"实质上只是换上了"老酒"而已，无本质差别，此为其一。其二，又一更现实的问题摆在面前：作为数据的代表，平均数既可以代表"不同对象呈现的一组数据"（比如，小林、小刚、小强平均每人1分钟投中的个数），以反映这一组对象的整体水平，也可代表"同一对象某几次呈现的数据"（比如，小明三次量得某木棒的长度各若干厘米，该木棒长度究竟几何），以反映这一个对象在参差变换的随机数据背后所潜伏着的一般水平。究竟哪种情形更有利于学生顺利建立"平均数"的意义？思辨的最终结果让我把天平倾向后者。毕竟，前者在某种情形下，完全可以用总数去表征他们的整体水平，而对于后者，求总数似乎就显得有些"不合情理"，而找出这组数据的代表值，进而用代表值去刻画这组数据的一般水平，似乎更合情合理些。

于是，在例题教学中，我有意设计了"小强三次均投中5个"的特殊数据组，以此促进学生自然建立起"用5代表他的一般水平最合适"的心理倾向，进而为随后的学习活动中学生主动避开"求总数"的窠臼，而直接通过"移多补少"或"先求和再均分"的思维活动，努力寻找几个数据的代表值，为平均数意义的建立奠定坚实的基础。"平均数"作为"数据的代表"的真实含义，在这一过程中得到了自然而然的呈现。

当然，仅仅从正面角度凸显平均数作为"数据的代表"的意义，显然还不够充分、丰富、饱满。于是，在随后的深化板块中，我借助学生的观察、比较、交流，从平均数的"敏感与易变性"（任何数据的变化都会带来平均数的相应变化）、平均数的"齐次性"（每一数据的相同变化，如都加2，会带来平均数的同样变化，也加2）以及平均数的"均差之和为0"的特性（即一组数据中各个数据与平均数的差之和为0），帮助学生从各个不同侧面进一步丰富了对平均数这一"反映一组数据集中趋势的统计量"的意义的构建，深化了学生对平均数内涵的理解与把握。

但是，这堂课也有遗憾。尤其是随着备课及思考的不断深入，我越来越强烈地感受到，自身数学素养的肤浅对"平均数"课堂的深度开掘构成了致命的制约。"教什么比怎么教更重要"的命题再一次得到验证。期待能够得到专家与同行的批评指正。

（张齐华）

学生如何学习平均数这一重要概念呢？传统教学侧重于对所给数据（有时甚至是没有任何统计意义的抽象数）计算其平均数，即侧重于从算法的水平理解平均数，这容易将平均数的学习演变为一种简单的技能学习，忽略平均数的统计学意义。因此，新课程标准特别强调从统计学的角度来理解平均数。然而什么是"从统计学的角度"理解平均数？在教学中如何落实？如何将算法水平的理解与统计学水平的理解整合起来？如何将平均数作为一个概念来教？下面以张齐华老师执教的"平均数"一课为例，研究教学实践中如何解决上述问题。

将平均数作为一个重要概念来教，重点是要解决三个问题：为什么学习平均数？平均数这个概念的本质以及性质是什么？现实生活、工作等方面是怎样运用平均数的？张齐华老师执教的"平均数"一课正是从这三方面，并依据学生的认知特点和生活经验实现从概念的角度理解平均数的。

1．"概念为本"教学的核心：为什么学习平均数

（1）凭直觉体验平均数的"代表性"

平均数的统计学意义是它能刻画、代表一组数据的整体水平。平均数不同于原始数据中的每一个数据（虽然碰巧可能等于某个原始数据），但又与每一个原始数据相关，代表这组数据的平均水平。要对两组数据的总体水平进行比较，就可以比较这两组数据的平均数，因为平均数具有良好的代表性，不仅便于比较，而且公平。

在张老师的课上，导入部分的问题——1分钟投篮挑战赛——虽然简单，但易于引发学生对平均数的"代表性"的理解：是用一次投篮投中的个数来代表整体水平，还是用几次投篮中的某一次投中个数来代表整体水平呢？抑或是用几次投篮的总数来代表整体水平呢？由于教师所选择的几组数据经过精心设计，同时各组数据的呈现方式伴随着教师地追问，使学生很好地理解了平均数的统计学意义。这些数据并不是一组一组地同时呈现，然后让学生分别计算其平均数，而是动态呈现，并伴随教师的追问，以落实研究每一组数据的教学目标。例如，先呈现小强第一次投中5个，然后追问："小强对这一成绩似乎不

太满意，觉得好像没有发挥出自己的真实水平，想再投两次。如果你是张老师，你会同意他的要求吗？"这样就使学生直觉体验到，由于随机误差的原因，仅用一次的数据很难代表整体的水平，因此再给他两次投篮的机会。而小强的投篮水平非常稳定，三次都是 5 个。三次数据都是"5"，这是教师精心设计的，核心是让学生凭直觉体验平均数的代表性，避免了学生不会计算平均数的尴尬。同样道理，第二组数据的呈现方式仍然先呈现一个，伴随教师的追问："如果你是小林，会就这样结束吗？"这让学生体验一次数据，很难代表整体水平，但 3、5、4 到底哪个数据能代表小林的水平呢？教师设计这些活动的核心，是让学生体验平均数的代表性。

（2）两种计算方法的背后仍强化对概念的理解

虽然会计算一组数据的平均数是重要的技能，但过多的、单纯的练习容易变成纯粹的技能训练，妨碍学生体会平均数在数据处理过程中的价值。计算平均数有两种方法，每种方法的教育价值虽各有侧重点，但其核心都是强化对平均数意义的理解，非仅仅计算出结果。

在张老师的课上，利用直观形象的象形统计图（条形统计图也可以），通过动态的"割补"来呈现"移多补少"的过程，为理解平均数所表示的均匀水平提供感性支撑。首先两次在直观水平上通过"移多补少"求得平均数，而不是先通过计算求平均数。这样做，强化平均数"匀乎、匀乎"的产生过程，是对平均数能刻画一组数据的整体水平的进一步直观理解，避免学生原有思维定式的影响，即淡化学生对"平均分"的认识，强化对平均数意义而非算法的理解。

如何让学生理解平均数代表的是一组数据的整体水平，而不是平均分后某个体所获得的结果呢？平均数与平均分既有联系更有区别，虽然二者的计算过程相同，但不同于前面所学的"平均分"，二者计算过程相同但各自的意义不同。从问题解决角度看，"平均分"有两层含义：一是已知总数和份数，求每份数是多少；二是已知总数和每份数，求有这样的多少份，强调的是除法运算的意义，解决的是"单位量"与"单位个数"的问题。而平均数则反映全部数据的整体水平，目的是比较两组数据的整体水平，强化统计学意义，数据的"个数"不同于前面所说的"份数"，是根据需要所选择的"样本"的个数。

因此张老师的教学中没有单纯地求平均数的练习，而是将学习平均数放在完整的统计活动中，在描述数据、进行整体水平对比的过程中深化"平均数是一种统计量"的本质，实现从统计学的角度学习平均数。例如，张老师在通过两种方法求出平均数之后，一再追问："哪个数是这几个数的平均数呢？""这里的平均数 4 能代表小刚第一次投中的个数吗？""能代表小刚第二次、第三次投中的个数吗?""那它究竟代表的是哪一次的个数?"通过这样的追问，强化平均数的统计学意义。当然，如果在此现实问题中出现平均数是小数的情形，更有助于学生理解平均数只刻画整体水平而不是真正的其中某一次投中的个数（投中的个数怎么会是小数呢? 不强调小数的意义，只出现简单小数，例如3.5个)，即有人所说的"平均数是一个虚幻的数"。学生对此理解需要比较长的过程，不是一节课就能达成的。

2. "概念为本"教学的深化：进一步理解平均数的本质及性质

初步认识了平均数的统计学意义后，张老师仍然进一步设计活动，让学生借助于具体问题、具体数据初步理解平均数的性质，丰富学生对平均数的理解，也为学生灵活解决有关平均数的问题提供知识和方法上的支持。算术平均数有如下特点：

（1）一组数据的平均数易受这组数据中每一个数据的影响，"稍有风吹草动"就能带来平均数的变化，即敏感性。

（2）一组数据的平均数介于这组数据的最小值与最大值之间。

（3）一组数据中每一个数与算术平均数之差（称为离均差）的总和等于0，即：

$$\sum_{i=1}^{n} (X_i - \bar{X}) = 0$$

其中 X_i 总是原始数据，X 是这组数据的算术平均数。

（4）给一组数据中的每一个数加上一个常数 C，则所得到的新数组的平均数为原来数组的平均数加上常数 C。

（5）一组数据中的每一个数乘上一个常数 C，则所得到的新数组的平均数为原来数组的平均数乘常数 C。

如何让小学生理解这些抽象的性质呢? 张老师仍然是在巧妙的数据设计以及适时的把握本质的追问中，让学生进一步深化对平均数性质的认识。数据设计的巧妙主要体现在：

首先，在统计张老师自己的投球水平时，张老师"搞特殊"，可以投四次。基于前面学生对平均数的初步感知，学生认可老师用四次投中个数的平均数来代表老师的整体水平，但张老师在第四次投中多少个球上大做文章：前三次的平均数是 5，那么老师肯定是并列第一了? 一组数据中前三个数据大小不变，只是第四个数据发生变化，会导致平均数产生什么样的变化呢? 在疑问与困惑中（当然有很多学生是清醒的），教师首先出示了"极端数据二"（1 个球），进一步深化学生对平均数代表性的理解，初步体验平均数的敏感性。

其次，假设张老师第四次投中 5 个、9 个，张老师 1 分钟投球的平均数分别是多少？根据统计图直观估计、计算或者根据平均数的意义进行推理都能求出平均数，多种方法求解发挥了学生的聪明才智，使学生的潜能得以发挥，体验成功感，进而体验创造学习的乐趣。

再次，将张老师1分钟投球的三幅统计图同时呈现，让学生对比分析、独立思考，再小组讨论。由于三幅统计图中前三个数据相同，只有第四个数据不同，学生能够进一步理解平均数的敏感性：任何一个数据的变化，都会使平均数发生变化。学生发现平均数总是介于最小的数与最大的数之间：多的要移一些补给少的，最后平均数当然要比最大的小比最小的大了。学生还发现："总数每增加4，平均数并不增加4，而是只增加1。"教师适时追问："要是这里的每一个数都增加4，平均数又会增加多少呢？还会是1吗？"

再进一步观察三幅统计图中的第一幅图，教师追问：比较一下超过平均数的部分与不到平均数的部分，你发现了什么？

生：超过的部分和不到的部分一样多，都是3个。

师：会不会只是一种巧合呢？让我们赶紧再来看看另两幅图吧？

通过进一步观察其他几幅统计图，学生真正理解了，同时用自己形象生动的语言描述出："就像山峰与山谷一样。把山峰切下来，填到山谷里，正好可以填平。如果山峰比山谷大，或者山峰比山谷小，都不可能正好填平。"

在上述问题情境中，以问题为导向，借助于直观的统计图以及学生的估计或者计算，学生思维上、情感上经历一筹莫展、若有所思、茅塞顿开、悠然心会的过程，对平均数的意义以及性质都有了深切的体会。

3. "概念为本"教学的拓展：利用概念解释现实问题

有前述对平均数意义以及性质的了解，学生是否真正理解了平均数的概念呢？叙述出概念的定义或者会计算不等于真正理解某个概念，还要看能否在不同情境中运用概念。由于平均数这个概念对小学生而言是非常抽象的（如前所说，它是"虚幻的数"，学生不能具体看到），平均数的背景也很复杂，如果学生能在稍复杂的背景下运用平均数的概念解决问题，这就说明学生初步理解了平均数。

因此，张老师设计了四个复杂程度不同的问题，即"纸带平均长短""球员平均身高""平均水深""平均寿命"，这四个问题中的平均数的复杂程度不同。前两个问题中的平均数比较简单，数据的个数都是有限的，而且又有直观图形做理解上的支撑，因此前两个问题是简单应用平均数的性质——离差之和为零，即有比平均数大的数据，就一定有比平均数小的数据。学生可以借助于直观图形以及计算求出这两个问题中的平均数。在"纸带"问题中，数据的呈现方式不同于前面——是横向呈现，但平均数的意义不变，淡化呈现形式，强化意义理解，为学生理解平均数提供另一视角。"球员平均身高"问题不是让学生计算球员的平均身高，而是让学生借助平均数的性质进行推理判断，并通过学生熟悉的中国男子篮球队队员的平均身高以及姚明的特殊身高，深化对平均数的理解。

最后两个情境的平均数是比较复杂的，是以样本的平均数代替总体的平均数。例如，平均水深到底是什么意思呢？可以是随机选取有限个点，测量这些点到水底的距离，再求这些距离的平均数作为池塘平均水深的代表值。同样，2008年中国男性的平均寿命也是通过计算样本的平均年龄来表示全体中国男性的平均年龄。

真正理解这些平均数的意义，对小学生而言有难度。因此，张老师在教学中呈现了池塘的截面图，并标注出五个距离，将复杂的问题简单化，使学生仍能借助于平均数的性质理解冬冬下水游泳仍有危险。通过平均数意义的强化，使学生能从数学的角度解释是否有危险，避免学生从其他角度解释。在解释男性平均寿命问题中，借助于学生亲人的年龄这样特殊而具体的数据，理解平均寿命是71岁不等于每个男人都活到71岁。但不是所有的学生都能借助于前面所学平均数的意义和性质来解释这些问题，学生很难真正理解这两个情境下的平均数的意义。

4. 引发话题：培养学生的"统计概念"，还是"数据分析概念"

《数学课程标准（实验稿）》中明确提出，学生学习统计与概率内容的重要目标是培养学生的统计观念。那么，统计观念的内涵是什么？是否能够培养小学生的统计观念？我们培养学生的应该是"统计观念"，还是"数据分析观念"？

M. 克莱因在其著作《西方文化中的数学》一书中谈道：宇宙是有规律、有秩序的，还是其行为仅仅是偶然的、杂乱无章的呢……人们对这些问题却有种种不同的解释，其中主要有两类答案：其一是18世纪形成的决定论观，认为这个世界是一个有序的世界，数学定律能明白无误地揭示这个世界的规律。直至目前，这种决定论的哲学观仍然统治着很多人的思想，支配着他们的信仰并指导其行动。但是这种哲学观受到了19世纪以来概率论、统计学的猛烈冲击，形成了一种新的世界观，即概率论观或统计论观，它认为自然界是混乱的、不可预测的，自然界的定律不过是对无序事件的平均效应所进行的方便的、暂时的描述。这就是众所周知的用统计观点看世界。陈希孺先生说："统计规律的教育意义是看问题不可绝对化。习惯于从统计规律看问题的人在思想上不会偏执一端，他既认识到一种事物从总的方面看有其一定的规律性，也承认存在例外的个案，二者看似矛盾，其实并行不悖，反映了世界的多样性和复杂性。如果世界上的一切都被铁板钉钉的规律所支配，那么我们的生活将变得何等的单调乏味。"

统计观念实际上是人的一种世界观，是对人、生存空间甚至宇宙特点的看法，大多数成人仍坚守着决定论的观点，形成统计观点非常难。因此有研究者提出，培养学生的"数据分析观念"比较切合学生的认知现实和教育现实。即认为数据分析观念包括：了解在现实生活中有许多问题应当先做调查研究，收集数据，通过分析作出判断，体会数据中是蕴涵信息的；了解对于同样的数据可以有多种分析的方法，需要根据问题的背景选择合适的方法；通过数据分析体验随机性，一方面，对于同样的事情每次收集到的数据可能会是不同的，另一方面，只要有足够的数据就可能从中发现规律。

数据分析观念应该是态度目标的重要组成部分，态度目标的落实是在基本知识、基本技能的教学过程中完成的，一定要有学生的质疑、讨论分析、探究交流等过程，否则就是说教，很难使学生产生积极的情绪、情感，态度的形成也就流于形式。张老师这一课以平均数的概念为本，让学生充分经历了前面所分析的"过程"，才是真正有态度的培养。

数据分析观念的培养，或者说对"态度"目标内涵的分析以及如何培养学生积极的态度，都是值得深入研究的课题。

（刘加霞）

异教解析

平均数就是描述一组数据特征的一种统计量。它表示相关的一组数据的集中趋势，也就是说，求出一组数据的平均数，大体可以了解这组数据分布在这个平均数的附近，有的比平均数大，有的比平均数小（平均数可能就是其中的某个数据，也可能平均数不等于其中的任何数据）。与过去教学"求平均数"的思路相比较，这两节课体现出了与以往不同的特点。过去教学"求平均数"，侧重求平均数方法的多样和灵活，注重算法的优化，而忽视了平均数的统计意义，把教学目标定位为：重点教学平均数的意义，其次才是求平均数的方法。按照新课标，平均数不再归入应用题的范畴，而被列为统计知识的内容，这告诉我们一个信息：应该从统计的角度教学平均数。两位名师的教学分别从平均数的统计意义入手，找到了创新平均数教学的突破口。钱老师的课堂从平均数的比较功能入手，把学生分成人数不等的六个小组，以筷子夹玻璃球这个游戏作为导入环节，通过创设夹珠比赛，为教学提供信息素材，为学生探究新知建立操作平台。张齐华老师的课堂从以平均数是一组"数据的代表"这一统计量的意义入手，为平均数的教学寻找一条创新教学的新路径。通过创设投篮比赛，以"同一对象某几次呈现的数据"，反映这一个对象在参差变换的随机数据背后所潜伏着的一般水平，从而揭示"平均数是一种统计量"的本质，赋予平均数教学的一种全新的富有数学精神的理性色彩。基于对平均数这一统计量所选取的不同的理解路径，两位名师的课堂也呈现出各不相同的课堂景观。

数学教学是数学活动的教学。怎样让活动有趣、有序、有效，是一线教师苦苦追寻的问题。从钱老师的教学中可以看到，教师作为教学活动的组织者，让学生明确活动的规则、程序等非常重要，这样能保证活动有序开展，从而达成实效。钱老师课始创设夹珠比赛的情境，是因为它贴近学生的生活经验。让学生直接与情境对话，通过思考、讨论，依靠大家的智慧，是可以找到比较高低胜负的办法。学生虽然还没学过平均数，但他们有平均数的思想，这就是他们能够解决上述问题的认知背景。数学化就要让学生探索解决实际问题的图式或算法，在学生解决了这个实际问题的基础上，帮助学生从中抽象出平均数的概念。这个过程有助于学生体会数学知识是可以从他们的经验中提炼与升华出来的，有助于学生理解平均数和感受学习平均数的必要性。用数学游戏中各组夹珠的数据，做为学生探究平均数意义的资源，让学生提出数学问题，在此基础上揭示平均数的意义。再用第3组和第1组学生的数据为素材，引导学生在比较中深化平均数的意义。最后让学生尝试解题，自主归纳。在实际应用中进一步内化理解平均数的意义。

张老师在课堂上用自然无痕的概念引入、趣味十足的学习素材、巧妙精当的追问引导，把我们带进了一个充满数学思维张力和探究意味的数学王国。

1. 概念引入自然无痕

张老师通过创设投篮情境，精心设计了特殊数据组，让学生凭直觉体验平均数的"代表性"。张老师此课从比投篮技术的情境引入，"首先出场的是小强，他1分钟投中5个球，可是，小强对这一成绩似乎不太满意，觉得好像没有发挥出自己的真实水平，想再投两次。如果你是张老师，你会同意他的要求吗？"这样使学生体验到由于随机误差的原因仅用一次比赛很难代表小强的真实水平，因此再给他两次投球的机会。小强又投了两次，很巧的是后两次投篮成绩都是5个。显然这是老师精心设计的，使学生意识到用"5"来表示小强1分钟投中的个数最合适，避免了学生不会计算平均数的尴尬。接着小林出场，小林头一次只投中了3个，"如果你是小林，会就这样结束吗？"从而自然地引出第2组数据——"3个、5个、4个"。可是这样也引出了"麻烦"："三次成绩各不相同，这一回，又该用哪个数来表示小林1分钟投篮的一般水平呢？"在学生思维的碰撞中，发现也用"5"来表示小林的成绩显然对小强来说是"不公平"的，学生凭直觉认为用"4"最能代表小强1分钟投篮的成绩，平均数的意义悄悄被学生自己发现了。张老师通过"比投篮技术"这一情境逐步出示数据，引导学生对生活中的现象进行分析，进而使学生自己发现平均数，一切显得自然无痕。

2. 学习素材趣味十足

张老师根据儿童的心理特点，精心选择充满趣味的学习素材，使整节课学生处在愉悦的学习状态。除了上面说到的比投篮技术情境，还有拓展提升："李强所在的快乐篮球队，队员的平均身高是160厘米，那么，李强的身高可能是155厘米吗？""目前中国男性的平均寿命大约是71岁，一位70岁的老伯伯看了这份资料后，不但不高兴，反而还有点难过。这又是为什么呢？"一个个令学生兴趣十足的问题，点燃了学生学习的热情，课堂之上学生妙语连珠，轻松的氛围中深化了对平均数概念的理解。

3. 追问引导巧妙精当

在对每一个问题的处理中，张老师通过不断的追问巧妙地把学生的思维引向深入。比如，课堂中当学生说出"4是3、7、2这三个数的平均数"后，老师追问："不过，这里的平均数4代表小刚第一次投中的个数吗？"生答："不能！""能代表小刚第二次、第三次投中的个数吗？""也不能！"老师又问："奇怪，这里的平均数4既不能代表小刚第一次投中的个数，也不能代表他第二次、第三次投中的个数，那它究竟代表的是哪一次的个数呢？"一个学生回答道："这里的4代表的是小刚三次投篮的平均水平。"又一生补充："是小刚1分钟投篮的一般水平。"通过不断的追问，使学生对平均数的意义有了较深入的思考和认识。像这样的追问贯穿这节课，而且问题巧妙，引导得当，有效地促进了学生思维的发展。

（王海荣）

长方形的周长与面积

教学案例一

执教：潘小明

一、导入

师：（出示一红一黑两根电线）同学们看到了什么？

生：一长一短的两根电线。

师：告诉你们，红色电线长 24 厘米，黑色电线长 20 厘米。有问题吗？

生：老师，你拿这些电线干吗？

师：这些电线不是用来通电的，（学生和听课老师都笑了）那是干什么呢？请看——

（屏幕显示：有两根铁丝，一根长 24 厘米，另一根长 20 厘米。用这两根铁丝分别围成一个长方形，哪根铁丝围成的长方形的面积大？）

生：长的那根围成的长方形面积大。

师：同意的请举手！

（几乎所有学生都不假思索地举起了手）

师：谁能说说理由？

生：既然这根电线比较长，说明围成的长方形的边长也比较长。求长方形的面积是用长乘宽，长和宽都比另一个要长，所以它的面积肯定比另一个要大。

师：这是你的想法。其他同学还有自己的想法吗？

生：可以用算式表明。

师：你是想把它围成一个长方形后，计算出它的面积，再来说明理由，是吗？

生：是的。

师：同学们是不是也有这样一种想法：长的铁丝围成的长方形的周长就长，周长长的长方形，你们认为它们的——

生：（齐）面积就大。

（师在黑板上板书：周长长的长方形，面积就大）

师：（若有所思地）我也在想，如果"周长长的长方形面积就大"这句话是正确的，而周长 24 厘米是大于 20 厘米的，所以，"用 24 厘米长的铁丝围成的长方形的面积就大"这个结论当然应该是正确的！万一用 24 厘米长的铁丝围成的长方形的面积反而小了，那又说明了什么呢？是呀，那就说明黑板上的这句话错了。对于"周长长的长方形面积就大"这句话，你们有没有验证过？

（许多学生都在摇头，另有几个学生参差不齐地回答"没有"）

师：哎呀，那可就犯大错误啦！数学是最讲道理的。你们没有验证过，就把它当做真理去用？这不行，我们首先得干什么？怎样进行验证呢？

生：老师发给我们的纸上有许多个点，比如说，我们可以画一个长方列，它的宽是 4 个点，长是 5 个点，把四条边加起来算出它的周长；再画一个周长短一点的长方形，用我们学过的方法计算出它们的面积，看看这句话到底对不对？

师：你的意思是不是想围两个周长不等的长方形，分别算出它们的面积，再来验证周长长的长方形的面积是不是真的就大？

生：是的。

师：那好，我们就直接用 24 厘米和 20 厘米这两根铁丝分别去围一个长方形，去进行验证吧！

（生各自在纸上画出想围成的长方形，进行着实践验证，之后，在 4 人小组里进行交流）

师：下面，请各小组同学们发表意见。

生：我认为"周长长的长方形面积就大"这句话是对的。因为我围了一个长 7 厘米、宽 5 厘米的长方形，还围了一个长 7 厘米、宽 3 厘米的长方形……

（"不对！不对的！"有几个学生神情激动，有点坐不住了）

师：（看看那些坐不住的同学）大家对你的回答有意见呢！你说。

生：我用 24 厘米的铁丝围成一个宽 1 厘米、长 11 厘米的长方形，用 20 厘米的铁丝围成了一个宽 4 厘米、长 6 厘米的长方形……

生：我对刚才的回答还有一点补充，我突然想到了"凡是围成宽是 1 厘米的长方形，这句话对于它而言是错的。"

师：你的意思是说不能用 24 厘米的长方形去围成宽是 1 厘米的长方形，对于围成的宽是 2 厘米、3 厘米等的长方形，那么这句话就是对的了，是吗？

生：是的。

师：那我们就来围一个宽是 2 厘米的长方形，那么这个长方形的长是几厘米？面积又是多少呢？

生：长是 10 厘米，面积是 20 平方厘米。

师：请再看刚才围成的长 6 厘米、宽 4 厘米的长方形，你有什么想法？

生：周长 24 厘米的长方形面积反而小，所以这句话是错的。

师：通过举例验证，请大家现在来判断"周长长的长方形面积就大"这句话到底是对还是错？

生：我认为这句话有时候是对的，有时候是错的。

（其他学生好像一下子还没听明白，听课的老师一阵哄笑）

师：你们听明白他的意思了吗？我听明白了。比方说，用 24 厘米的长的铁丝围成面积是 32 平方厘米的长方形与用 20 厘米的铁丝围成面积是 21 平方厘米的长方形，这时候是对的；还有些时候，比方说，用 24 厘米的长的铁丝围成面积是 11 厘米的长方形与用 20 厘米的铁丝转成面积是 21 平方厘米的长方形，这时候这句话是错的。同学，你是这个意思吗？

生：是的。

师：我再想问，当试卷上有这样一道判断题时，你是不是也想在括号里写上"我认为这句话有时候是对的，有时候是错的"呢？若真是这样写上，我不知道你们的老师将会怎样评判呢？

（这回其他学生都乐坏了，哈哈大笑起来）

生：我发现是这样的，如果用 24 厘米和 20 厘米的两根铁丝围成的长方形的宽是相等的话，那么，"周长长的长方形面积就大"这句话是对的。

师：同学们都听清楚了，当围成的长方形的宽是相等的时候，周长长的长方形的面积肯定大！你们同意吗？知道为什么吗？

生：因为这时候，周长长的长方形的长肯定要长一些，所以，面积就一定大。

师：有道理！你把"有些时候"分得很清楚了，真会动脑筋！

生：我认为这句话不是有时候对有时候错的。因为已经举出了一个例子，说明周长长的长方形面积不比周长短的长方形的面积大，所以，这句话是错的。只要举出一个反例，就能说明这句话是错的。

（一些学生开始表示赞同）

师：我举双手赞同这位同学的观点！你说周长长的长方形的面积一定大，那我就用 24 厘米围成了长 11 厘米、宽 1 厘米的长方形，（屏幕出示）面积哪里是大了呢？所以，这句话肯定是错的！我刚才听到有同学说，是在寻找反例进行验证的。如果我们找遍了所有的例子，都是周长长的长方形的面积大，那就证明了这句话是正确的。但是，如果找到了反例，哪怕只有一个反例，就足以证明这句话是错的。所以，在验证时要关注有没有反例。现在，我们都知道这句话是错的，怎样改就正确了呢？

生：把"就"改为"不一定"，也就是"周长长的长方形面积不一定大"。

师:(在屏幕上出示三个长方形)从这组周长都是 24 厘米的长方形中,你有什么发现吗?从这三个长方形中找规律,数据材料是不是少了点儿?

(生纷纷点头,于是,学生又说出了围成的几个长方形)

师:现在,数据材料多了,同学们发现什么了吗?

(大多数学生面露难色,有的直摇头)

师:看来,从一堆杂乱的材料中很难发现有什么规律,怎么办?

(生说需要将材料进行整理,而且要有序地整理。师结合同学的回答板书。见下表)

周长 (厘米)	长 (厘米)	宽 (厘米)	面积 (平方厘米)
24	11	1	11
	10	2	20
	9	3	27
	8	4	32
	7	5	35
	6	6	36

(师还没有写完,学生的小手陆续举了起来:"我知道了!""我知道了!")

生:周长相等的长方形,当长和宽越接近时,面积就越大。

生:当长和宽相等时,面积就最大。

生:如果铁丝的长度是 42 厘米,这时就不能围成一个正方形,只能围成长是 11 厘米、宽是 10 厘米的长方形,所以,不能说一定是围成的正方形的面积是最大的。

生:用 42 厘米的铁丝怎么不能围成正方形,围成的正方形的边长是 10.5 厘米。

生:这样,边长是小数,那是不可以的。

生:题目中又没有规定转成的长方形的边长必须是整数的,为什么不可以呢?

生:就算可能,那正方形的面积也不是最大的,11 乘以 10 等于 110 平方厘米才是最大的。

师:那我们再计算一下 10.5 乘以 10.5 的积是 110.25,还是正方形的面积大。同学们刚才发现,周长相等的长方形,当长与宽越接近时,长方形的面积就越大;当长与宽相等时,面积最大。反过来,当长与宽相差越大,长方形的面积就越小,那么什么时候面积最小?

生：当围成宽是 1 厘米的长方形时面积最小，是 11 平方厘米。

生：我不同意。也可以围成宽是 0.5、长是 11.5 厘米的长方形，面积就更小了。

师：（引导学生看屏幕）宽由 1 厘米减小到 0.5 厘米、长增加到 11.5 厘米，面积大约是多少？

……

师：同学们，这是我们从周长都是 24 厘米的这组长方形中发现的规律。对于周长不是 24 厘米的长方形，是不是也存在"周长相等的长方形，当长与宽越接近时，长方形的面积就越大；当长与宽相等时，面积最大"的规律呢？

生：这也要验证一下。

师：好，应该的！我们就一起来观察周长是 20 厘米的这组长方形，看有没有这样的规律？

（生通过验证发现同样有着这样的规律）

师：只举两个正例是很难证明的，等你们到中学就会学习怎样证明了。不过，老师现在可以告诉你们"周长相等的长方形，当长与宽越接近时，长方形的面积就越大；当长与宽相等时，面积最大"这话是正确的。同学们，刚开始的时候，我们以为"周长长的长方形面积就大"，后来我们举了一个反例就把这句话彻底推翻了，并发现周长长的长方形面积不一定大。接下来，我们的同学从周长 24 厘米的这组长方形中发现，周长相等的长方形，长与宽越接近时，面积就越大；当长与宽相等时，面积最大，并且得到了验证。你们真棒！

教学反思与评析

这几年，我是在思考和实践着"数学生成教学"中度过的。因为一直在思考和实践，因此，每过一个阶段，我都会有一些新的认识。

最近一直在思考的是数学知识、数学思维、数学情感这三者到底如何在数学课堂上交织并实现，却总是找不到确定的语言来表达。在这样的痛苦中煎熬已经有一段时间了。直到偶然间重温了海明威的"冰山原理"，我才豁然开朗：数学知识、数学思维、数学情感这三者不就好比海明威"冰山原理"中所指的具体可见的文字和形象、寓于文字和形象之中的情感和思想吗？数学知识是显性的，是浮于水面的"山头"，数学情感是隐性的，是在水面之下但支撑着整座"山"的重要基座，而数学思维是重要的中介，数学知识、数学情感都是寓于数学思维活动之中的。

基于"冰山原理"新解，用数学思维对"长方形的面积与周长"进行了教学反思：

1. "思维场"应"境"而生

一个好的问题情境，应该是具有数学思考价值的，它能激活经验，产生意向，激发创造，因此，它必须是开放的，使得各层次学生都能参与并产生自己的想法，通过不同的想法挑战着学生的思维，经过实践验证等活动，让学生发现知识规律。

"有两根铁丝，一根长24厘米，另一根长20厘米。用这两根铁丝分别围成一个长方形，哪根铁丝围成的长方形的面积大？"学生普遍认为"周长长的长方形面积就大"，少数学生却认为"不一定"。"我认为'周长长的长方形面积就大'这句话是对的。""我发现这句话是错的。""我认为这句话有时候是对的，有时候是错的。""我认为当围成的长方形的宽相等时，这句话是对的。""我认为只要举出一个反例，就能说明这句话是错的。"……"问题场"就这样形成了。

在思维的碰撞中，又产生了新的问题：已经举出了正例为什么还不能证明这句话是对的呢？应该怎样去举例验证呢？周长长的长方形的面积不一定大，那么，周长相等的长方形的面积会不会也不一定相等？当长与宽相等时面积最大，有没有最小的面积……这些新问题环环相扣，层层深入，自然地构成了"问题串"。

"问题场"与"问题串"纵横交错拉起了一张思维的网，学生的思维随之不断被拓展和加深，我将其称为数学课堂上的"思维场"。"思维场"在问题情境中产生。而构建一个有长度、有宽度、有深度的"思维场"，应该从创设一个具有数学思维价值的问题情境开始。从某种程度上来说，一堂数学课，教师教得是否如意，学生学得是否幸福，就取决于这个"思维场"的长度、宽度和深度。

2. 实践体验因"悟"而深

深切的体悟必定来自亲身实践，但亲身实践未必会有深切的体悟，教师必须适时引导，而且必须导在数学思维上。

例如："怎样验证'周长长的长方形面积就大'这句话到底是否正确呢？"我预想到有学生会举一个正例来验证，也明知这样的证明是不科学的，但还是先让学生从各自的思维实际出发，放手去举例验证，对于那些举了正例以为结论是正确而坐等的学生，我没有马上提示他们去寻找反例，而是让他们继续等待。因为我认为，让学生学习举例验证中正确的思维方法比结论本身更重要！所以看似浪费了时间，为的是让其在之后的交流、碰撞中自己发现错误所在，因为一丝后悔或自责会产生更深体验。

再如，"在周长都是24厘米的这些长方形中，你有什么发现？"少数学生已经有所发现，通过生生互动，其他学生也知道了其中的规律。如果我们的数学课堂就此打住，这样的知识规律对学生又有多大的意义呢？于是，我针对学生的困惑，进行启发式引导，一起收集数据材料，进行有序整理等，再进行观察比较。结果，学生不仅发现了"周长相等的长方形，当长和宽越接近时面积就增大，当长与宽相等时面积就最大"，而且还提出了"长与宽相差越大时面积就越小，有没有最小的面积"的问题，甚至还有意外地发现难住了教师：随着长与宽的变化，面积变化也是有规律的，分别相差 9、7、5、3、1 平方厘米，这是巧合还是必然？到底有什么道理？学生几分得意，教师暗自高兴。不过，这样的思维深度，这样的深刻体验，怎能不让学生得意、老师高兴呢？

一个数学教师，要学会往下看，透过水面去发现并把握支撑着数学知识的数学思维，让学生亲历数学思维活动的过程，不仅获得扎实的知识技能，而且能够产生积极的情感体验、科学态度和探索精神。如此，你的学生会因为你的一节数学课而终生难忘。

（潘小明）

教学案例二

执教：钱希有

课堂实录

一、探求

师：长方形的周长怎么求？

生：（长＋宽）×2。

师：长方形的周长和它的长和宽有关，那面积呢？

生：长×宽。

师：那周长和面积之间有什么关系呢？猜猜看。

生：周长大，面积则大。

生：周长小，面积则小。

生：周长相等，面积则相等

师：结论是否成立，用什么方法证明？今天，我们通过举例的方法来研究。

师：我们的研究分这样几个步骤进行：（板书：确定研究对象、长方形的周长、长和宽可能的值、求出面积）

（生举例研究）

二、汇报

（师投影一组同学的研究成果）

表1（周长30）：

长	14	13	12	11	10	9	8
宽	1	2	3	4	5	6	7
面积	14	26	36	44	50	54	56

表2（周长40）：

长	19	18	17	16	15	14	13	12	11	10
宽	1	2	3	4	5	6	7	8	9	10
面积	19	36	51	64	75	84	91	96	99	100

师：根据这张单子，你发现了什么？

生：我发现表1中的周长小于表2中的周长，但是表2中的面积19小于表1中的面积54，所以说"周长大面积就大"是错的。

生：表2中的面积36也小于54，我也认为周长大，面积就大的说法是错的。

（师投影另一组的研究成果）

表3（周长20）：

长	9	8	7	6	5
宽	1	2	3	4	5
面积	9	16	21	24	25

表4（周长60）：

长	29	29.5	25	20	……
宽	1	0.5	5	10	……
面积	29	14.75	125	200	……

师：从这两张单子中，我们也能证明"周长大面积就大"的说法是错的。

师：这两个例子中的两个周长的差距不大，如果差距拉大了，会不会有"周长大面积就大"的情况呢？有这种可能吗？

（生举例实验）

生：周长取 100000。

师：好，就依你的，那长和宽的和是多少？

生：50000。

师：要使面积尽量小，是多少？试试看。

（生举例计算）

生：长取 49999.99999999，宽取 0.00000001，面积是 0.0004999999999999。另一个长方形的周长取 1，长和宽的和是 0.5，长取 0.3，宽取 0.2，面积是 0.06。所以，不一定周长大，面积就大。

师：通过刚才的例子，你有什么想法？

（出示填空题：周长大的，面积 _____；周长小的，面积 _____；周长相等，面积_____。）

师：下面我们解决第三个问题：周长相等，面积也相等，是这样的吗？利用刚才的例子，你发现了什么？

生：周长都是 20，面积并不相等，所以，周长相等，面积不一定相等。

师：那周长相等的长方形，什么情况下面积大一些？什么情况下面积小一些？

（同桌讨论）

生：长与宽相差越小，面积就越大。

师：同意的举手。（生都举手）

师：再研究研究，什么情况下面积最大？

（生沉思，讨论）

生：当长与宽相等时。

生：不一定。

生：当长与宽相等时。

生：我们可以举例来说明，当周长是 20 时，长与宽的和是 10，如果长与宽相等，则面积是 25。是最大的。

师：有没有可能，面积比 25 还要大呢？

生：没有。

师：如果长和宽分别是 6 和 5 呢？

生：那周长就不是 20 了。

师：大家说得非常好，如果周长相等，什么图形的面积最大？这个问题下课之后去思考，好不好？

师：今天我们研究了什么？

生：以前我们认为周长大，面积就一定大，通过计算，我们知道了周长大，面积不一定大，同样，周长小，面积不一定小。周长相等，面积不一定相等。

生：我们还知道了，周长相等的情况下，当长和宽相等时，面积最大。

教学反思与评析

《数学课程标准》指出："学生学习应当是一个生动活泼的、主动的和富有个性的过程，除接受学习外，动手实践、自主探索与合作交流也是数学学习的重要方式，学生应当有足够的时间和空间经历观察、实验、猜测、验证、推理、计算、证明等活动过程。"本节课充分发挥学生的主体性，通过猜想、举例、验证，让学生亲历数学结论得出的过程，"长方形的面积与周长的关系"这一问题伴随着学生自己的发现、归纳和整理。这节课的载体是让学生探索长方形周长与面积之间的关系，而获得这个结论的过程，学生积淀了不少数学的思考方法、研究数学问题的策略和解决数学问题的思路。教师注重让学生用举例的方法验证自己的猜想，三个问题步步深入、层层推进，学生的思维也渐入佳境，课末"周长相等，什么图形的面积最大"这个问题，把学生的学习内容加以拓展、延伸，让学生带着思考和疑问走出课堂，走进美妙的数学世界，真正让课堂成为学生探索与发现的沃土。

异教解析

周长和面积的计算从属于"空间与图形"这一领域的内容。与数与代数、统计与概率等课程内容相比，这一部分的内容更富有直观性、活动性和探索性。因此，改变传统的教学方式，注重学生的自主探索和动手实践，是小学空间与图形的基本教学策略。两位名师的课堂把这部分内容的教学演绎得灵动而富有浓浓的数学味。

1. 着眼于改变学生的学习方式

本节课是长方形周长与面积的拓展延伸部分，周长和面积是两个不同概念，也是学生在第一学段教学中"空间与图形"部分学习内容的重点和难点所在。它是在学生已经充分掌握了长度、长度单位、面积、面积单位、长方形和正方形的特征及其周长、面积计算的基础上进行的。学生从学习长度到学习面积是从一维空间向二维空间转化的开始，是空间观念形成"由线到面"的一次飞跃，但是学生常常会在学习过程中分不清长度和面积，所以通过探究学习使学生更加深刻地理解周长与面积之间的某些联系是非常有必要的。

2. 着力于渗透科学探究的方法

在教学中要注重通过对这两个概念进行对比、辨析，让学生正确使用长度单位和面积单位，运用周长和面积的计算公式计算长方形、正方形的面积，并解决与现实生活相关的实际问题，从而进一步掌握这两个概念的数学本质。为了实现以上的教学目标，两位名师执教的这节课通过精心创设的数学活动，探究图形中周长与面积的关系，同时渗透变与不变的辩证唯物主义思想，注重学生对数学特有思维方式的感悟，引导学生经历"猜想—验证—结论"的数学学习过程。两节课重视让学生学会用举例验证的数学方法，让学生经历数学结论得出的过程，培养学生对数学理性精神的追求。

教学有法，但无定法。同样的教学内容，在两位教师的精心演绎下也呈现出各不相同的教学个性。

课堂要营造一个思维场，是潘老师这节课最真实的写照。"数学教学不仅要让学生获得知识和技能，而且要促使他们生成智慧和人格。"这是潘老师个性鲜明的教学主张。让数学知识、数学思维、数学情感这三者在数学课堂上交织并实现，促进学生三维目标的和谐发展是潘老师课堂教学的追求。在这节课上，我们不得不佩服潘老师为学生营造的充满着思维张力和探究热情的课堂。教师善于创设问题情境来营造一个又一个的问题链，纵横交错起了一张思维的网，学生的思维随之不断被拓展和加深。整节课围绕长方形周长与面积的关系，进行了一系列有效的操作活动，所有生发的问题均来自学生，均有学生来解决。从猜想到验证，潘老师大胆放手让学生自己来探究，亲历知识的形成过程。学生在画图的过程中，思维对象从铁丝转借到图画，从关注图形形状的不同，转向关注"周长相等的情况下，面积的大小关系"。这正是潘老师设计的精妙之处，学生始终置身于教师为其创设的探究和讨论的情景中，兴趣盎然，在独立思考、小组学习中学会倾听不同意见，综合比较，作出判断，教师巧妙地引导，学生智慧地学习，这是一种高层次的智慧互动。以教材为载体，不断创生教材，给学生提供开放的学习空间。课堂上让学生学习举反例的方法，进行数学推理训练，让学生比较整理的方法，学习有序思考策略。课堂上出现了真实的问题，教师真诚与学生交流，在高质量的师生互动、生生互动中，学生的思维向纵深发展。在经历"猜想——验证——结论""从特殊结论推广到一般结论"的过程中，教师借助具体可感的材料，引导学生分析问题、解决问题，在习得知识的同时，不断生成了智慧。

　　浓浓的探究味，彰显着钱老师数学课堂的简单、高效和独有的学科魅力。课始从复习长方形的周长和面积的计算公式入手，提出"长方形的周长和面积之间有什么关系"这个问题，引发学生猜想。学生提出了三个猜想——"周长大，面积则大；周长小，面积则小；周长相等，面积则相等"。接着，教师明确提出要求，让学生用"举例验证"的方法进行研究。每一学科都有其独特的思维方式和认识世界的角度，数学也不例外，尤其数学又享有"锻炼思维的体操、启迪智慧的钥匙"的美誉。其中学会举例验证是数学思维的基本方法。钱老师注意在教学中科学地引导学生，学会有效地运用举例验的方法探求周长与面积的关系。首先让学生确定研究对象。学生分别选取了周长 20 和 40、周长 20 和 60 的长方形，通过举例验证、计算对比，学生明确了"长方形的周长长，面积不一定就大"。学生在举例验证的过程中，第三个猜想"周长相等，面积也相等"自然不攻自破，此时教师拾级而上，引导学生顺着这个问题，深入探究：周长相等的长方形，什么情况下面积大些？什么情况下面积小些？再次通过举例验证得出结论，在探究中加深对长方形（包括正方形）周长、面积概念的理解，巩固长方形（包括正方形）周长和面积的计算。整节课没有纯粹的周长与面积计算练习，实际上在显性的操作后面，是隐性的复习巩固练习。学生在画图、计算中，熟练掌握了周长与面积的计算，掌握长方形与正方形的内在联系。整节课由浅入深，循序渐进，引导学生观察、操作、交流、归纳，逐步培养学生的逻辑思维能力。

课 题 十 五 ：

认识小数

教学案例一

执教：贲友林

课堂实录

师：我们先看一道题。

（出示练习题：在括号里填上适当的分数）

7 分米＝（　　　）米　　　9 分米＝（　　　）米

3 角＝（　　　）元　　　2 角＝（　　　）元

（学生回答，教师选择其中的 1 至 2 题，请学生口答时说说是怎样想的）

师：（出示铅笔）一支铅笔多少钱？

（师根据学生的发言板书：6 角）

师：还记得课前观察过的标价牌吗？6 角，标价牌上怎么写？你能写出来吗？

（学生板书：0.6 元。教师板书：6 角＝0.6 元）

师：（指着 0.6）会读吗？这样的数叫小数。

（教师结合学生的回答，板书课题：小数）

（评析：上课要言不烦，安排填写分数，将常用的长度和货币由低级单位改写成高级单位这一练习，为引入小数提供了意义铺垫。同时，教师选取了学生日常熟悉的生活题材，作为课程资源，引导出口语中的"6 角"与标价牌上的"0.6 元"的不同表示。这就实现了由生活题材自然地引导出数学课题的设计目的。）

师：小数中间的小圆点叫——小数点。小数点写在数字的右下角。

师：（边说边板书：4 角）老师买这支铅笔，买的是优惠价，只用了 4 角钱。4 角是多少元呢？你能写出来吗？

（指名学生发言，并让其板书：4 角＝0.4 元）

师：估计一下，这支铅笔长几分米？

（学生回答后，教师板书：2 分米）

师：2 分米用分数表示是多少米？（0.2 米）

（教师板书：2分米＝0.2米）

（接着，教师指着"6角""4角"分别提问，黑板上板书：6角＝$\frac{6}{10}$元＝0.6元，4角＝$\frac{4}{10}$元＝0.4元，2分米＝$\frac{2}{10}$米＝0.2米）

师：观察这三个等式的分数和小数，比一比，你发现了什么？

生：分数的分母都是10。

师：你观察得真仔细，这些分数都是十分之几。

生：我还发现这些小数都是零点几。

师：是的！那横着看呢？

生：分数的分子是几，小数点的后边也是几。

师：大家同意他们的发现么？

生：（齐）同意。

师：我也同意！

生：这里的分数都是十分之几，小数都是零点几，十分之几就是零点几。

师：说得真好！能再说一遍吗？

（学生说完，教师小结：零点几也就是——十分之几）

（评析：再次抓住铅笔素材，以考察标价和长度，完成十分之几的分数到小数的递推与连等式板书的构建，给学生提供归纳、概括和推理的依据。在此基础上，让学生充分观察，并表达其发现，由已知推向未知。教师在转述和肯定学生的发现中，巧妙地将未知推向已知，形成"零点几也就是十分之几"的新认识，将这一新知的航船牢牢拴系在旧知识的"锚桩"上。）

师：请大家完成教科书中第100页"想想做做"的第1题。

3. 看图先写出分数，再写出小数。

$\frac{(\quad)}{10}$　$\frac{(\quad)}{10}$　$\frac{(\quad)}{10}$

（　　）　（　　）　（　　）

师：请看，如果这张纸条长1米，它被平均分成了——

生：10份。

师：其中的1份是——

生：1分米。

师：写成分数是——

生：$\frac{1}{10}$米。

师：$\frac{1}{10}$ 米还可以写成——

生：0.1 米。

师：那其余的括号会填吗？请大家填写。

（教师视频展示一位同学的答案）

师：一起读一读，你对他的答案有不同意见吗？通过这个练习，我们同样可以发现什么？

生：十分之几就是零点几。

师：零点几就是——十分之几。请大家继续完成"想想做做"的第 3 题。

师：看这 3 道题，都是把一个正方形平均分成了 10 份，那你能看图先写出分数再写出小数吗？

（学生写，教师巡视，然后由学生汇报）

生：$\frac{3}{10}$、0.3。

师：说说你是怎样想的？

（学生回答后，再汇报第 2 题、第 3 题是怎样填写的。教师再次出示上课伊始出示的练习题）

在括号里填上适当的分数。

7 分米＝（　　）米　　　　9 分米＝（　　）米

3 角＝（　　）元　　　　2 角＝（　　）元

师：我将这道题要求改为"在括号里填上适当的小数"，你会填写吗？自己轻轻地说一说。

生自由发言之后，教师再请第 3 小组学生开火车汇报。

（评析：接下来的新课巩固练习，围绕刚刚建构的"零点几就是十分之几"的分数意义，运用线段图和正方形平分为 10 份的分数示意图，让学生由形象到抽象，由分数表达到小数表达，由看图写数到笔填口述，递层推进且富有变化地巩固所获得的小数意义认知。练习安排中，呼应复习环节，一题多变多用，既使备课量经济简练，又使学生进一步沟通了分数与小数的联系。练习方式还要求学生自己轻松自由地说，"第 3 小组学生开火车汇报"，扩大练习的参与面，使练习扎实地巩固知识。）

师：请同学们看着老师，估计一下老师有多高？

生：175 厘米。

生：170 厘米左右。

师：有个词用得好！左右——

生：左右就是大约的意思。

师：（板书：1米7分米）对，老师身高比170厘米多一些，如果取近似值，大约是170厘米，也就是1米7分米。是多少米呢？

生：1.7米。

（教师板书：1.7米）

师：你怎么想的呢？

（没有学生举手回答）

师：（用红粉笔将两个"7"描成红色）给点小小的提示！

生：7分米就是0.7米。

师：真好！

（教师再用绿粉笔将两个"1"描成绿色）

生：我知道了，1米和0.7米加起来就是1.7米。

师：谁再说一说：1米7分米＝1.7米，怎样想？

（学生回答后，教师出示一支钢笔）

师：（板书：6元8角）这是我的钢笔，价格是6元8角，是多少元？

生：6.8元。

师：你是怎么想的？

生：8角就是0.8元，6元和0.8元合起来是6.8元。

师：说得真棒！这里还有些商品，你能用小数来表示它们的价格吗？请大家填写教科书第101页第2题。

2. 在括号里填上合适的小数。

8角	6角	1元7角	2元4角
（　）元	（　）元	（　）元	（　）元

（学生填写后汇报）

（评析：巧妙地就近取材，运用估猜，将教师身高米数作为一种课程资源，把纯小数形态的认识推向带小数。当学生对带小数的理解有困难时，教师采用红、绿两色粉笔描写的方式给予启发、点拨，让学生先理解带小数的整数部分，再理解带小数的小数部分，最后合成一个带小数。）

师：这些不满1元的钱数，我们可以写成零点几元；像这些超过1元的钱数，我们可以写成几点几元。我们再来看"想想做做"第4题。

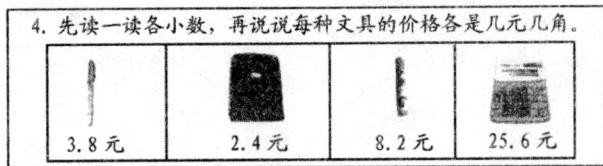

4. 先读一读各小数，再说说每种文具的价格各是几元几角。

3.8 元	2.4 元	8.2 元	25.6 元

（学生读、说）

师：在日常生活中，你还见过哪些小数？

生：（手拿一支自动铅笔）自动铅笔的笔芯有 0.5 毫米和 0.7 毫米的。我的这支自动铅笔的笔芯是 0.5 毫米的。

师：是的，铅笔芯的规格是用小数来表示的，0.7 毫米的铅笔芯比 0.5 毫米的粗一些。

生：我在超市里，看到商品的标价都是用小数表示的。

生：（手拿数学书，并指着封底）数学书的价格也是用小数表示的。

生：歌手比赛时，评委打分一般都是九点几分。

生：上一次数学考试，我得了 97.5 分。

师：大家说得真好，看来平时都能注意留心观察生活。今天要学的内容还有一部分在教科书第 100 页最后一节，自己读一读，把你认为重要的地方画出来。

我们以前学过的表示物体个数的 1、2、3 是自然数，0 也是自然数，它们都是整数。像上面的 0.5、0.4、1.2 和 3.5 都是小数。小数中间的点叫做小数点，小数点的左边是整数部分，右边是小数部分。

（学生阅读后交流。结合学生的交流，教师板书：自然数、整数。学生交流"小数点、整数部分、小数部分"时，教师组织学生看黑板上的小数）

师：看黑板上的小数，请指出它们的整数部分和小数部分。

生：0.5 中间的点是——小数点，左边的 0 是——整数部分，右边的 6 是——小数部分。1.6 的整数部分是——1，小数部分是——6。

（评析：练习第 4 题所代表的题与上面的练习巩固侧重点不同，首先由小数来说出复名数的意义，然后安排学生自己举出生活中所见到小数的具体数例，把小数题材进一步推向广阔的生活实际，从而引导出铅笔芯类型的标号，货物的定价以及比赛中评委们的亮分和学生学习成绩得分等，让学生将所学数学知识与社会实际联系起来，增强学生对小数的感知基础。对小数与整数的关系及小数各部分名称，教师安排学生自己读书、自学，再交流演绎的方法，促进其掌握概念，形成概念系统。）

师：这节课，同学们积极动脑，表现得很棒！我们合作得也很愉快。最后我们共同来研究这样一道题。好吗？

（出示"想想做做"第5题）

师：（指着0.1的箭头所指处）这儿为什么填0.1？

生：把0到1平均分成了10份，一份就是0.1。

师：那从0往右数两格是——

生：0.2。

师：（指着1.2的箭头所指处）这里为什么填1.2呢？

生：1往后数两格就是1.2。

（师做出手势，表示"合并"的意思）

生：也就是1和0.2合起来。

师：请大家填出其余的数。

（出示：0，1，2，3，4，0.3，1.3，1.7，2.3）

师：你会选填哪一个小数？请说出你的理由。

生：我会填1.3。因为方框在1和2之间，就不可能是0.3和2.3，而1.3更接近于1。

师：他说得好极了！来点掌声给予鼓励！

（再出示：0，1，2，3，4，5）

师：我说一个数，你能用点在图上表示出它大致的位置吗？

（教师报数：0.5，2.1，3.9，4.7。学生标出点数，并说出理由）

师：这节课，我们一起认识了一个新的朋友——小数，通过学习你知道了什么？

生：小数少不了小数点。

生：十分之几的分数可以写成小数形式。

生：小数有零点几，还有几点几。

师：它们的大小与1相比，怎么样？

生：零点几小于1，几点几大于1。

师：通过这节课的学习，大家有什么问题吗？

（结合学生的质疑，讲述"小数的历史"）

（评析：教师进行了课内学习状态的小结之后，又提出了教材中"想想做做"第5题，作为深入讨论的兴趣题，让学生认识数轴的小数。教师采取先引导，后独自交流，先精确后大致估指的手法，方法富于变化，一道题的思考容量较大。对于本课内容的小结，则是安排学生自我言说的方法。关于小数产生的简史知识介绍，教师是安排在学生的质疑中相机出现，使学生感受到小数的来历和演变的过程，大大扩展了知识视野，使教学内容变得厚重、有趣。）

教学反思与评析

小数的产生相对于整数而言，是一大突破。让只有整数概念的学生形成小数概念，其困难是不言而喻的。本课教学不是从未知的数学概念出发，而是从学生所熟悉的事物出发，让学生观察最常见的铅笔的价钱和长度计量，进行教师身高的讨论，获得小数意义的生活理解，并从自我所获连等式框图的分析比较中，实现将已知推向未知和未知推向已知的往复认识运动。就地取材、因势利导、风格鲜明。其中可圈可点的教学智慧与策略有四点：

1. 借助儿童熟识的事物考察出现未知的小数表达。铅笔及教师身高等均为可见的事物，由可见的事物探讨带出未知的小数信息，这就扫除了学生的认知障碍，降低了认知摩擦，使课堂迅速切入课题，顺利地引导新知概念。这就如治病服药的"糖衣片"，在形象直观的熟知事物中加载未知的数学信息，这是最为有效的教学策略之一。

2. 在纯小数的意义形成并作初步巩固之后，再去引导带小数。带小数与纯小数都是小数概念中的有机组成部分。其中纯小数是小数概念中的最富有本质特质的部分。本课教学中，教师抓住纯小数，反复运用长度单位示意图和十进分数方块图练习了小数与分数的意义转换，形成认知中的一点突破，在此基础上再扩展新认知，完成由纯小数到带小数的认知发展。这是稳扎稳打的"堡垒战术"，是有巩固地推进新认知的教学策略。

3. 运用了师生接话和行为暗示，信手拈来巧于点拨的教学策略。当学生出现"这里的分数都是十分之几，小数都是零点几。十分之几就是零点几"之后，教师迅捷肯定，让学生再说一遍给予强化，并由教师小结，把表达重点突出："零点几也就是——十分之几。"这里教师不改变学生的原意，不显露教师的灌输痕迹，借用学生已展开的认知态势，完成新知概念的建立。在带小数教学中，教师用红色描写其中的两个"7"，用绿色描写其中的两个"1"，及时的行为暗示，启示和贯通了学生的认知通道，使学生思路畅通，顺利完成带分数就是整数部分与分数部分合起来的认知新发现。

4. 注重了小数题材的拓展和视域开辟。课堂教学如果就知识讲知识，教学的题材局限，视域拘囿，学生的认知可持续发展就很成问题。①本课教学，共同讨论了铅笔和教师的身高的小数以后，还出现了大量的带图示的食品和文具，让学生研究其中的小数标价，进而让学生自由发言，用新知去实现与学生生活的链接，从而提供认知附着、生根的条件。②在组织学生交流小结时，教师根据学生的发言，板书了5个数学概念词语，注意把小数的内部组成和外部联系揭示出来，有利于学生将小数认识纳入原有的认知系统，实现认知建构中的同化与顺应，完成认知整合与网络化过程。③结合学生的质疑，教师投影了"小数的历史"预设资料，进一步拓展学生的视域，把对小数的认识放到了一个更为广阔的时空背景体系中，让学生感知其来龙去脉。所有的这些教学努力，都使新知在儿童头脑中不孤单、不零碎，建立起广泛而丰富的认知联系，加强了可持续发展的认知态势，教学的内在效益得到了很好的提升。

（陈今晨）

教学案例二

执教：徐　斌

课堂实录

一、感知生活，引出小数

师：我们先来听一段广播。在听的时候，请大家注意，你能发现哪些数学信息？

苏州市经济广播电台：桃花牌收音机每台48元；英雄牌钢笔每支2.6元；防雨书包每个20元；北京牌墨水每瓶1.5元；三角牌电饭锅每只124元；中华牌铅笔每支0.2元。

师：听了这段信息，你知道什么？

（生依次回答）

师：这是一些商品信息，我们在生活中经常见到。这些商品价格的数据，哪些是我们以前学过的？

生：48、124、20。

师：这些数你们知道叫什么数吗？

生：叫整数。

师：那还有一些数，都有什么共同的地方？

生：都有一个点。

师：这些数你们以前有没有见过？

师：这些数中间带有一个点。你们知道这些数叫什么吗？

生：小数。

师：对，今天我们就一起来认识这些中间有一个点的数——小数。（板书课题）

师：小数在我们的生活中经常用到，你对小数已经了解多少了呢？你在哪里见过小数？说一说吧！

生：我在亲戚开的小店里见过。

生：我买尺的时候用到 0.5 元。

生：我在超市里见过。

师：这些小数你会读吗？齐读小数。

（评析：心理学研究表明，学习内容和学生的生活背景越接近，学生自觉接纳知识的程度就越高。本节课的新课导入，教师选取了学生喜闻乐见的商品信息，让学生观察商品标价，说说哪些数是已经学习过的，哪些数是还没有学到的，自然地引出了本堂课的课题：认识小数。）

二、主动探究，理解小数

师：现在，我们来找找身边的小数。（教师拿出一把尺子）你们的桌子上也有一把，用这把尺子可以做什么？

生：可以测量东西。

师：我在黑板上画了一个 1 米长的米尺图。如果用这把米尺，来测量课桌的长度，先估计一下，桌面的长有 1 米吗？

生：不够。

师：没有 1 米，可用什么来做单位？

生：用厘米，还可以用分米作单位。

师：如果把 1 米平均分成 10 份，其中的一份就是——

生：10 厘米，也就是 1 分米。

师：先估计课桌的长与宽大约有多少分米，然后同桌合作测量课桌面的长度和宽度。

（学生测量后反馈）

师：课桌的宽大约是 4 分米，写在哪里？（指名某生到黑板米尺图上指一指）长是几分米，写在哪里？（教师随学生回答在图上依次标出：1 分米、4 分米、6 分米）

师：刚才用直尺帮助我们找小数，其实没有找到，只找到了整数。前段时间我们还学过了分数。如果用米作单位，你们会用分数来分别表示刚才的测量结果吗？

（教师随学生回答在黑板上板书：$\frac{1}{10}$米、$\frac{4}{10}$米、$\frac{6}{10}$米）

师：刚才我们用整数和分数来分别表示出课桌面的长与宽，其实，小数离我们已经不远了！

（评析：新课程的一个重要理念是为学生提供"做"的机会。在新课的学习中，教师带领学生通过动手测量教室里课桌的长与宽，借助长度单位初步认识小数。这一环节的教学，教师把重点放在让学生借助已有的知识经验，从整数、分数自然过渡到小数，一方面重视了知识之间的联系，另一方面训练了学生的估算意识，为下面学习一位小数埋下了伏笔。）

师：（指着米尺图）像这儿，1分米是这么长，用分数表示是$\frac{1}{10}$米。其实这么一个长度用小数也是可以表示的，用小数表示是 0.1 米。在这个小圆点前面是 0，你猜猜可能会表示什么意思？

生：可能表示 10，因为 1 米＝10 分米。1 分米是$\frac{1}{10}$米。

师：虽然在小数里看不到 10，你就猜是 10。有一定的道理。

生：我觉得不是表示 10，而是表示没有满 1 米，所以就用 0 表示。

师：对！这个小数表示的长度其实与整数、分数表示的长度是一样的。所以，4 分米就可以表示成有几个 0.1？

生：4 个 0.1 就是 0.4 米。

师：那 6 分米用小数表示是多少米呢？

（学生回答后，依次板书：0.4 米，0.6 米）

师：这三个小数与以前学过的用整数、分数表示的结果是一样的。现在，用小数表示你刚才测量的课桌的长和宽是多少呢？

生：课桌长 0.6 米，宽 0.4 米。

师：如果老师想知道课桌的高度是多少米？你准备怎么办？

生：先测量，再用小数表示。

师：可以先估计有没有 1 米高，再同桌合作测量，并互相说一说。

（生活动略）

师：现在我们一起到书上找一找小数。

（生完成"想想做做"的第 1 题，做完后校对，做对的点头表示）

师：刚才我们通过测量，找到了一些小数。其实，根据我们以前学过的分数，也可以找到小数。

（教师出示"想想做做"的第 3 题。让学生做完后思考：你觉得今天学习的小数跟什么样的分数有关系?)

生:上面都是几分之几的分数。

师:分母都是几呢?

生:分母都是10。

师:老师再说几个十分之几的分数,你能说出相应的小数吗?

(师生之间,同桌之间进行练习)

(评析:新课标明确指出:教师应激发学生的学习积极性,向学生提供充分的从事数学活动的机会,帮助他们在自主探索和合作交流的过程中真正掌握基本的数学知识和技能、数学思想和方法,获得广泛的数学活动经验。在上面的教学过程中,教师借助米尺图,联系学生生活经验,一步步引导学生根据分母是10的分数找到相应的小数,并着重讲解了整数部分是0的小数。两个例题的教学各有侧重,从半扶半放地引导,到大胆放手让学生自学探究,显示了教师尊重教材又不拘泥于教材的教学风格,把静态的教材活化为动态的演示,让学生在一种自由呼吸的课堂里快乐遨游。)

教学反思与评析

徐老师的《认识小数》体现了二大亮点:

1. 解读教材——追求本真朴实的课堂

教材的编写是由许多具有厚实的理论修养与丰富的实践水平的专家、教师群体经过深思熟虑、反复酝酿后编就的,它是教师课堂教学的依据,是教师"教"与学生"学"的中介。《认识小数》一课中,徐老师充分尊重教材,追求一种本真朴实的课堂。他从教材出发,合理安排自己的教学程序,导入部分从富有生活味的收听广播信息开始,联系了学生熟知的素材,唤起了学生已有的知识经验,从整数、分数迁移到小数,水到渠成。

2. 用足教材——追求自由呼吸的课堂

"疑者,觉悟之机也,一番觉悟,一番长进"。问题是思维的发端。徐老师在挖掘教材内涵的同时,用好教材,用足教材。从教师指导下的操作测量活动,到创设情景、借助商品价格理解一位小数,逐步放手让学生自学课本,了解小数各部分的名称,最后收看录像,了解小数的来历……从感性认识到理性思考,环环相扣。尤其是在讲解一位小数的由来:为什么4角是0.4元,而1元2角是1.2元?教师颇费心机,精心设计富有挑战性的问题,引发学生思考,为后面的学习进行了巧妙的渗透。教师善于创设和谐的学习氛围,为我们展现了一个自由呼吸的数学课堂。

教学案例三

执教：陈惠芳

课堂实录

一、生活感知，引出小数

师：同学们，前不久我校举行了读书节活动。看，这是我班师生活动的一个画面（出示屏幕），你们看到什么？听到了什么？

生：我看到我班举行了"好书跳蚤活动"。

生：我看到赵老师把图书分成了4叠。第一叠书的单价是5元，第二叠的单价是8.6元，第三叠的单价是12元，第四叠的单价是20.4元。

师：你的观察真仔细。（在黑板上标出这些图书的价格）你能将这些标价牌上的数分类吗？

生：我把8.6元和20.4元分在一起，5元和12元分在一起。

师：为什么这么分？

生：左边的两个数中没有小圆点，右边的都有小圆点。

师：你知道右边的这些数叫什么吗？今天我们就来认识小数。（板书课题）

师：关于小数，你已经知道了哪些知识呢？

生：我知道0.5元读作零点五元。

师：你已经知道小数的读法了。很好！

生：我的身高大约是1.42米。

师：哦，你的身高也可用小数表示。

生：5角就是0.5元。

……

（评析：学生学习小数的数学现实来源于两个方面：一是已有知识，包括整数和分数的知识，特别是分母是10的分数含义；二是生活经验，包括学生在生活中接触到的商品价格、长度单位、重量单位等方面。教师从"好书跳蚤活动"引入小数，让学生从司空见惯的生活现象中发现数学问题，开始数学学习，体现了数学源于生活的观念。在引出小数时，教师让学生观察标价牌，比较异同点并进行分类，结合教学培养学生的数学思维能力。同时，教师提出："关于小数，你已经知道什么？"可以看出，教师关注学生的实际经验，没有把学生当做容器，没有把学生对于小数的已有认识当做学习新知的障碍，而是把这种累积的经验作为进一步学习的资源。正如奥苏伯尔所言："让新知之舟泊在旧知的锚桩上。"）

二、自我实践，初识小数

师：现在我们先来测量，找一找身边的小数，好吗？我们要量周围的长方形物体的长与宽，可以选用哪个长度单位？为了方便测量，我们先分一下工。第一组测量教室外瓷砖的长与宽，第二、第三组测量长方形纸的长与宽，第四组测量小黑板的长与宽。学生两人一组，用米尺开始测量，并记录在练习纸表格中。（电脑出示表格）

师：请大家来汇报一下测量结果。

（将米尺直观地展示在黑板上，学生回答后，教师在米尺图上标出相应的长度）

师：怎么用米作单位来表示这些长度呢？如 8 分米是几分之几米，你能用分数表示吗？

生：$\frac{8}{10}$ 米。

师：为什么？

生：因为 8 分米是把 1 米平均分成 10 份，每份是 $\frac{1}{10}$ 米，取其中 8 份就是 $\frac{8}{10}$ 米。（老师在米尺下对应填写）

师：那么，你们测量的长和宽可以用几分之几米表示呢？请你在自己的练习纸上用分数表示这个长度。（学生回答后，教师逐一板书）

师：想一想，你发现了什么规律？

生：$\frac{1}{10}$ 米 = 1 分米，1 分米 = $\frac{1}{10}$ 米。

生：2 分米 = $\frac{2}{10}$ 米，3 分米 = $\frac{3}{10}$ 米，4 分米 = $\frac{4}{10}$ 米……

师：哈哈，这样说要说好久呢，能用一句话来概括吗？

生：我发现几分米可以写成十分之几米，而十分之几米也可以写成几分米。

师：你总结得真好。8分米就是$\frac{8}{10}$米，那么$\frac{8}{10}$米可以用哪个小数表示呢？同学们想试试吗？

生：0.8米。

师：你是怎么思考的？

生：8分米不满1米，前面的0表示不满1。

师：把刚才的测量结果都用小数填在表格中。

（最后由学生汇报，教师完成板书）

（评析：虽然商品价格是学生生活中接触最多的小数现象，但是要让学生认识到小数其实就是十进制分数，还是利用长度单位测量和转换比较直观具体。教师首先让学生找身边的小数，组织学生动手测量实物的长和宽，由不满1米而想到用分米做单位，并由1米等于10分米的进率，联系分数的含义，用十分之几米表示几分米，进而引出零点几米的小数。这样的学习过程，是从数学知识发生发展的源头和需要出发，使学生在认识小数的首次感知时就了解小数的来源和含义，初步知道小数与整数、分数之间的密切联系。在学生动手实践的基础上，教师讲解小数的含义之后，先让学生进行观察、模仿、比较、归纳，并进行了两次针对性很强的练习，由具体的长度单位转化到一般的十进制分数，让学生在经历有序的数学思维活动过程中，逐步感知小数的含义。）

三、自主探索，加深理解

师：刚才我们学习了以米为单位的小数，是通过测量得到的。我们再一起走进商店看一看，能否找到小数。

（课件播放文字及录音：奇奇商店要开展规范营业活动，必须将标价牌上的价格用"元"作单位表示。店主奇奇可犯愁了——这几件商品的价格该怎么转换呢？）

师：同学们愿意帮助店主奇奇吗？请大家试一试。

（生先独立思考，再小组讨论并填空）

师：看了这些结果，大家有问题要问吗？

生：为什么1元2角不写0.2元，要写作1.2元？

师：这个问题很有价值。大家可以讨论，也可以先独立思考，再来说说理由。

生：我发现前面是几角。这里是1元2角，所以是1.2元。

师：他的解释大家听得懂吗？请听懂的同学给听不懂的同学讲明白一点。

生：6角就是十分之六元，不满1元，所以写作0.6元。而1元2角已经满了1元，所以写作1.2元。3元5角写作3.5元。

（评析：学生的生活经验中，最常见的小数是商品价格。三年级的学生已经有了比较多的使用人民币的经历。因此，这个例题的教学采用了自主探索与交流讨论。通过帮助奇奇商店改写标价牌的活动，让学生根据自己的生活经验，把几角或者几元几角改写成用元做单位的小数。由于学生大多具有实际体验，因此都能顺利完成换算。教师并没有让学习活动停留在表面的顺畅上，而是通过疏导使学生对小数的含义有了比较深刻的理解。这样的反思和追问，学生不仅理解了小数的含义，而且也自然完成了由纯小数向混小数的过渡，避免了今后出现类似于"小数总比整数小"的认识误区，防患于未然，起到"前馈控制"的心理效应。）

四、自学课本，升华理解

师：刚才，同学们帮助店主奇奇改写了标价牌，知道了几元几角可以写成几点几元。我们以这个小圆点为界线，左边的数其实就表示多少元，右边这一位上的数表示多少角。那么，这个小圆点叫做什么？（小数点）关于小数，还有哪些知识呢？请同学们请教课本，到书本里去寻找答案，自学第100页的内容。

（学生自学课本后提问题，教师请每个同学在自备本上写一个小数，然后考考同桌。先读一读，然后说说整数和小数部分各是多少）

师：想到小数，老师想起了一个故事，推荐给大家。

（师生一起观看录像——《一个小数点与一场大悲剧》）

师：听了这个故事，你有什么启发？

生：我知道因为一个小数点导致了一场大悲剧，这个故事告诉我们做任何事情都要细心。

师：是呀，我们要以严谨的态度对待学习和科学，以认真的态度对待工作和生活。下面就请大家细心地来完成下面的练习。

……

（评析：小数的认识是学生认数领域上的一次飞跃。关于小数各部分的名称和读写方法、整数与自然数的描述性定义等数学事实和规定的学习，其实是属于知识领域中的所谓"陈述性知识"（另一类是"程序性知识"），无法也无必进行探究式学习。教师适时地采用了有意义接受学习的方式，让学生看书自学、讨论交流、互相问答，再配以教师的适度讲解，符合知识的类型特点和学生的认知规律。《一个小数点与一场大悲剧》的故事介绍，从历史的角度引发学生的现实思考，富有人文关怀。）

教学反思与评析

认识小数本是一堂十分单调与抽象的概念课。由于教师能深入钻研教材,准确理解教材的编写意图,并能跳出教材,设计和组织了符合本课数学知识特点和学生学习规律的教学过程,因此取得了比较好的教学效果。本节课在设计时比较好地处理了以下三对关系:

1. 生活与数学的关系。生活是数学的源泉,数学离不开生活。生活是丰富多彩、变幻莫测的,而数学有其自身的严谨性和确定性。在教学过程中,教师能按照从感知、理解、巩固到应用的过程展开教学,让学生在不同的生活情境中不断经历数学化的过程。

2. 课程与教材的关系。尽管我们的教材为学生提供了精心选择的课程资源,但课程不仅仅是指教材,学生的生活经验、教师的教学经验、学生的学习差异、师生的交流启发都是有效的课程资源。教师对教材做了二次加工,使教材成为"学材":首先,由找身边的小数入手,进而自然引出小数,体现了学生学习小数的需要,沟通了整数、分数、小数之间的内在联系;其次,在练习的顺序上进行重组和调整,在测量认识小数和商品价格转换为小数之后,分别进行专项练习,针对性很强,有利于学生形成结构化的知识。

3. 探究与接受的关系。《数学课程标准(实验稿)》指出:"有效的数学学习活动不能单纯地依赖模仿与记忆,动手实践、自主探索与合作交流是学生学习数学的重要方式。"可见,有效的教学要采用多种方式和策略,用一种方法教学,学生容易乏味,教学效果不理想。在小学数学的知识领域,有些内容还是应该采用有意义的接受学习,比如像小数这样的原始概念。因此,教师在首次揭示小数的含义时采用了讲解法,在认识小数各部分名称时采用了看书自学法,而在商品价格转换时则让学生自主探究与讨论交流,体现了为学生的数学学习服务的理念。

(徐 斌)

异教解析

《认识小数》是一节概念课,在三位老师的精心演绎下,课堂上丝毫没有此种课型的枯燥单调之感,而是彰显着简单与灵动,充满着快乐与智慧。纵观三节课,无不闪耀着新课程理念的光芒。

首先,重视数学与生活的密切联系。《数学课程标准》指出:"数学教学必须从学生熟悉的生活情境和感兴趣的事物出发，为他们提供观察与操作的机会，使学生体会到数学就在身边，感受到数学的趣味和作用，对数学产生亲切感。"课上三位老师均能结合教学内容创设生动、有趣、贴近生活的例子，把生活中的数学原形生动地展现在课堂中，使学生眼中的数学不再是简单的数学，而是富有情感、贴近生活、具有活力的东西。贲友林老师从铅笔的价钱入手，以自己的身高为教学素材，自然地引入生活中的小数，使学生感受小数就在身边，从而产生对学习内容的亲切感；徐斌老师从学生在生活中见到过的小数聊起，亲切自然，大大拉近了学生与新知的距离；陈惠芳老师的"好书跳蚤活动"和"奇奇商店商品改价"，把数学知识置身于学生熟悉的、感兴趣的生活情境中，让学生学得快乐、学得轻松。三位老师在教学中善以生活为原型，让数学贴近学生生活，让学生发现数学就在身边，让学生在自己"做数学"中体现数学与生活的联系，让学生认识生活中充满了数学，生活真有趣，数学真有趣。

其次，关注学生的学习起点，以学定教。《数学课程标准》指出：数学教学活动必须建立在学生认知发展和已有的知识经验基础之上，学生的数学学习活动是在教师组织、引导下的自我建构、自我生成的过程。美国教育心理学家奥苏贝尔也说："影响学习的最主要原因是学生已经知道了什么，我们应当根据学生现有的知识状况去进行教学。"所以，学生的生活经验和已有知识基础在数学学习活动中有着很重要的作用。关于小数，学生并非一无所知，他们在生活中见过小数，有些学生还会读小数，三位老师都能牢牢抓住学生的这一生活经验自然地引出课题，避免了学生对新知的突兀感，增强了学生学习新知的信心。在本册教材第八单元"认识分数"里，学生已经知道几分米是十分之几米、几角是十分之几元，本节课教学中，三位老师都以此为教学的起点，从而快速地由已知引出未知，提高了教学效率。

再次，注重数形结合，加深学生对新知的理解。我国著名数学家华罗庚曾说过："数形结合百般好，隔裂分家万事非。"数形结合就是将抽象的数的方式与直观图形结合起来，在教学中，三位老师都不忘以形助数，以数辅形，数形结合，适度提升学生对一位小数意义的理解。如：把一个正方形平均分成10份，其中的若干份都可以用十分之几表示，也可以用小数零点几表示，学生从中更清楚地看到十分之几与一位小数的关系，从而体会一位小数的意义；而在数轴上表示一位小数，更加深了学生对一位小数的理解，学生已经能够在数轴上表示十分之几，继续在数轴上表示一位小数，从而再次体会一位小数表示十分之几。通过在0与1、1与2、2与3之间填写小数，有序地整理了一位小数，为下节课比较小数大小作了铺垫。苏霍姆林斯基说："在人的心灵深处，有一种根深蒂固的需要，希望自己是一个发现者、研究者、探索者。"如何适应并满足学生的这种需要，事关教学是否成功。课堂教学中，教师必须充分尊重学生，重视发挥学生的能动性，让学生独立思考、探求新知。在理解小数的意义时，三位老师不是单纯地传授概念，而是为学生提供了空间，引导学生积极思维，主动探索，尝试理解，贲老师在出示 1.7 米后让学生说说是怎么想的，从而使学生参与到探索新知中来而非等着老师送上"果子"。徐老师通过智慧的追问，打开学生思维的闸门，如"0.4 和 0.1 这两个小数前面都是 0，这是为什么呢？""0.1 米，在这个小圆点前面是 0，你猜猜看可能会表示什么意思？"学生在思考讨论中探索了新知，获得了发展。徐老师也善于创设问题情境，通过追问："为什么 1 元 2 角不写作 0.2 元，要写作 1.2 元？"让学生在独立思考、合作交流中对小数的意义有了更深层次的理解。课堂上，教师只有放手让学生探究体验，才能迸发出智慧的火花，才能使个性得到发展和张扬，创造潜能得到挖掘。

贲友林老师的简练与利落，徐斌老师的以人为本、关注发展，陈惠芳老师则注重链接生活，让学生学得快乐。三位老师在各自的课堂上，既演绎着共同的精彩，又释放着各自的风采。

贲老师的课堂经济简练，省时高效，始终围绕教学目标和教学重点，课始由铅笔的标价直接入题，而无累赘之情境。练习第 3 题时直接告诉学生正方形平均分成了 10 份，从而节省了学生数格子的时间。这节课中贲老师能根据具体情况，灵活、合理地将学生的自学与老师的启发引导以及传授式教学有机结合，从而有效达到教学目标。例题教学中，把 2/10 米写成 0.2 米是教学重点，贲老师采用直接告知学生的方式，教师在边讲边写中让学生边听边看。关于自然数和小数的书面定义，贲老师安排学生自己读书、自学，掌握概念，从而培养了学生的自主学习能力。孔子曰："不愤不启，不悱不发。"教学中教师的引导应抓住时机——在关键处，在学生知识的茫然处，在学生思维的障碍处。课上，当学生对带小数的理解有困难时，贲老师便适时站出来给以高明、智慧的指引，只是用彩色粉笔轻松一点，学生便心领神会了，说是老师提示的，却也不能不说是学生悟出的，妙哉！课堂上，贲老师在传授新知的同时还注重对学生数学思想的培养，特别是估算意识与估算能力的培养，从一开始让学生估计铅笔长几分米，到估计教师有多高，再到最后练习时，教师说出一个数，让学生在数轴上表示出其大致的位置，在这一过程中，估算的水平在逐步提高，学生在无形中获得了发展。

课堂上，徐斌老师特别关注学生，一开始就抓住学生的心理特点，调动学生的各种感官，由听广播开始，避免了课堂的单调乏味，让学生在快乐的基调中进入学习。教学中，徐老师注重发挥学生的自主性，让学生在活动中学习，如例题教学，教师不是直接告知学生课桌的长 6 分米、宽 4 分米，而是引导学生合作测量，既让学生"学"数学，也让学生"做"数学。徐老师还敢于放手引导学生自主探究，关于"零点几表示十分之几"，徐老师不是让学生观察等式，然后发现总结，而是让学生大胆猜想，积极探究，从而一步步接近小数的意义。同时，教师没有让学生对小数的认识停留在肤浅的层面上，而是引导学生积极思考，饱含着浓浓的思维含量，如：4 角＝0.4 元，1 元 2 角＝1.2 元，让学生思考讨论为什么前者整数部分是 0 而后者整数部分却是 1，从而使学生不仅知其然，还知其所以然。这节课上，徐老师还突出了数学知识的整体性、连贯性，既关注学生的当前学习，又不忘后续学习，在学生明确本节课所学的一位小数的特点后，又引导学生联系生活了解还有两位小数、三位小数……为学生之后学习更多位小数埋下了伏笔。此外，徐老师还十分细心，在认识小数中轻松自然地渗透对学生数感的培养，徐老师指着米尺图，并结合语言引导："1 分米是这么长，用分数表示是 1/10 米，它还是表示这么长，其实这么一个长度用小数也是可以表示的，用小数表示是 0.1 米。"这样，既引出了 1 分米＝1/10 米＝0.1 米，为新知教学服务，同时也使学生形象感知 1 分米、1/10 米、0.1 米的具体长度，一举两得。

陈惠芳老师的课堂也是亮点不断。首先，陈老师特别关注学生的认知起点，上课伊始，就让学生说说"关于小数，你已经知道了什么"，从而让接下来的教学更有针对性。之后，陈老师便牢牢抓住学生的知识起点展开教学，在引出零点几时，教师没有选择告知，而是大胆一试学生，当学生说出 8/10 米用小数表示为 0.8 米时，教师便顺势让学生完成其他相应转化，充分体现了以学生为本、以学生的已有认知为出发点的教学理念，这样，既使新知教学更轻松、更有效，同时又使学生获得了成就感。其次，陈老师在课堂上使数学与生活自然、和谐地交融，她善于从学生的生活中抽象数学问题，从学生的已有生活经验出发，设计学生感兴趣的生活素材，以丰富多彩的形式展现给学生，让学生在课堂上自由大胆地表现自己的好奇心、挑战心以及想象力，一开始教师从"好书跳蚤活动"出发，拉近了学生与数学的距离，让学生在熟悉的情境中进入学习，自主探索一位小数的意义时，创设了为奇奇商店的商品改价格的情境，极大地调动了学生的学习兴趣，爱因斯坦说："兴趣是最好的老师，它永远胜过责任感。"课堂上，学生以浓厚的兴趣提出问题："为什么 1 元 2 角不写成 0.2 元，要写成 1.2 元？"学生积极探索自己提出的问题，在这一过程中，学生不但学有成效，而且还能在学习中寻求欢乐。因为有熟悉的生活，所以学生感兴趣；因为感兴趣，所以学生学得快乐。

总之，这三节课让人们领略了名师们的风采，他们自如、智慧、人文、高效的教学风格与成效，是当下教者、当下课堂的共同追求。

《名师工程》系列丛书

征 稿 启 事

　　《名师工程》系列丛书是西南师范大学出版社策划、组织出版的大型系列教育丛书。丛书以新课程下的新教学为背景，以促进施教者的教育能力为落脚点，以提高教育质量、提升教师水平为宗旨。

　　丛书首批推出的"名师讲述""教学提升""教学新突破""高中新课程""教师成长""大师讲坛""教育细节""创新语文教学""教育管理力""教师修炼""创新数学教学"等系列，共70余个品种，其余系列也将陆续出版。为了让广大教师有一个交流、借鉴的机会，同时也为了给广大教师提供更多、更好的图书，《名师工程》系列丛书编辑出版委员会特向全国教育工作者征集稿件。

稿件要求：

1.主题鲜明、新颖，有独创性。

2.主题以提升教育能力为主，也可适当外延。

3.主题要有一定规模、有典型案例支撑。

4.案例要贴近教育实际，操作性强。

5.文章、书稿结构清晰，语言精彩。

　　书稿作者在选题确定之后，请及时与我们做好沟通，具体事宜确定好之后再进行创作；也欢迎用已经完稿的稿件投稿。一线教师如希望参与图书案例的创作，可联系我社策划机构，由策划机构备案，在适合的图书中参与创作。

　　真诚欢迎各位教师踊跃投稿。

联系方式：

西南师范大学出版社高教分社

电话：023-68254356　　　E-mail：zcj@swu.cn

西南师范大学出版社高教分社北京策划部

电话：010-68403096

E-mail：guodejun1973@163.com

西南师范大学出版社
《名师工程》系列丛书目录

系列	序号	书　　名	主编	定价
创新数学教学系列	1	《小学数学：名师教学目标落实艺术》	余文森	30.00
	2	《小学数学：名师高效教学设计艺术》	余文森	30.00
	3	《小学数学：名师易错问题针对教学》	余文森	30.00
	4	《小学数学：名师魅力课堂激趣艺术》	余文森	30.00
	5	《小学数学：名师同课异教》	林高明　陈燕香	30.00
	6	《小学数学：名师抽象问题艺术教学》	余文森	30.00
教育管理力系列	7	《名校激励管理促进力》	周　兵	30.00
	8	《名校安全管理执行力》	袁先潋	30.00
	9	《名校师资团队建设力》	赵圣华	30.00
	10	《名校危机管理应对力》	李明汉	30.00
	11	《名校校本研究创新力》	李春华	30.00
	12	《学校文化力建设策略》	袁先潋	30.00
	13	《名校长核心教育力》	陶继新	30.00
	14	《名校长高绩效领导力》	周辉兵	30.00
	15	《名校行政管理细节力》	杨少春	30.00
	16	《名校教学管理提升力》	张　韬　戴诗银	30.00
	17	《名校学生管理教导力》	田福安	30.00
	18	《名校校园文化构建力》	岳春峰	30.00
创新语文教学系列	19	《小学语文：享受对话教学》	孙建锋	30.00
	20	《小学语文：名师教学目标落实艺术》	刘海涛　王林发	30.00
	21	《小学语文：名师魅力教学设计艺术》	刘海涛　王林发	30.00
	22	《小学语文：名师魅力课堂激趣艺术》	刘海涛　王林发	30.00
	23	《小学语文：单元整体教学构建艺术》	李怀源	30.00
	24	《小学作文：名师情趣课堂创设艺术》	张化万	30.00
教师修炼系列	25	《班主任行为八项修炼》	杨连山	30.00
	26	《教师健康心理六项修炼》	李慧生	30.00
	27	《教师专业化五项修炼》	田福安　杨连山	30.00
	28	《课堂教学素养六项修炼》	刘金生	30.00
	29	《教师新师德六项修炼》	王毓珣　王　颖	30.00
教育细节系列	30	《名师最具渲染力的口才细节》	高万祥	30.00
	31	《名师最有效的沟通细节》	李　燕　徐　波	30.00
	32	《名师最有效的激励细节》	张利　李　波	30.00
	33	《名师培养学生好习惯的高效细节》	李文娟　郭香萍	30.00
	34	《名师人格教育的经典细节》	齐　欣	30.00
	35	《名师营造课堂氛围的经典细节》	高　帆　李秀华	30.00
	36	《名师最有效的赏识教育细节》	李慧军	30.00
	37	《名师最有效的批评细节》	沈　旎	30.00

系列	序号	书　　名	主编	定价
大师讲坛系列	38	《大师谈教育心理》	肖　川	30.00
	39	《大师谈教育激励》	肖　川	30.00
	40	《大师谈教育沟通》	王斌兴　吴杰明	30.00
	41	《大师谈启蒙教育》	周　宏	30.00
	42	《大师谈教育管理》	樊　雁	30.00
	43	《大师谈儿童人格塑造》	齐　欣	30.00
	44	《大师谈儿童习惯培养》	唐西胜	30.00
	45	《大师谈儿童能力培养》	张启福	30.00
	46	《大师谈早恋与性教育》	闵乐夫	30.00
	47	《大师谈儿童情感教育》	张光林　张　静	30.00
教师成长系列	48	《学学名师那些事》	孙志毅	30.00
	49	《每天学点教育心理学》	石国兴　白晋荣	30.00
	50	《给新教师的建议》	李镇西	30.00
	51	《教师心灵读本：成为有思想的教师》	肖　川	30.00
	52	《教师心灵读本：教师，做反思的实践者》	肖　川	30.00
高中新课程系列	53	《高中新课程：教师角色转变细节》	缪水娟	30.00
	54	《高中新课程：班主任新兵法细节》	李国汉　杨连山	30.00
	55	《高中新课程：教学管理创新细节》	陈　文	30.00
	56	《高中新课程：更有效的评价细节》	李淑华	30.00
通用识书	57	《好心态成就好学生——学生心理问题剖析与对症教育》	李韦遵	30.00
	58	《教育，诗意地栖居》	朱华忠	30.00
	59	《好班规打造好班级》	赵　凯	30.00
教学新突破系列	60	《把教学目标落实到位——名师优质课堂的效率管理》	冯增俊	30.00
	61	《拿什么调动学生——名师生态课堂的情绪管理》	胡　涛	30.00
	62	《零距离施教——名师和谐师生关系的构建艺术》	贺　斌	30.00
	63	《一个都不能落——名师提升学困生的针对教学》	侯一波	30.00
	64	《让学习变得更轻松——名师最能吸引学生的情境设计》	施建平	30.00
	65	《让知识变得更易学——名师改造难学知识的优化艺术》	周维强	30.00
教学提升系列	66	《方法总比问题多——名师转变棘手学生的施教艺术》	杨志军	30.00
	67	《用特色吸引学生——名师最受欢迎的特色教学艺术》	卞金祥	30.00
	68	《让学生爱上课堂——名师高效课堂的引导艺术》	邓　涛	30.00
	69	《拿什么打开思路——名师最能吸引学生的课堂切入点》	马友文	30.00
	70	《没有记不牢的知识——名师最能提升学生记忆效果的秘诀》	谢定兰	30.00
	71	《让学生的思维活起来——名师最激发潜能的课堂提问艺术》	严永金	30.00
名师讲述系列	72	《施教先施爱——名师讲述班主任的核心教导力》	杨连山　魏永田	30.00
	73	《在欢乐中成长——名师讲述最具活力的课堂愉快教学》	王斌兴	30.00
	74	《让学生做自己的老师——名师讲述如何提升学生自主学习能力》	徐学福　房　慧	30.00
	75	《引领学生高效学习——名师讲述如何提高学生课堂学习效率》	刘世斌	30.00
	76	《教育从心灵开始——名师讲述最能感动学生的心灵教育》	张文质	30.00